河北省交通厅公路管理局　主编

河北省农村公路建设技术指南

人民交通出版社

内 容 提 要

本书依据交通部颁布的技术标准、规范和相关规定的要求，在系统总结河北农村公路建设工程实践的基础上，综合概括了农村公路建设管理和施工管理方面的知识，包括各种管理规定和要求、技术标准、常用典型路面结构、基本桥梁形式和施工要求、工程质量验收标准等方面的内容。本书内容系统丰富，针对性强，有较好的实用性和可操作性，是我省农村公路施工企业和工程管理单位专业技术人员和管理人员必备的工具书和参考书。

图书在版编目(CIP)数据

河北省农村公路建设技术指南/河北省交通厅公路管理局主编．—北京：人民交通出版社，2008.6

ISBN 978-7-114-07207-9

Ⅰ．河… Ⅱ．河… Ⅲ．农村道路—道路工程—建设—研究—河北省—指南 Ⅳ．U412.1

中国版本图书馆 CIP 数据核字(2008)第 080294 号

书　　名：河北省农村公路建设技术指南
著 作 者：河北省交通厅公路管理局
责任编辑：陈志敏
出版发行：人民交通出版社
地　　址：(100011)北京市朝阳区安定门外外馆斜街 3 号
网　　址：http://www.ccpress.com.cn
销售电话：(010)85285838，85285995
总 经 销：北京中交盛世书刊有限公司
印　　刷：北京密东印刷有限公司
开　　本：787×1092　1/16
印　　张：16.75
字　　数：409 千
版　　次：2008 年 6 月　第 1 版
印　　次：2008 年 6 月　第 1 次印刷
书　　号：ISBN 978-7-114-07207-9
定　　价：50.00 元

河北省农村公路建设技术指南

编审委员会

主 任 委 员：康彦民

副主任委员：从飞山　张宏君

委　　　员：王续山　张月中　张　鹏　刘立明

主　　　编：从飞山

副　主　编：张宏君　尚志远　魏朝林　刘桂君

编 写 人 员：张宏君　尚志远　魏朝林　刘桂君　郝明武
赵东方　刘丽丽　袁　博　柴战平　刘立明
刘秀菊　吕兰明　李付民　王庆凯　刘志强
刘国明　姜红光　赵振祥　邢天霞　李凤梅
郑栩锋　郭海燕

序

农村公路作为农村经济社会发展的重要基础设施，一直是我党和国家关注的重点之一。党的“十六大”以来，按照全面建设小康社会的目标要求，国家和河北省进一步加大了农村公路建设投入，全省进行了大规模的农村公路建设，以改善农村公路交通条件。据统计，2003～2006年，全省新改建农村公路63 000km，解决了102个乡、21 098个行政村的通油路问题。截止到2006年底，全省93.1%以上的行政村通上了油路或水泥路，农村公路通车里程达到124 241km，其中县道14 422km，乡道45 320km，村道75 154km。我省农村公路建设取得的成绩有目共睹，既完善了公路路网结构，改善了广大人民群众的生产和生活条件，又促进了农村经济社会的发展，增加了农民收入，得到了广大人民群众的衷心拥护。

虽然我省农村公路取得了长足发展，但与全面建设小康社会和建设沿海经济社会发展强省的目标相比，与构建“东出西联”交通新格局的要求相比，农村公路建设与管理的任务还相当繁重和艰巨。农村公路具有点多、线长、面广的特点，要正确把握技术标准，决不能从书本出发，死搬教条，片面追求高标准；要以满足需要、节省投资为原则，搞好技术指导；要积极采用现代科技进步成果，引进新技术、新工艺、新材料、先进设备，以提高生产效率，降低工程成本，提高工程质量；要建立健全的农村公路技术指导体系，规范农村公路建设。基于以上因素的考虑，我们组织编写了本书，主要目的是从我省农村公路建设发展的特点和实际出发，研究制定一系列的技术政策和施工指导意见，来规范农村公路建设项目的组织领导和工程管理，提高农村公路管理和技术人员的业务素质，确保农村公路建设质量，充分发挥农村公路建设的投资效益，实现我省农村公路更好更快地发展，为建设社会主义新农村作出贡献。

河北省交通厅公路管理局局长　康彦民

二〇〇八年元月八日

前　言

近年来，特别是2003年以来，伴随着党的"十六大"的春风，河北省农村公路迎来了发展的新机遇，全省掀起了农村公路建设的新高潮。大规模的农村公路建设对管理和施工提出了更多、更高的要求，为适应新形势的发展，河北省交通厅公路管理局组织编写了《河北省农村公路建设技术指南》，以便在农村公路建设、施工、管理人员中普及公路技术知识，提高农村公路建设管理人员的技术水平和管理水平，促进我省农村公路又好又快地发展。

本书依据交通部颁布的技术标准、规范和相关规定的要求，在系统地总结河北省农村公路建设工程实践的基础上，综合概括了农村公路建设管理和施工管理方面的知识，包括各种管理规定和要求、技术标准、常用典型路面结构、基本桥梁形式和施工要求、工程质量验收标准等方面的内容。本书内容系统丰富，针对性强，有较好的实用性和可操作性，是我省农村公路施工企业和工程管理单位的专业技术人员和管理人员必备的工具书和参考书。

本书由河北省交通厅公路管理局主持编写，河北省交通规划设计院试验检测室（河北省道路结构与材料工程技术研究中心）负责全书的汇集、整理、统稿工作，廊坊市地方道路管理处、承德市地方道路管理处、邯郸市地方道路管理处、邢台市地方道路管理处等单位参加了本书的编写工作。本书共分十章，第一章由郝明武、袁博编写；第二章由尚志远、刘丽丽、郭海燕编写；第三章由赵东方、李凤梅、刘立明编写；第四、五章由魏朝林、柴战平、尚志远编写；第六、七章由李付民、张宏君、吕兰明编写；第八章由王庆凯、刘志强、刘桂君、刘国明编写；第九章由姜红光、赵振祥、郑栩锋编写；第十章由邢天霞、刘秀菊、刘志强编写。全书由从飞山副局长担任主编，康彦民局长担任主审。

由于时间仓促及编者水平所限，难免有疏漏甚至错误之处，请读者批评指正并函告河北省交通厅公路管理局，以便再版时修订完善。

目 录

第一章 概 论

农村公路是我国公路网的重要组成部分，是连接县城、乡(镇)、行政村、自然村等农村政治经济中心及农、林、牧、副、渔生产基地，是资源开发区、厂矿企业、学校、集贸市场等交通集散地，为广大农村地区经济社会发展和人民群众生产生活出行服务，主要供机动车辆行驶并达到一定技术标准的公路。农村公路包括县道、乡道和村道。

我国13亿人口中有9亿在农村，“三农”问题是关系我国经济和社会发展全局的重大问题。在我国广大的农村地区，生产运输和生活出行主要依赖于公路交通，故农村公路是改善农村生产和生活、发展农村经济、解决“三农”问题的基础条件。加快农村公路建设是新时期党中央、国务院部署的一项重要工作任务，是建设社会主义新农村的基础和重要组成部分。

第一节 农村公路建设的重要意义

农村公路是农村的主要运输方式，与农村自然地理、产业布局、产品结构及运输需求等特点相对应、相吻合，与人民群众生产、生活的关系十分密切。发展和改善我省的农村公路交通，是落实“三个代表”要求、加快推进社会主义新农村建设、有效解决“三农”问题、实施城镇化战略和投资拉动政策、促进全省经济发展的重要举措，对于推进全省经济和社会发展有着极其重要的意义。

农村公路建设是统筹城乡发展的必然要求。“要想富、先修路”、“公路通、百业兴”就是农村公路在农村经济发展中重要地位和作用的集中反映。建好农村公路，对于疏通城乡连接的动脉，改善农村生产、生活条件，实现城乡协调发展至关重要。

农村公路建设是增加农民收入的有效途径。加快农村公路建设，不仅可以使沿线农民通过建材供应、劳动力投入等方式获得直接收入，而且可以加强城乡沟通，搞活农产品流通，使农村的自然物产和农副产品更加便捷地进入流通领域，以提高农业经济效益，增加农民收入。同时，改善农村公路条件，有利于加快发展农村工业、服务业，对全面繁荣农村经济、促进农民增收将起到重要作用。

农村公路建设是拉动经济增长、提高人民群众生活水平的迫切需要。农村公路路线长，分布面大，通达范围广，可以连接农村与城镇、产地与市场，实现门到门服务，对农村和群众生产、生活具有与其他运输方式无可比拟的优势，是农村的主导交通方式。加快农村公路建设，有利于开拓农村市场，扩大农村消费需求，改善投资环境，拉动经济持续快速增长。近几年，我省省委、省政府专门把农村公路建设列入民心工程，通过修好路来帮助农民群众脱贫致富，提高生活质量。

第二节 我省农村公路历史发展和现状

我省农村公路的发展经历了由少到多，由普及到逐步提高，由以通为主到讲求通畅的发展过程。

一、地方道路的修建

1949年河北省政府建立时，地方道路仅有1 500km。三年国民经济恢复期间(1949.10～1952.12)，省人民政府十分重视地方道路的恢复工作，特别是对山区道路的恢复。为了进一步加强地方道路建设的领导，河北省交通厅于1952年10月组建了地方道路科，负责地方道路的管理工作，从而进一步促进了河北的地方道路有计划、有步骤的恢复与发展。

河北省人民政府按照中央关于“解决群众生活的当前困难与长期建设相结合”的方针，为加速地方道路的恢复和改善，满足城乡物资交流的需要，决定从农业税附加费内抽出了部分资金，用于地方道路的恢复和改善。与此同时，地方人民政府根据地方经济发展的需要，千方百计，多方筹集资金，改善与恢复了不少重点地方道路，沟通了村、乡、县道路的衔接。在一些重点工程修建中，调整了线形，降低了坡度，加宽了垭口，路基宽度达到了4m，当时的地方道路都是土路。

二、地方道路的普及

1953年起，国家开始执行有计划的经济建设，国民经济经过三年恢复时期后，开始了发展国民经济的第一个五年计划，河北省地方道路也随之进入了有计划的建设阶段。1953年，中华人民共和国交通部(以下简称交通部)颁布了《修建地方道路暂行规定(草案)》，明确了地方道路包括汽车路、大车路和驮运路。1956年，交通部颁布了《关于地方道路标准暂行规定(修正草案)》，分别对简易路、大车路和驮运路的修建标准，作出了明确规定：简易路是通往公路干线及山区县城的道路，路基宽度一般为6.5m，山区为4m；大车路单行路为3m，双行道为4～5m；驮运路地段宽度不小于3m。随着土路改善，地方道路按照“实事求是、因地制宜、就地取材、动员民工建勤、经济适用”的原则改善现有土路，适当修筑简易公路。

到1963年末，全省地方道路已达17 717.62km，其中县级公路共237条共7 715.37km，社队道路10 002.25km，初步形成了干线与地方道路相结合的公路交通网。

三、地方道路的改善

1964年5月，我省交通厅召开全省交通工作会议，把修建地方道路列为工作重点之一，尤其是山区公路。道路修建标准，县级公路按六级甲或六级乙修建，公社公路按照六级乙修建，通大队的大车路按4.5m宽修建，并在必要的地方设错车道。1971年，省交通局提出的修建地方道路标准，比以前有所提高：县社公路一般要求路面5～6m，路基有适当的高度，改善线形不好的路段。

1978年，全省基本实现了社社通公路，为了增加通车里程，还开始在地方道路上铺筑沥青(渣油)路面，到1978年底，全省拥有地方道路28 518km，除承德、张家口两市中少数县外，其他各县都通了沥青(渣油)路,有30%的公社通了沥青(渣油)路。与此同时,地方道路的桥涵造物也向永久化方向发展,从而基本上形成了以干线为骨架,以县驻地为中心,辐射至公社和部分大队的纵横交错、四通八达的地方道路网。

四、地方道路的发展

地方道路建设的发展,是随改革开放的深化逐步发展起来的,至20世纪80年代的中后期已形成高潮。改革开放以来,地方道路(含县乡公路及简易道路)建设取得的成就,不论是数量和质量都大大超过了建国后30年成绩,使全省地方道路的面貌焕然一新,基本上改变了过去行路难、运输难的状况。对于促进商品经济的发展起到了积极的作用。为了适应地方道路的需要,做到有章可循,依法治路,省、市、县(市)在20世纪80年代制定了发展地方道路的法规,尤其是在1986年5月7日河北省第六届人民代表大会常务会通过并公布实施的《河北省公路管理条例》和1987年10月23日国务院发布的《中华人民共和国公路管理条例》以后,各地、市、县均结合当地情况制定了发展地方道路的法规。建设的发展,是随改革开放的深化逐步发展起来的。到1990年底,县乡公路已发展到30 176km,乡村简易道路已拥有46 262km。实现了县县通油路、乡乡通公路,村村(行政)通汽车和拖拉机的目标。全省各县都通了沥青路面(渣油)路面。其中,63个县(市)达到了乡乡通沥青(渣油)路面。

到1994年底,河北省县乡公路通车里程达38 193km,其中等级公路里程达34 551km,占总里程90.5%;有路面里程达32 069km(其中高级、次高级路面22 972km,占有路面里程的71.6%),占总里程的84%。县乡公路上桥梁4 920座142 604延米。另外,还有42 000km的乡村道路,有路面里程30 692km,桥梁4 686座135 583延米。全省基本上形成了以国、省干线为骨架,以县乡公路为支线,联结城市、乡镇和农村的公路交通网络。

到1998年底,全省154个县(市、区)中,全部通了三级以上公路;100%的乡镇通了公路,89%的乡镇通了油路,126个县实现了乡乡通油路;97%的行政村通了公路,66%的行政村通了油路,有34个县(市、区)实现了村村通油路。乡镇、村通公路比重高于全国平均水平。

至2002年底,全省农村公路通车里程达到44 011km,其中县道12 460km,乡道31 551km。此外还建设了47 766km的简易村道。全省已有石家庄、唐山、邯郸、邢台、沧州、廊坊、衡水七个市实现了乡乡通油路;全省累计146个县(市、区)实现了乡乡通油路;44个县(市、区)实现了村村通油路;全省累计94.9%的乡(镇)和72.7%的行政村通了油路。

五、农村公路全面快速发展

2003年初,我省交通部根据党的十六大和中央农村工作会议精神,对农村公路建设的工作思路和投资结构进行重大战略调整,加大对农村公路建设的投资力度,引导地方更多的建设和改造农村公路,提出了"修好农村路,服务城镇化,让农民兄弟走上油路和水泥路"的建设目标。2003年开始,我省除利用中央国债、车购税和地方转贷资金外,各交通部门和各级政府也加大了对农村公路的投入。到年底,我省农村公路通车总里程达到了46 000km,公路密度为34.8km/100km^2,95.8%的乡(镇)和75.4%的行政村通了油路。

2004年2月12日,省政府召开了全省农村公路建设电视电话动员大会,省政府决定加快农村公路建设,明确提出:2007年底实现乡乡通油路,基本实现行政村村村通油路,结合河北省实际情况，通村油路建设最低标准为路基宽 4.5m，路面宽 3.5m，路面结构为 15cm 灰土＋3cm 沥青碎石，或 15cm 灰土（或级配砂砾）＋18cm 水泥混凝土；山区、过村路段、滞洪区提倡建设水泥路面；对于经济发达、群众富裕、交通量大的可适当提高标准。

2003～2006 年底，全省累计完成农村公路建设投资 196 亿元，新改建农村公路 63 000km，解决了 102 个乡、21 098 个行政村通油路问题。到 2005 年底，县县通上了二级以上高等级公路，全省所有乡镇通上了油路或水泥路，基本实现了村村通公路，其中 90％以上的行政村通上了油路或水泥路。到 2006 年底，全省 93.1％以上的行政村通上了油路或水泥路，其中四个设区市实现了所有行政村，村村通上了油路或水泥路。全省农村公路通车里程达到 124 241km，按照行政等级分，县道 14 422km，乡道 45 320km，村道 75 154km。

第三节　农村公路发展重点

今后一段时期，农村公路建设仍将是交通建设的一项重点工作。农村公路将以服务于发展全省农业和农村经济，不断提高农民的物质文化生活水平为中心，逐步建立政府投资为主、农村社区为辅、社会各界共同参与的多渠道筹资机制，坚持统筹规划、合理布局、标准适度、建养并重的原则，紧紧依靠各级人民政府和广大群众，坚持山、水、林、田、路综合治理，建立优化配套的路网结构，提高投资效益，建立健全农村公路建设管理体系，全面提高农村公路的抗灾能力、通达深度和服务水平。

我省农村公路发展的目标：到 2010 年，进一步提高农村公路的服务水平，完善路网结构，基本实现村村通油路。使农村公路发展适应农村经济发展的需要，为农村实现小康提供保障。在此基础上，再用 10～15 年的时间，使农村公路的发展水平满足农村经济发展的需要。平原地区的县级公路达到二级公路标准，乡级公路基本达到三级以上标准，山区、坝上地区县级公路达到三级以上标准。

“十一五”期间，我省将全面实施“通达、通畅工程”，在重点建设通村油路的同时，注重路网的协调发展，为实现县与县之间有高等级公路便捷连接，加大对在整个路网中具有补充完善作用，以及在通达、通畅中起着骨干作用的县乡公路的改造力度，为区域经济发展服务。农村公路的建设重点为：①提高县级公路的技术等级；②建设资源开发路；③延伸农村公路的通达深度，抓好桥涵配套和提高路面质量，全面提升农村公路通达深度和服务水平。计划新改建县级公路 4 900km，建设乡村油路 42 000km，建设和改建桥梁 35 000 延米。

第二章　农村公路建设管理

公路建设，主要是指公路的工程性建设，是为公路运输行业提供或更新诸如路线、桥涵、隧道等固定资产的建设活动，包括公路工程基本建设、公路工程大、中修与改善，以及公路工程的小修、保养。本文中所指公路建设主要是指公路工程基本建设，包括公路工程项目的新建、改建、扩建和重建。

公路建设管理是以公路建设项目为对象，对其建设过程的所有活动进行决策、计划、组织、协调和控制的过程。公路建设管理涉及的内容非常广泛，其管理可分为广义和狭义两类。广义的公路建设管理包括公路建设项目前期工作，施工建设过程和项目后评价的全过程管理；狭义的公路建设管理则是对公路建设项目从准备施工到竣工验收过程中的有关具体业务管理（如组建项目管理机构、施工管理基础工作、技术管理、质量管理、成本管理、材料设备管理、安全和环保管理等）。此外，从公路建设管理主体分析，一方面，有交通主管部门从行政角度对公路建设宏观调控、监督管理；另一方面，在公路建设过程中，各从业单位（项目法人、勘察设计、施工、监理单位等）对公路建设有关经济活动的微观管理，按照职责分工对公路建设中有关经济活动进行组织调控。

本章主要结合我省实际情况和具体要求，重点介绍农村公路建设管理体系和交通主管部门对农村公路建设项目从项目规划、立项到竣工验收、项目后评价全过程的监督管理的基本制度和相关要求。

第一节　建设管理基本要求

一、建设监督管理权限

1. 交通部负责全国农村公路建设的行业管理。
2. 省级人民政府交通主管部门负责本行政区域内农村公路建设的管理。
3. 设区市和县级人民政府交通主管部门负责本行政区域内农村公路建设的组织和管理。

二、建设监督管理内容

1. 监督国家有关农村公路建设方针、政策和法律、法规和强制性技术标准的执行。
2. 监督农村公路建设履行国家基本建设程序。
3. 监督农村公路建设市场秩序。
4. 监督农村公路工程质量和工程安全。
5. 监督农村公路建设资金的使用。
6. 指导检查下级人民政府交通主管部门监督管理工作。

7. 依法查处农村公路建设违法行为。

三、建设责任主体

农村公路建设由地方政府负责。根据我省实际情况，县道及重要乡道新、改建工程一般由设区市交通主管部门委托下属的农村公路管理机构承担项目法人职责，也可以根据当地实际情况，委托项目所在县（市、区）交通主管部门或其农村公路管理机构作为项目法人，负责工程的组织实施。

乡村道路由乡（镇）人民政府承担业主职责。县交通主管部门或其所属的农村公路管理机构可以接受乡（镇）人民政府委托，承担乡村公路的业主职责，统一组织乡村公路的实施。

四、建设基本原则

1. 农村公路建设应当遵循统筹规划、分级负责、因地制宜、经济实用、注重环保、确保质量的原则，依据农村公路建设规划和分阶段建设重点，按照简便适用、切合实际的原则和国家规定的程序组织建设。

2. 农村公路建设应当保证质量，降低建设成本，节能降耗，节约用地，保护生态环境。

五、建设技术标准

1. 农村公路的建设标准应当依据公路功能、路网规划、交通量和地形、地质条件，按照因地制宜、实事求是的原则合理确定。

县道和乡道应当按照等级公路建设标准建设。其中，县道一般采用三级以上公路标准，乡道采用四级以上公路标准。

村道的建设标准，应当根据当地实际需要和经济条件确定，但路基宽度不得低于 4.5m，路面不得低于 3.5m，并根据地形等情况合理设置错车道。

2. 农村公路建设的技术指标应当根据公路等级、交通量情况、地质地形条件等因素合理采用。新建等级公路应当按现行规范规定的技术指标进行设计；改建工程应当充分利用现有道路，对于工程艰巨、地质复杂路段，在确保安全的前提下，平纵指标可适当降低。

3. 路面应当选择能够就地取材、易于施工、有利于后期养护的结构。对路面结构的要求如下：

（1）县级公路。

采用沥青混凝土路面时，二级公路应不低于 5cm，三级公路不低于 3cm；采用水泥混凝土路面时，二级公路不低于 22cm，三级公路不低于 20cm；基层应采用不低于 16cm 的水泥、石灰、石灰工业废渣稳定碎石（或沙砾）或其他类型的粒料类基层；底基层类型应根据当地材料情况合理选用，厚度通过计算确定。

（2）乡村公路。

选用三级公路以下技术标准的乡村公路，采用沥青路面时，面层不低于 3cm；采用水泥混凝土路面时，面层厚度不低于 18cm；基层应选用厚度不低于 15cm 的石灰土或其他类型的基层。

第二节　基本建设程序

基本建设程序，是指基本建设全过程中各项工作必须遵循的先后顺序。公路建设必须按照基本建设程序要求进行管理，公路建设项目的基本建设程序可分为立项、设计、建设、营运管理等四个阶段，一般包括如下内容：

(1)根据规划，编制项目建议书。

(2)根据批准的项目建议书，进行工程可行性研究，编制可行性研究报告。

(3)根据批准的可行性研究报告，编制初步设计文件。

(4)根据批准的初步设计文件，施工图设计文件。

(5)根据批准的施工图设计文件，组织项目招标。

(6)根据国家有关规定，进行征地拆迁等施工前准备工作，并向交通主管部门申报施工许可。

(7)根据批准的项目施工许可，组织项目实施。

(8)项目完工后，编制竣工图表、工程决算和竣工财务决算，办理项目交、竣工验收和财产移交手续。

(9)竣工验收合格后，组织项目后评价。

农村公路建设项目的基本建设程序可以视其规模和复杂程度适当简化或合并，重点介绍如下。

一、规划编制

1. 县级道路规划应当与省级道路规划性协调，乡道规划应当与县道规划相协调。县道规划由县人民政府交通主管部门会同同级有关部门编制，经本级人民政府审定后，报上一级人民政府批准。乡道规划由县级人民政府交通主管部门协助乡、民族乡、镇人民政府编制，报县级人民政府批准。

2. 县道、乡道公路规划需要修改的，由原编制机关提出修改方案，报原批准单位批准。

二、工程可行性研究

可行性研究是基本建设项目前期工作重要组织部分，是建设立项、决策的依据。公路建设项目可行性研究的任务是：对区域社会经济发展及路网状况充分调研、评价、预测和必要的勘察基础上，对项目建设的必要性经济合理性，技术可行性，实施可行性，提出综合性的研究论证报告。编制可行性研究报告，应以国家经济与社会发展规划，路网规划和公路中长期计划为依据进行编制。

1. 县乡公路

由县级交通部门根据批准的农村公路建设规划，委托具有相应资质的设计咨询单位编制建设项目的工程可行性研究报告，并组织专家进行初步审查，编制单位按照初步审查意见进行修改后，随同专家初审意见报设区市交通主管部门审批，设区市交通主管部门应组织专家进行评审后审批。

2.通村公路

拟列入国家投资计划项目的通村公路项目，由各市交通主管部门制定项目建设方案，报省交通主管部门提出审查意见，由省发改委按地区进行一揽子审批，并报国家发改委和交通部备案。列入建设方案的项目视同国家已经批准立项，可不再审批项目建议书及可行性报告。

三、设计与审批

1.二级以上的公路或中型以上的桥梁、隧道工程项目应当按照国家有关规定，分初步设计和施工图设计两个阶段进行；其他农村公路项目，一般可进行第一阶段施工图设计，方案明确、技术简单的四级及以下项目，可进行简易设计。四级及以下项目的设计可以由县级以上交通主管部门组织有经验的技术人员承担，其他项目的设计工作应由相应资质的设计单位承担。

2.县道及乡村公路上的中型以上的桥梁、隧道工程项目由设区市交通主管部门审批，报省级交通主管部门核备；乡道、村道项目由县级交通主管部门审批，报设区市交通主管部门核备。

四、列入年度基本建设计划

列入年度计划的建设项目由立项阶段进入建设阶段，因此列入年度基本建设计划的项目必须具备以下条件：

1.前期工作已经完成，具备开工条件。建设项目的前期工作完成包括项目建议书(立项)、工程可行性研究报告、初步设计、施工图设计已经审批，征地拆迁已经完成等。

2.建设单位已经明确，项目资金已经落实。

对拟列入国家投资计划的通村公路建设项目，由省发改委会同交通部门，根据国家总体要求和本地区实际编制本地区通村公路改造工程年度建议计划，报国家发改委和交通部。国家发改委会同交通部，对上报的年度计划审核后，下达年度建设计划。对列入年度计划的项目，各地应严格按照计划执行，原则上不允许调整。由于客观条件发生变化确需调整的，调整后的项目必须是符合国家规定的列入建设规划的通村公路建设项目。

五、项目招标

符合招标条件的农村公路建设项目，建设单位应依法通过招标确定施工队伍、监理队伍。含群众集资、农民投劳或利用扶贫资金的农村公路建设建设，以及未达到法定招标条件的项目，可不进行招标。

六、办理施工许可(开工报告)

县道和重要乡道，以及中型以上桥梁、隧道工程建设项目开工建设应当报设区市交通主管部门办理施工许可；其他列入年度建设计划的农村公路建设项目，应在完成相应准备工作并报县级交通主管部门办理开工报告手续，方可开工建设。

办理施工许可(开工报告)应具备以下条件：

1.项目已列入年度建设计划。

2.施工图设计文件已经完成并经审批同意。

3.建设资金已经落实，并经交通主管部门审计。

4. 征地手续已办理，拆迁基本完成。

农村公路建设项目需要进行征地、拆迁的，由县、乡（镇）政府将征地、拆迁图报有权限的政府规划部门批准征地、拆迁规划红线图并颁发《规划用地证书》后，组织按批准的用地范围放线，进行征地、拆迁。征地、拆迁应当按照国家及地方政府确定的补偿标准予以补偿，补偿标准应当公开。县、乡（镇）政府将规划部门批准的规划征地拆迁文件及相关资料报政府国土部门批准用地和颁发《土地使用证书》。

5. 施工、监理单位已依法确定。

6. 已办理质量监督手续，已落实保证质量和安全的措施。

七、项目组织实施

从项目开工到项目完工整个实施过程，是项目建设的主要阶段。项目建设单位要坚持依据合同、统筹安排、注重效益、确保质量的原则，加强施工管理，确保全面实现建设项目的总体目标。

八、交（竣）工验收

公路工程验收是工程建设项目的一个最后工作阶段，工程完工后检查合同执行情况，评价工程质量是否依技术标准满足通车要求，是对工程成果、工程质量、参建单位和建设项目进行综合评价的一项重要工作。

第三节　招标组织管理

公路建设项目实行招投标制度的目的是创造公开、公平、公正的市场环境，规范公路建设的市场秩序，达到以缩短工程建设工期，有效节约工程投资，改善工程经营管理水平，确保项目投资效益。

一、招标范围

农村公路改造工程符合法定招标条件的，项目建设单位应当依法进行招标。法定招标条件，即下列范围内的各类工程建设项目，包括项目的勘察、设计、施工、监理，以及与工程建设有关的重要设备、材料等的采购，必须进行招标：

1. 施工单项合同估算价在 200 万元人民币以上的。

2. 重要设备、材料等的货物的采购，单项合同估算价在 100 万元人民币以上的。

3. 勘察、设计、监理等服务的采购，单项合同估算价在 50 万元人民币以上的。

4. 单项合同估算价低于以上三项规定的标准，但项目总投资在 3 000 万元人民币以上的。

含群众集资、农民投劳或利用扶贫资金的农村公路建设项目，以及未达到法定招标条件的项目，可不进行招标。

二、招标条件

农村公路建设项目具备以下条件后，方可进行招标：

1. 建设项目已正式列入年度建设计划。

2. 建设项目用地的征用工作已经完成。

3. 建设资金已经落实。

4. 项目设计文件(初步设计或施工图设计)已经审批。

三、招标组织与管理

招标一般由项目建设单位负责组织,建设单位不具备组织招标能力的,可以委托具有相应资质的中介公司进行组织。对于农村公路来说,一般县道和重要乡道由担任项目建设单位(项目法人)的县级以上地方人民政府交通主管部门负责组织;其他乡村公路建设项目的招标,可以由县级地方人民政府交通主管部门统一组织,也可以在县级地方人民政府交通主管部门的指导下,由乡(镇)人民政府组织。

招标公告、招标结果应按规定进行公示。县级以上地方人民政府交通主管部门应加强对农村公路建设项目招标投标工作的指导和监督管理。

第四节　质量监督管理

一、质量保证体系

县道及重要乡道新改建工程要建立健全“政府监督、建设单位(项目法人)管理、社会监理、企业自检”的质量保障体系,实行工程监理制度,建立健全工程质量监督机制,确保工程质量。

乡村道路要按照我省实际继续完善“政府督查、部门指导、社会监督、专业监理、企业自检”的五级质量保证体系。

二、工程建设单位(法人单位)质量管理

工程建设单位(法人单位)对工程质量负管理责任,其具体职责如下:

1. 对农村公路质量管理过程负责,制定与农村公路建设相适应的质量管理办法,明确质量责任人。

2. 质量责任人应对工程设计图纸进行核定,对监理、施工单位的质量管理体系的运行情况及工程材料、施工工艺、实体质量进行检查。

3. 接受配合质量监督检查,支持义务质量监督员的工作。统一协调施工中质量、安全、环保各项工作的落实。

4. 主动申请质量鉴定和竣工验收,并配合鉴定、验收工作。

三、施工单位质量管理

施工单位对施工质量负责,其具体管理职责如下:

1. 依据设计文件和相应的技术标准、规范和规程,按照施工合同要求,制定管理办法,对工程的施工质量负责。

2. 建立健全工程质量自检体系。落实岗位质量责任制,切实做好质量的全过程控制。对

重点部位、关键工序和关键工艺必须责任到人。

3.施工现场必须具有与施工工艺配套的压实、拌和、计量设备。施工工艺必须符合相应作业内容的质量控制要求。

4.县道及二级以上的公路或中型以上的桥梁、隧道工程项目必须建立符合工程要求的工地临时试验室。对不具备建立试验室条件的其他乡村公路建设项目,应通过协议形式,委托有资质的试验检测机构或有资质的工地临时试验室承担工程试验检测工作,满足质量控制和检测评定的需要。

四、监理组织质量管理

县道、重要乡道和二级以上的公路或中型以上的桥梁、隧道工程项目应按照规定实行工程监理制度,依法确定监理队伍。监理单位应与项目建设单位签订监理合同,监理人员和设备配备应满足合同要求。监理单位一般应建立工地临时试验室,为节约资源,经建设单位同意并由合同约定,监理单位也可通过协议方式利用施工单位的试验室,但试验检测工作应由监理单位自行完成,质量控制与检查的试验数据必须独立、准确。

其他乡村公路建设项目可按区域采取项目捆绑方式选择社会监理队伍,也可由市级或县级交通主管部门抽调有经验的技术人员组成专业监理组开展监理工作。项目监理组织情况应向属地质量监督机构(组织)备案。

五、政府监督

各级公路工程质量监督机构要认真履行政府监督职能。省质监站负责全省农村公路改造工程质量监督的指导工作。各设区市质监站负责辖区内县道和重要乡道新、改建工程的质量监督工作,并对乡村公路工程质量监督工作进行指导。各县(市、区)交通局质量监督机构负责辖区内乡村公路的质量监督工作,未成立质量监督机构的,县交通主管部门应成立专门小组负责辖区内乡村公路的质量监督工作。

农村公路建设项目实行质量缺陷责任期和质量保证金制度。县道和重要乡道的质量缺陷责任期为一年,乡村道路的为六个月,质量保证金不少于施工合同额的5%。

质量保证金由业主单位在计量支付中按比例扣除,待项目缺陷责任期满、质量缺陷得到有效处置后,质量保证金返还施工单位。

第五节　工程交竣工验收

公路工程完工后,应根据交通部颁布《公路工程(交)竣工验收办法》和我省颁布《河北省农村公路建设管理实施细则》、《河北省村村通工程竣工验收办法》等的相关规定进行验收。验收工作分为交工验收和竣工验收两阶段进行。小型工程或简易工程项目,经主持验收单位批准可将交工验收和竣工验收合并进行。

一、验收的组织

农村公路建设项目中的县道及重要乡道、大桥、特大桥、隧道工程的验收工作,由设区的市级人民政府交通主管部门负责；其他农村公路建设项目由县级人民政府交通主管部门负责。省级人民政府交通主管部门负责对农村公路工程验收工作的监督、指导。

县道、重要乡道及危桥改造项目按项目验收，参照交通部《公路工程竣（交）工验收办法》的有关规定执行。

二级以上的公路或中型以上的桥梁、隧道工程项目应采用两阶段验收。交工验收由业主单位组织，竣工验收在交工验收完成六个月后、工程缺陷处理完成后进行，由设区的市级人民政府交通主管部门组织。

乡、村公路工程采用一阶段竣工验收，验收由各县（市、区）交通局组织，以乡为单位完成进行。工程验收按照《河北省村村通工程竣工验收办法》的有关规定执行，设区市农村公路管理机构要按一定比例进行抽查。

二、验收工作基本要求

1.公路工程验收依据

(1)批准的工程可行性研究报告。

(2)批准的工程初步设计、施工图设计及变更设计文件。

(3)批准的确认的招标文件及合同文本。

(4)行政主管部门有关批复、批准文件。

(5)交通部颁发的公路工程技术标准、规范、规程及国家有关部门的相关规定。

2.验收工作基本要求

(1)验收工作必须在施工单位按规定和要求完成全部工程，完成竣工文件、竣工图及编制、完成施工总结后，向建设单位提出交工验收申请，得到批准方可进行。

(2)具有独立使用价值的公路工程方可组织交竣工验收。工程可以分段或单项工程交工，经交工验收合格后可交付使用，待全工程完成后，按规定统一进行竣工验收。

(3)未经交工验收的工程不得交付使用。交工验收不合格的工程不得报请竣工验收。

(4)验收工作必须严肃认真。公路工程交、竣工验收工作应当做到公正、真实、科学。准确地对工程质量和建设项目做出恰当评价，科学判定工程缺陷和遗留问题，确定处理方法。

第三章　农村公路前期工作

长期以来，我省农村公路特别是乡、村道路缺少系统的规划与管理，致使许多县域内乡村公路较为零散，网络结构不完整，难以组成高效的服务系统。就各地市而言，由于缺乏扎实有序的项目前期工作、缺乏优秀项目的储备，不仅失去了很多良好的建设发展机遇，而且更使得有限的建设资金不能发挥其应有的作用。因此，做好项目前期工作，科学合理地编制和实施公路规划，是公路事业健康发展的必要前提，是我们今后农村公路建设中的一个关键环节。交通部于 2000 年 12 月发布的《农村公路发展规划编制大纲》对我们今后做好农村公路规划工作具有非常重要的指导意义。

第一节　农村公路路网规划

公路路网是指以网络形式存在的运输节点和公路线路构成的有机整体。公路路网规划是公路建设的前期工作，是为了确保公路建设布局合理、井然有序、协调发展，防止建设决策和建设布局随意性与盲目性的有效措施和方法。根据交通部颁发的《农村公路发展规划说明及编制方法指南》，“农村公路”的基本内涵是指县道和乡村道路。因此，通常意义上的农村公路发展规划即是区域中县乡道路的发展规划。

农村公路在整个路网结构中起着举足轻重的地位，有着数目多、分布广、与人民切身利益联系更为密切、更加侧重于服务功能、技术等级相对较低等特点。在农村公路发展规划的整个体系中，路网布局是核心环节之一。通过农村公路网的布局规划，制定出具体的目标年中路网方案，继而确定规划期所需要进行建设的工程项目，以此作为农村公路建设的指导。

一、路网规划应遵循的原则

县乡公路规划编制总的原则是根据区域国民经济和社会发展对道路交通的需求，并充分考虑综合运输体系的城乡一体化格局，充分体现公路运输深入门户的优越性，坚持实事求是、讲究科学、讲究经济效益的原则。具体如下：

1. 综合运输，协调发展

综合考虑区域内其他各种运输方式的现状与发展规模，做到优势互补、各展其长、相互协调，公路网规划作为综合运输网规划的有机组成部分，应服从于综合运输网的规划，处理好与其他运输方式路网的衔接与配合。

2. 结合实际，量力而行

我省区域内自然条件、经济状况及农村公路发展状况很不平衡。因此，路网规划必须从实际条件出发，一次规划，分期实施，既要保证农村公路建设适应区域交通运输的需要，同时也要切实可行，并与区域内国省干线等骨架路网相协调。

3. 因地制宜，最佳效益

路网布局应充分结合本地区的经济条件和地理环境、因地制宜。同时，考虑道路建设资金的约束与路网密度制约，选定合适的规划指标，以提高社会效益为主，讲究经济效益、社会效益和环境效益的高度统一，实现社会的可持续发展。

4. 系统分析，整体优化

合理的路网规划，应是政策、经验和技术三者有机结合的成果，尤其农村公路规划更是如此，规划的最终方案必须在理论计算的基础上，联系实际条件和专家经验，加以修正补充和完善，实现路网总体可达性为最优。

二、农村公路规划的内容

根据部颁编制大纲，农村公路规划主要包括以下几个方面内容：

1. 概述区域内公路网现状及编制路网规划的目的。
2. 社会经济及交通运输发展概况。
3. 农村公路发展规模及发展目标。
4. 公路网布局规划。
5. 公路发展规划实施安排。
6. 公路发展规划实施效果评价。
7. 问题与建议。

三、农村公路规划的原理和方法

（一）农村公路规划的一般原理

根据农村公路的特点、地位与作用及县乡公路路网规划的特殊要求，农村公路规划的一般原理如图 3.1.1 所示。

（二）农村公路路网需求预测模型

干线公路在通过大的交通量同时，也实现了所联系的人口集聚点（包括城市、乡镇、村庄）的基本出行需求，农村公路路网通过干线公路发挥作用。因此，在规划以满足人们基本出行需求为基点的农村公路里程的预测模型时，应把干线公路的里程考虑在内，以总里程作为直接的预测对象，得出结论后再减去干线公路的里程而得出县乡（农村）公路的里程。

1. 县乡公路预测主要考虑的影响因素

(1)自然条件；

(2)社会经济发展情况；

(3)人口状况；

(4)城市化情况；

(5)各种人口聚集点状况。

2. 农村公路规划中社会经济发展及交通总量发展预测

(1)对县乡公路规划而言，根据资料拥有的实际情况，规划期的社会经济发展变化情况，如城镇体系、人口、工农业产值，国民收入及车辆保有量等，主要依据县、镇级的社会经济历史资料及发展规划。在没有规划资料的乡镇，可根据历史数据采用时间序列、数字模型、回归分析、专家咨询等方法进行预测并通过对特殊问题进行定性分析来修正确定。

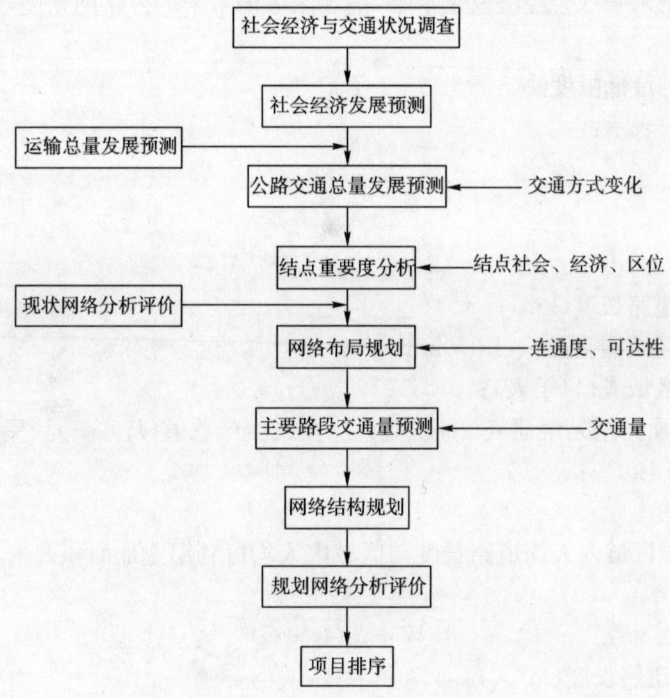

图 3.1.1　农村公路规划的一般原理

(2)与社会经济发展预测雷同，根据我省目前的经济情况及实际拥有的资料情况，公路交通总量发展预测一般也只能对县、镇级进行。公路交通总量，一方面会随着公路运输总量而变化，另一方面会随着交通工具结构的变化而变化。一般而言，随着我国社会经济的加速发展及农业科学技术的不断进步，在规划期间，交通工具结构(尤其是小汽车数量)将会发生急剧的变化。公路运输总量一般可采用回归分析法、弹性系数法等进行预测。

3.结点重要度的分析

县乡公路规划时，交通总量发展预测一般应对省、县、乡、村四级的节点进行，对各节点经济与交通地位的重要性(重要度)分析主要考虑以下 4 个方面：

(1)人口；

(2)工农业总产值；

(3)工农业总产值中工业、农业产值所占比重；

(4)与社会经济中心的联系程度。

(三)农村公路布局规划方法

根据道路交通总量预测及结点重要度分析可知，规划道路的交通总体布局需求；根据现状分析评价，可知现状路网的优势和不足，在此基础上，便可进行路网布局规划。

农村公路路网布局设计方法主要有：公路网密度法、公路密度的最低限度法(国土系数法)、人口密度法、最优树扩张法等。

1. 公路网密度法

公路网密度法是从有关国家地区的实例分析，求公路密度与社会经济发展指标之间的关系规律。通过预测未来社会经济发展水平，确定区域内未来的公路网密度，进行道路网的发展规划。

2. 公路密度的最低限度法

可用以下公式表示：

$$d_0 = K_0 \sqrt{P} \tag{3.1.1}$$

或

$$L/A = K_0 \sqrt{P}/A \tag{3.1.2}$$

上两式中：L——道路长度(km)；

A——区域国土面积($1\,000km^2$)；

P——区域人口(千人)；

K_0——国土系数，经研究，K_0 值与人均国民生产总值(P_{GNP}美元)呈线性关系，即 $K_0=a+bP_{GNP}$。

3. 人口密度法

人口密度法即区域内人均道路长度与区域内人均可利用土地面积及人均国民生产总值之间存在如下关系：

$$W = \alpha(L \times G)^{\beta} \tag{3.1.3}$$

式中：W——人均道路长度(m/人)；

L——人均可利用土地面积(亩/人，1 亩$=10\,000/15m^2$)；

G——人均国民生产总值(元/人)；

α、β——待定系数，用最小二乘法确定。

4. 最优树扩张法

当把网络中的所有结点全部用线连通且并不形成回路时，就形成一种"树"状结构图形，称其为网络的生成树。据此定义，将所有不在干线道路上的节点全部用线与干线道路连通，并且不构成回路时的路网子图，就称为县乡公路网的一棵以干线道路为根的生成树。

最优树扩张法又分为以下两个步骤：

(1)县乡公路网的最小树。当所有与干线公路相连的县乡公路总里程为最小时，即称之为县乡公路网的最小生成树——最小树。

(2)县乡公路网的最优树。当路网的最小树包含了各节点之间的最短距离(不含干线里程)，则称此为路网的最优树。最优树既保证了连通性，又使得建设费用和运输费用同时达到最小，所以它是公路网初始规划建设的理想目标。但是，由于我省各地区域经济、交通发展的不均衡性，最优树有时并不存在，这种情况下可按投资效益最大的原则选定近似最优树，即比较县乡公路生成树的建设费用增加量和运输费用的减少量，以其比值最小为佳。近似最优树生成后，可根据区域运输发展规划，适当增补附加联络线，使县乡路网由树状逐步向网状过渡。

由于农村公路路网中各个节点之间错综复杂，即各个自然村落之间联系并不如主要城镇之间的联系那么密切，区域经济发展也极不平衡，对路网中公路布局、等级、密度的要求大不相同。因此，在农村公路路网布局设计中，可根据区域经济发展状况及规划期发展目标来采用不同方法或多种方法计算通车总里程。

（四）网络的结构规划

县乡路网的多数路段主要是起着连通和可达功能，交通量一般不大。因此，对这部分路段通过网络布局规划，根据交通总量的发展变化便可确定其等级。但对一些主要路段，它们可能起着重要的交通功能，有较大的交通量。因此，对于一些主要路段还应进行交通量预测，以便进行合理的网络结构规划。

1.网络分析法

影响县乡路网路段交通量变化的因素主要有以下两个：

(1)区域公路交通总量的变化；

(2)由于路网布局变化而引起的交通量转移。

因此，通过分析网络中有关线路的通行时间、距离和模拟分析随着路网变化交通流的变化，即可根据预测交通总量，确定主要路段交通量及各条道路的等级。

2.线性规划法

县乡公路网发展的合理规模，应以能在一定的服务水平上满足交通需求并使建设费用最少为目标。在此前提下，以总建设费用和按需求拟建的各等级公路建设费用之和建立线性方程，即可得出最为优化的路网等级结构。

四、农村公路路网规划报批基本程序

路网规划完成后，需经过一系列的分析、评价、优选、排序，最后得出切合实际的分期实施方案进行报批，根据交通法及有关规定，县乡公路规划编制及审批一般按以下规定执行：

1.县道规划由县级人民政府交通主管部门会同县级有关部门编制，经本级人民政府审定后，报上级人民政府批准。最后应当报批准机关的上一级人民政府交通主管部门备案。

2.乡、村道规划由县级人民政府交通主管部门协助乡（镇）人民政府编制，报县级人民政府批准。批准的乡、村道路规划，均应报批准机关的上一级人民政府交通主管部门备案。

3.县道规划应当与省道规划相协调。乡、村道规划应当与县道规划相协调。经批准的县、乡村道路规划需要修改的，由原编制机关提出修改方案，报原批准机关批准。

五、农村公路规划中应注意的事项

1.路网规划一定要结合本地实际，不可盲目求大，要服从当地经济发展的总战略、总目标。应与区域发展水平相结合，与节点的出行需求水平相适应，农村经济发展较好的区域，可适当增加线路，提高村级节点的连通度，农村经济实力与可用资金较有限的地区，原则上仍以村级节点的出口路接入网络为主，应与区域自然条件相结合；在平原地区条件允许的情况下，可适当加强村级之间联系度；而在山区，过多的村际互联路段使得成本消耗过大，适宜以村镇的出口路为主要方式。

2.规划要与全省公路发展战略目标相协调，与区域综合运输体系发展相衔接，与国省干线公路发展规划相匹配。

3.规划要近期与远期有机衔接，要做到微观与宏观结合，既要有近期建设计划，又要有长期发展战略目标。同时，规划还要有可操作性。

4.规划要处理好新建与改造提高的关系，要建、养、管统筹考虑，要落实好养、管资金，探索改革养、管体制。

5.规划要保护好环境资源，提高环境效益，发扬区域的人文生态特色。

6.规划要科学合理，一定要打破行政区域界限，逐步减少断头路、迂回路，要尊重路网规划自身的合理性。

第二节　项目可行性研究

可行性研究是基本建设前期工作的重要组成部分，是建设项目立项、决策及进行施工图设计的主要依据。农村公路中的县道及地理位置重要、建设规模较大的乡级公路要做详细的《工程可行性研究报告》。而对于项目影响区域小、规模小、里程短、施工简单的乡村道路，可直接编报《项目建议书》。

一、《工程可行性研究报告》的编制要求

1.由于农村公路建设一般技术复杂程度较低，可直接进行可行性研究。

2.工程可行性研究阶段的投资估算与施工图设计阶段的概、预算差额应控制在＋10％以内。

3.工程可行性研究是确定建设项目是否可行的最后研究阶段，应以批准的项目建议书为依据，深度要达到：任务落实，规模明确，工程措施可靠，技术、经济数据确切，实施步骤具体。

4.《工程可行性研究报告》必须由经过资格认证，获得相应等级证书的公路勘察设计单位承担。

5.工程可行性研究应严格遵守国家颁发的各项政策、规定和交通部颁发的《公路工程技术标准》等有关规定。

6.《工程可行性研究报告》经有关部门预审合格后才能提交审查，否则应修改、补充或重新编报。

二、《工程可行性研究报告》内容要求

可行性研究报告一般应包括概述、现有公路概况及问题、项目影响区经济发展预测、运输量和交通量发展预测、公路建设规模与标准、建设条件与方案选择、投资估算与资金筹措、实施方案、经济评价、问题与建议等10项内容。

三、《项目建议书》内容要求

项目建议书一般应包括：概述、项目影响区域现状、项目建设的必要性、可能性、建设方案、投资估算与资金筹措、实施方案、问题与建议等8项内容。

第四章 工程技术标准

第一节 总 则

一、适用范围

本章内容是对交通部颁布的《公路工程技术标准》(JTG B01—2003)用于河北省农村公路建设的补充,适用于全省新建和改建农村公路,包括县道、乡道和村道。

二、建设原则

农村公路建设应坚持“规划先导、因地制宜、量力而行、分步实施”的基本原则,合理利用土地资源,注重环境保护,尽量利用旧路资源以降低工程造价,结合区域路网综合规划,改善农村的交通和生产生活环境,合理采用技术指标和技术政策。

新建农村公路原则上应执行交通部颁布的《公路工程技术标准》(JTG B01—2003),改建公路利用旧路段提高标准困难时可以适当放宽平、纵指标,重点治理公路病害,完善防排水系统和加强安全防护。

农村公路远景设计年限一般为10年,也可根据实际情况适当调整。

三、农村公路等级的选用

农村公路等级应根据发展规划,按照公路的使用任务、功能和远景交通量综合确定,一般县级公路应选择二、三级公路,乡级公路应选择三、四级公路,村级公路根据经济发展的状况可选四级或低于四级的公路;县(市、区)出口,连接工矿区、车站、港口、码头、高速公路的公路,交通量较大采用一级公路断面时,应按《公路工程技术标准》执行,本指南只介绍二级及以下的农村公路。

一条公路的不同路段交通量相差较大或地形差异较大时可采用不同标准分段实施,不同设计车速的路段间应设过渡段,变更点应设在驾驶员能够明显判断路况发生变化的地点,并设置醒目的标志。

四、环境保护

农村公路分布面广,与广大农(牧)民生产、生活密切相关。所以,农村公路建设必须重视环境保护,与当地扶贫开发,山、水、林、田综合治理,小城镇建设及资源综合利用等相结合,做出环境影响及保护说明,坚持可持续发展战略。

第二节 控制要素

一、设计车辆

根据交通部颁布的《公路工程技术标准》(JTG B01—2003),公路设计采用的设计车辆为小客车、载重汽车和鞍式列车,其外廓尺寸规定见表4.2.1,并以小客车为标准车型进行交通量换算以确定公路等级。

设计车辆外廓尺寸 表4.2.1

车辆类型	总长(m)	总宽(m)	总高(m)	前悬(m)	轴距(m)	后悬(m)
小客车	6.0	1.8	2.0	0.8	3.8	1.4
载重汽车	12.0	2.5	4.0	1.5	6.5	4.0
鞍式列车	16.0	2.5	4.0	1.2	4.0+8.8	2.0

二、设计速度

各级农村公路的设计速度按表4.2.2执行。

设计速度 表4.2.2

公路等级	二级公路		三级公路		四级公路	
设计速度(km/h)	80	60	40	30	20	15

地形、地质等自然条件复杂的山区,二级公路设计速度可采用40km/h。

旧路改建项目,如果线形改善会造成新的地质灾害或土石方工程量的大幅增加,经论证二级公路在该路段的设计速度可采用30km/h、三级公路可采用20km/h、四级公路可采用15km/h。

回头曲线路段设计速度可采用10km/h。

不同设计速度相邻路段,设计速度差不应大于20km/h。

三、公路用地

公路路堤两侧排水沟外边缘(无排水沟时为路堤或护坡道脚)以外,路堑坡顶截水沟外边缘(无截水沟时为坡顶)以外,不小于1m的土地为公路用地范围。

高填深挖路段,为保证路基的稳定,或因防风固沙需要种植多林带时,应根据计算或实际情况确定用地范围。

公路用地范围还应包括必要的安全、停车设施及绿化、养护管理等工程的用地。

四、公路建筑界限

各级农村公路建筑限界应符合图4.2.1的规定,隧道建筑限界应符合图4.2.2的规定。

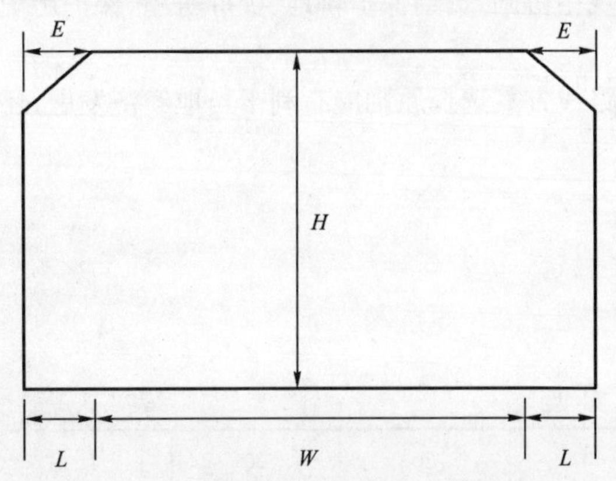

图 4.2.1　二、三、四级农村公路建筑限界（尺寸单位：m）

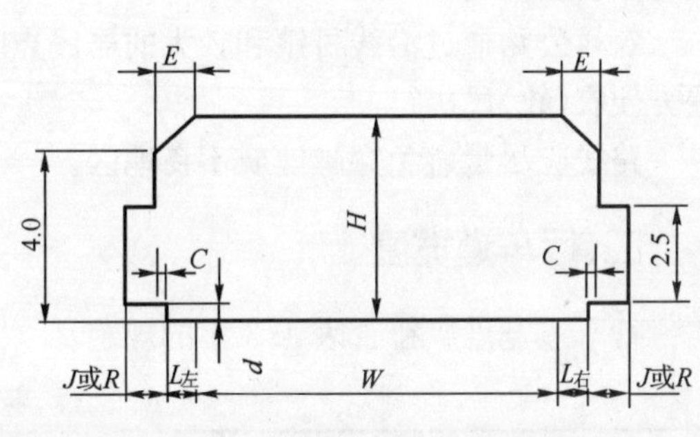

图 4.2.2　农村公路隧道建筑限界（尺寸单位：m）

上两图中：W——行车道宽度或行车道宽度加中间带宽度，城市出入口段采用一级公路断面时，可用双黄线隔离；

L——侧向宽度，二、三、四级公路的侧向宽度为路肩宽度减去 0.25m，隧道内侧向宽度 $L_左$ 或 $L_右$ 应符合本标准关于隧道最小侧向宽度的规定；

C——当设计速度大于 100km/h 时为 0.5m，等于或小于 100km/h 时为 0.25m；

J——隧道内检修道宽度；

R——隧道内人行道宽度；

d——隧道内检修道或人行道高度；

E——建筑限界顶角宽度，当 $L \leqslant 1$m 时，$E=L$，当 $L>1$m 时，$E=1$m；

H——净空高度。

一条路线宜采用同一净高，二级公路为 5.00m，三、四级公路为 4.50m。当所建公路为用途单一的支线公路或仅连接个别自然村时，经技术经济论证也可采用 4.00m 的净高，但应满足当地农村公路的运输需求。

五、抗震设防

农村公路的大、中型构造物应根据所处地区，按照交通部颁布《公路工程抗震设计规范》的规定进行抗震设计。

第三节　路　　线

一、路线设计的基本要求

农村公路路线设计应根据公路的等级及其使用任务，合理利用地形，正确运用技术标准，对公路的平、纵、横三方面进行综合设计，做到平面顺适、纵坡均衡、横面合理，保证线形的整体协调和均衡性。对多种不同的设计方案进行比选，在条件许可时，应尽量选用较高的技术指标。

路线设计应统筹兼顾，注意与当地环境和景观相协调，贯彻保护耕地、少拆房屋，保护历史文物和名胜古迹。

农村公路通过沿线村镇和较大的居民点时，路线方案选择原则应有利于当地经济发展，还要方便农(牧)民出行。

路线应尽量避免穿越地质不良地区。

二、行车道宽度

行车道宽度应符合表 4.3.1 的规定。

行 车 道 宽 度 表 4.3.1

设计速度(km/h)	80	60	40	30	20	15
行车道宽度(m)	3.75	3.5	3.5	3.25	3.0	3.0

当采用双车道时行车道宽度不得小于 3.0m，单车道时不得小于 3.5m。

三、路肩

路肩宽度应符合表 4.3.2 的规定，在设置路用设施时，不得侵入公路的建筑限界以内。

路 肩 宽 度 表 4.3.2

公 路 等 级		二 级 公 路		三 级 公 路		四 级 公 路	
设计行车速度(km/h)		80	60	40	30	20 或 15	
右侧硬路肩宽度(m)	一般值	1.5	0.75	—		—	—
	极限值	0.75	0.25				
土路肩宽度(m)	一般值	0.75	0.75	0.75	0.50	0.25(双车道)	0.50(单车道)
	极限值	0.50	0.50				

四、路基宽度

路基宽度应符合表 4.3.3 的规定。

路 基 宽 度 表 4.3.3

公 路 等 级		二 级 公 路		三 级 公 路		四 级 公 路	
设计行车速度(km/h)		80	60	40	30	20 或 15	
车道数		2	2	2	2	2 或 1	
路基宽度(m)	一般值	12.00	10.00	8.50	7.50	6.50(双车道)	4.50(单车道)
	最小值	10.00	8.50	—	—	—	—

五、错车道

当路基宽度等于或小于 4.5m 时，应在适当距离内设置错车道。错车道应结合地形、交通量大小、视距等条件确定，设置错车道路段的路基宽度不应小于 6.5m，有效长度可根据当地最长车辆总长度调整，以不小于 15m 为宜。当条件许可或路基两侧设绿化平台时，土路肩可硬化或设置 0.25m 路肩石。

六、视距

各级农村公路的视距，应不小于表 4.3.4 的规定。

停车视距、会车视距与超车视距 表 4.3.4

设计行车速度(km/h)	80	60	40	30	20	15
停车视距(m)	110	75	40	30	20	15
会车视距(m)	220	150	60	60	40	30
超车视距(m)	550	350	200	150	100	80

七、直线

直线路段，应根据路线所处地段的地形、地物、保证行车安全等因素合理布设。直线的最大与最小长度应有所限制，一条公路的直线与曲线长度之比应合理。

八、圆曲线半径

农村公路最小圆曲线半径，应满足表 4.3.5 的规定。一般情况下，应尽量采用大于或等于表列一般最小半径。当受地形条件或其他特殊情况限制时，方可采用表列极限最小半径。

圆曲线最小半径 表 4.3.5

设计行车速度(km/h)	80	60	40	30	20	15
一般最小半径(m)	400	200	100	65	30	20
极限最小半径(m)	250	125	60	30	15	10
不设超高最小半径(m)	2 500	1 500	600	350	150	100

九、圆曲线超高

当圆曲线半径小于规定的不设超高最小半径时，应在曲线上设置超高。超高的横坡度按设计行车速度、半径大小，结合路面类型、自然条件和车辆组成等情况确定。

农村公路的超高横坡度不应大于 8%。在积雪冰冻地区，最大超高横坡度不宜大于 6%。

当公路通过村镇时，应对车速进行限制并适当减小超高横坡度，最大超高的选择以不影响村镇排水和居民出行为原则。

当超高横坡度的计算值小于路拱坡度时，应设置等于路拱坡度的超高。

十、圆曲线加宽

圆曲线半径等于或小于 250m 时，应在圆曲线内侧加宽。双车道路面的加宽值按表 4.3.6 执行，单车道路面加宽值按表列数值的 1/2 采用。

圆 曲 线 加 宽 值(单位:m) 表 4.3.6

圆曲线半径	250~200	<200~150	<150~100	<100~70	<70~50	<50~30	<30~25	<25~20	<20~15
加宽值	0.4	0.6	0.8	1.0	1.2	1.4	1.8	2.2	2.5

十一、回旋线及超高加宽缓和段

直线与表 4.3.3 所列不设超高的圆曲线最小半径相衔接处,应设置回旋线。回旋线参数及其长度应根据线形设计及对安全、视觉、景观等的要求选用较大的数值,其最小长度见表 4.3.7。

回旋线最小长度 表 4.3.7

设计速度(km/h)	80	60	40	30	20	15
回旋线最小长度(m)	70	60	40	30	20	15

当圆曲线半径小于不设超高的最小半径时应设超高缓和段;当大于表中不设超高最小半径但又小于 250m 时,应设加宽缓和段。超高加宽缓和段应与回旋线合并考虑,长度应根据超高加宽渐变率计算,当长度大于表中回旋线最小长度时,选择回旋线长度时应取大值。对于设计速度为 20km/h 或 15km/h 的四级公路,不设回旋线时,其加宽和超高缓和段可用直线代替。

十二、回头曲线

农村公路回头曲线各部分的极限指标规定见表 4.3.8。

回头曲线极限指标 表 4.3.8

主线设计速度(km/h)	40		30	20	15
回头曲线设计速度(km/h)	35	30	25	20	15
圆曲线最小半径(m)	40	30	20	15	10
缓和曲线最小长度(m)	35	30	25	20	15
超高横坡度(%)	6	6	6	6	6
双车道路面加宽值(m)	2.5	2.5	2.5	3.0	3.5
最大纵坡(%)	3.5	3.5	4.0	4.5	4.5

十三、纵坡

农村公路的最大纵坡,不应大于表 4.3.9 的规定。

最 大 纵 坡 表 4.3.9

设计速度(km/h)	80	60	40	30	20	15
最大纵坡(%)	5	6	7	8	9	10

在长路堑路段及其他横向排水不畅的路段,均应采用不小于 0.3%的纵坡。改建公路利用原有旧路的路段,经技术经济论证,最大纵坡可增加 1%。四级公路位于海拔 2 000m 以上或积雪冰冻地区的路段,最大纵坡不应大于 8%。

十四、纵坡长度

1. 农村公路纵坡的最小坡长规定见表 4.3.10。

最 小 坡 长 表 4.3.10

设计速度(km/h)	80	60	40	30	20	15
最小坡长(m)	200	150	120	100	60	40

2. 农村公路不同纵坡的最大坡长规定见表 4.3.11。

不同纵坡最大坡长(m) 表 4.3.11

设计速度(km/h)		80	60	40	30	20	15
纵坡坡度(%)	3	1 100	1 200	—	—	—	—
	4	900	1 000	1 100	1 100	1 200	1 300
	5	700	800	900	900	1 000	1 100
	6	500	600	700	700	800	900
	7	—	500	500	500	600	700
	8	—	—	300	300	400	500
	9	—	—	—	200	300	300
	10	—	—	—	—	200	200

3. 农村公路连续上坡或下坡时，应在不大于表 4.3.11 规定的纵坡长度之间设置缓和坡段，缓和坡段的纵坡一般不应大于 3%，四级公路的特殊困难路段应不大于 4%，并应与平均纵坡相匹配。缓和坡段长度应符合表 4.3.10 的规定。

十五、平均纵坡

二、三、四公路越岭路线连续上坡(或下坡)路段，平均纵坡一般不应大于 5.5%，特殊困难路段或支线不应大于 6%。

十六、合成坡度

在设有超高的圆曲线上，超高与纵坡的合成坡度值不得超过表 4.3.12 的规定。

最 大 合 成 坡 度 表 4.3.12

设计速度(km/h)	80	60	40	30	20	15
合成坡度值(%)	9	9.5	10	10	10	10

十七、竖曲线

在纵坡变更处均应设置竖曲线，竖曲线的最小半径和最小长度规定见表 4.3.13。通常应采用大于或等于表列一般最小值，当受地形条件及其他特殊情况限制时方可采用表列极限最小值。

竖曲线最小半径和最小长度　　表 4.3.13

设计速度(km/h)		80	60	40	30	20	15
凸形竖曲线半径(m)	一般最小值	4 500	2 000	700	400	200	120
	极限最小值	3 000	1 400	450	250	100	80
凹形竖曲线半径(m)	一般最小值	3 000	1 500	700	400	200	120
	极限最小值	2 000	1 000	450	250	100	80
竖曲线最小长度(m)		70	50	35	25	20	15

十八、竖曲线与圆曲线的组合

当竖曲线与圆曲线组合时，竖曲线宜包含在圆曲线之内，且圆曲线应稍长于竖曲线。在凸形竖曲线的顶部或凹形竖曲线的底部，应避免布设极限最小半径的圆曲线，或将这些顶点作为反向曲线的转向点。

第四节　路 基 路 面

一、一般规定

1. 路基路面设计应根据使用功能、技术等级、交通量、地质、材料和施工方法等因素综合考虑，应重视排水与防护设施设计，既要有足够的强度和稳定性，又要经济合理。

2. 路基宜采用水稳定性好的材料填筑，路基取土和弃土时，应符合环保要求，应对取土坑、弃土堆加以处理，减少弃土侵占耕地，防止水土流失和淤塞河道。

3. 通过特殊地质、水文条件地带的路基，应做好调查研究，并结合当地实践经验，进行特别设计。

4. 对于旧路改造，要对原有路基路面进行调查、分析、研究、处理，充分考虑原有路基路面的材料结构，使之符合路基路面的标准要求。

5. 因受自然、经济和其他条件限制不能一次修筑到位的路面工程，应按照总体设计、分期实施的原则先通后畅，使前期工程在后期能得到充分利用。

二、路基高度及设计洪水频率

一般路段路肩边缘应高出路基两侧地面积水 0.5m 以上，并确保路基最小填土高度。沿河及受水浸淹的路段路基标高应高出设计洪水频率的计算水位加壅水高、波浪侵袭高和 0.5m 的安全高度。其中，二级公路设计洪水频率按 50 年一遇考虑，三级公路按 25 年一遇考虑，四级公路由各地根据当地实际情况自行确定。

三、路基压实

农村公路应采取有效措施控制路基压实度，路基填方应分层铺筑、均匀压实。路基压实度应符合表 4.4.1 的要求。

路基压实度要求　　表 4.4.1

填挖类别	路床顶面以下深度(cm)	二级公路(%)	三、四级公路(%)
零填及挖方	0～30	—	≥9
	0～80	≥95	—
填方	0～80	≥95	≥94
	80～150	≥94	≥93
	>150	≥92	≥90

注:表列数值以重型击实试验法为准。

对于路基强度和稳定性达不到要求,或因缺乏压实机械及未做分层碾压导致压实度不足的填方路段,应暂缓实施路面工程或采取简易路面过渡,待路基自然沉降稳定后再铺筑新路面。

四、路基防护

1.各级农村公路应根据当地水文、地质、筑路材料及周围环境,针对易塌方的高边坡、不稳定的高路堤、受冲刷较大的沿河路段等重点部位,采用护岸、挡土墙、石砌护坡、石笼、抛石等工程防护和种植灌木等植物防护相结合的综合防护措施,防治路基病害、保证路基稳定,并注意将路基防护和路基边坡的绿化与美化相结合。

2.地形特别险峻、工程量巨大、易发生塌方的改建路段,在满足机动车通行的前提下,可维持原路基和防护的稳定状态,同时应设置必要的交通安全设施。

3.路基路面排水应结合沿线气象、地形、地质、水文等自然条件,设置必要的地面排水、地下排水、路基边坡排水设施,并与沿线桥涵排水、农田水利排灌系统相结合,形成良好的排水系统以保证路基及边坡的稳定。一般路段应设置梯形土边沟,冲刷严重的山区路段应设置硬化边沟,边沟底宽和沟深不宜小于 0.4m。

五、路面

1.各级农村公路路面设计标准轴载均为双轮组单轴 100kN。

2.农村公路路面类型应根据交通量、自然和社会环境、地产材料和建设资金状况等因素合理选用。一般情况下宜采用水泥混凝土或沥青混凝土路面,交通量较小的乡村公路,也可采用沥青贯入式、沥青碎石、沥青表面处治等路面类型。

3.当采用沥青路面时,二级公路沥青混凝土面层总厚度应不小于 7cm,三、四级公路沥青混合料面层总厚度应不小于 3cm,并应根据道路交通量的大小等因素合理进行沥青面层厚度的选择。当采用水泥混凝土路面时,二级公路板厚应不小于 22cm,三级公路板厚一般不小于 20cm,四级公路路面宽度为 3.5m 时,板厚不得小于 16cm,路面宽度大于 3.5m 时板厚不得小于 18cm。

4.新建、改建(路面)的农村公路,路面基层应采用水泥稳定碎石、二灰稳定碎石等半刚性材料,其厚度应不小于 16cm,底基层应采用水泥稳定粒料(土)、二灰稳定粒料(土)、石灰稳定粒料(土)、石灰稳定工业废渣、填隙碎石等,或其他适宜的当地材料铺筑。

5. 应充分利用当地材料合理进行路面结构设计，路面各结构层厚度，有条件时应按规范进行计算确定。各地可根据道路实际情况，交通量发展前景及路面使用年限，参照附件中的农村公路典型路面结构，选择合适的路面结构方案。

6. 对于原有路面的改造，应根据提高路面强度、加宽路面、提高路基、调整纵坡等具体情况按新建或改建路面设计。沥青路面不需补强及水泥混凝土路面不需进行基层补强的旧路的弯沉最大值见表 4.4.2。

各级农村公路的补强要求

表 4.4.2

公路等级		二级公路		三级公路		四级公路	
						双车道	单车道
设计行车速度(km/h)		80	60	40	30	20、15	
沥青路面	适应累计轴次(万次/车道)	>100		10~100		—	
	设计年限(年)	12		10 或 8		—	
	不需补强旧路最大弯沉值(0.1mm)	35		50		—	
水泥路面	适应累计轴次(万次/车道)	>100		3~100		<3	<1
	设计年限(年)	20		20		15	12
	基层不需补强的旧路弯沉(0.1mm)	100		140		180	200

7. 在原有路面上进行补强时，必须根据旧路状况及未来的交通发展需求，在合理选择路面结构类型的基础上进行补强结构计算，有条件的地区也可在调查分析的基础上建立路面补强的典型结构以供选用。

8. 对于旧路为沥青路面且满足表 4.4.2 中沥青路面交通要求和弯沉的情况，应视路表状况及平整度情况进行改善：

(1)平整度差、路面出现车辙、沥青老化开裂等，可进行沥青罩面。

(2)当沥青路面光滑且属交通事故多发路段，可通过加铺抗滑表层等措施，恢复和改善路面的使用性能。

对旧路为水泥路面且满足表 4.4.2 中水泥混凝土路面要求的基层不需补强的弯沉时，还应视旧路是否满足水泥混凝土路面基层水稳定性要求而考虑是否需要进行处理。

9. 当旧路为砂石路面或泥灰结石路面，改善为沥青路面或水泥混凝土路面时，必须加铺基层结构，基层应优先选用水泥稳定粒料或二灰稳定粒料等半刚性材料，水泥混凝土面板下也可采用沥青稳定碎石基层。不宜直接在砂石、煤渣、碎砖渣等材料上铺筑水泥混凝土面板。但对于乡(镇)通单个行政村且交通量较小的路段，也可考虑采用碎石灰土、泥灰结碎石或石灰土等材料作垫层，对原路面进行垫平补强处理后，再铺筑水泥混凝土面板。

10. 当旧路为沥青表处、沥青贯入式或沥青碎石路面且弯沉不能满足相应要求时，可考虑采用水泥稳定碎石或二灰稳定碎石进行基层补强。对乡(镇)通单个行政村的四级公路也可采用碎石灰土、泥灰结碎石或石灰土等材料进行基层补强，缺乏石料的地区还可就地取材，选用二灰或灰土稳定碎砖等材料做基层，但必须在其上进行乳化沥青石屑封层处理。

11. 水泥混凝土路面的强度以 28d 龄期的弯拉强度控制。当混凝土浇筑后 90d 内不开放交通时，也可采用 90d 龄期的弯拉强度。农村公路水泥混凝土路面的弯拉强度标准值不得低于表 4.4.3 的要求，混凝土强度等级不应低于 C30。

水泥混凝土路面弯拉强度标准值 表 4.4.3

公路等级	二级公路		三级公路		四级公路	
					双车道	单车道
设计行车速度(km/h)	80	60	40	30	20、15	
设计基准期(年)	20		20		15	12
弯拉强度标准值(MPa)	5.0		4.5		4.0	3.5

12.对于使用功能有特殊要求的农村公路，如重载车辆较多的矿区公路等，应结合实际交通量及交通组成情况进行专项设计。

13.路面排水包括通过路拱坡度和路肩坡度的路面表面排水，以及路面结构内部的渗入水横向排水两部分，对于通村公路应尽量考虑路面结构封水措施以减少水分渗入，尽量不设路面结构内部排水设施。

第五节 桥 涵

一、桥涵设计的基本要求

1.农村公路建设中的危桥改造、窄桥改建，应根据水文地质条件、旧桥使用状况等因素及公路的使用任务，确定改造、改建方案。

2.农村公路中的新建桥梁应根据公路的等级，因地制宜、就地取材、便于施工和利于养护等因素，合理选用适当的桥(涵)型，进行结构设计。新建桥涵推荐采用标准跨径、技术成熟的桥(涵)型。一般中小桥宜修建梁式桥，基础承载力满足要求时可修建拱桥，季节性的宽浅河流上可修建漫水桥。跨径较小的桥梁推荐采用轻型桥台。

3.农村公路桥位的选择原则是路桥综合考虑，既要考虑路线尽量顺直，同时也要尽量将桥位选择在河道顺直、水流稳定、地质条件良好的河段上。

4.桥上纵坡不宜大于 4%，桥头引道纵坡不宜大于 5%，交通繁忙地段的桥上纵坡和桥头引道纵坡均不宜大于 3%。

5.农村公路桥涵设置应考虑路基综合排水和农田排水灌溉的需要，适当考虑综合利用，必要时应修建导流构造物或防护构造物。

二、桥涵设计洪水频率

农村公路在交通容许有限度的中断时，可修建漫水桥和过水路面。漫水桥和过水路面的设计洪水频率，应根据容许阻断交通的时间久暂和对上下游的农田、城镇、村庄的影响等因素来确定。对于永久性桥涵，设计洪水频率的一般规定见表 4.5.1。

农村公路桥涵设计洪水频率 表 4.5.1

构造物名称	桥涵设计洪水频率	构造物名称	桥涵设计洪水频率
特大桥	1/100	小桥	1/25
大、中桥	1/50	涵洞及小型排水构造物	不作规定

三、桥面净空

农村公路桥面净空应符合本关于公路建筑限界的规定，特大桥及大桥的侧向宽度可适当减小。中、小桥和涵洞宜与路基同宽。

人行道的宽度为 0.75～1m。各级农村公路上不设人行道的桥梁应设置栏杆和安全带。

四、设计荷载

新建桥涵设计的汽车荷载等级原则上采用公路—II 级标准，重型车辆多的具有干线功能的二级公路可采用公路—I 级标准。重型车辆少的单车道四级公路可采用公路—II 级车道荷载效应的 0.8 倍，车辆荷载效应可采用 0.7 倍。

五、旧桥的利用

对原有桥梁应本着经济、安全的原则合理加以利用，注意以下两点：

1. 大中桥应进行专业技术鉴定，达不到荷载等级的可采取加固、部分利用、限载或拆除新建等方案；小桥应对其行车的安全性进行论证，确定是否利用。

2. 旧桥加宽应采用与原有桥梁相同（或相近）的结构形式、跨径，并以新旧桥共同受力为宜，提倡桥梁加宽与加固同步进行，并达到荷载等级要求。使用状况良好，因经济、技术和其他因素不能加宽、加固的桥梁应设置窄桥或限载标志。

第六节　隧　　道

一、隧道设计的基本要求

农村公路应以路线为主，尽量避免隧道。当必须设置隧道时，应注意以下几点要求：

1. 农村公路隧道必须根据隧道所处地区的工程地质和水文地质等情况，综合考虑运营和施工条件，按照安全、经济、合理的原则进行设计。

2. 农村公路上短隧道的线形及其与公路的衔接应符合路线布设的规定。特长及长、中隧道位置，原则上应根据路线走向，路、隧综合考虑。当隧道线形为曲线时，其各项技术指标应符合路线布设的规定，隧道洞口的连接线应与隧道线形相配合。

3. 隧道内的纵坡一般应大于 0.3% 并小于 3%，明洞和短于 50m 的隧道其纵坡不受此限制。

二、隧道净空

隧道净空应符合《公路隧道设计规范》(JTJ D70—2004)关于公路建筑限界的规定。

乡、村公路上隧道的行车道宽度一般采用 7m，交通量较小的通村公路在路基宽度为 4.5m 时，可设 4.5m 的单车道隧道。

单车道隧道应视隧道长短按本章第三节的规定在隧道内或隧道两端设置错车道。

隧道内人行道的宽度，应按本章第五节的规定采用。不设人行道的隧道应设避车洞。

三、隧道分类

隧道按长度分为四类，见表 4.6.1。

隧道按长度分类 表 4.6.1

隧道分类	特长隧道	长隧道	中隧道	短隧道
隧道长度 L(m)	$L>3\,000$	$3\,000\geqslant L\geqslant 1\,000$	$1\,000>L>250$	$L\leqslant 250$

隧道长度系指进出口洞门端墙墙面之间的距离，即两端墙墙面与路面的交线同路线中线交点之间的距离。

四、隧道防水和排水

隧道应根据“以排为主，防、截、堵相结合”的综合治理原则，对地表水和地下水做妥善处理，保证行车安全及隧道结构和设备的正常使用。

五、隧道附属设施

农村公路上的特长及长隧道可根据需要设置必要的通风、照明设备和通信、警报、消防及其他应急设施。

第七节 路 线 交 叉

一、农村公路与公路平面交叉

平面交叉路线应为直线并尽量正交，当必须斜交时，交叉角度应大于 45°。在平面交叉点前后各交叉公路的停车视距长度所构成的三角形范围内，应保证通视。当条件受限制时，这两个停车视距均可减少 30%，并在适当位置设置限制车速的标志。

平面交叉范围内的纵坡宜设置为平坡，紧接该段的纵坡，一般不应大于 3%，困难地段不应大于 5%。

农村公路与二、三、四级公路交叉时可采用平面交叉。平面交叉应选在视距良好的地点，农村公路应设置一段水平路段并加铺与被交叉公路相同的路面。

农村公路与一级公路交叉时，视农村公路交通量情况，也可采用平面交叉(控制出入的一级公路为立体交叉)。但在农村公路密集地区，应合并交叉点，减少平面交叉数量，保证行车安全。

二、农村公路与公路立体交叉

农村公路与高速公路交叉时，应采用立体交叉。立体交叉形式可根据具体情况采用分离式立体交叉。

农村公路与公路立体交叉的跨线桥、桥下净空应符合被跨公路建筑限界的规定。

三、农村公路与铁路交叉

农村公路与铁路平面交叉和立体交叉的有关规定和技术指标按交通部颁布《公路工程技术标准》(JTG B01—2003)中相关部分条文的规定执行。

四、农村公路与管线等交叉

各种管线如电信线、电力线、电缆、管道、渠道等均不得侵入公路建筑限界,也不得妨碍交通安全,并不得损害公路的构造和设施。

第八节　沿线设施

一、交通安全设施

为保证行车与行人的安全和充分发挥公路的作用,农村公路应按规定设置必要的交通安全设施。

1. 为诱导驾驶人员的视线,保证行车安全,在需要的路段上,可设置路边线轮廓标;在高路堤、桥头引道、极限最小半径、陡坡等地段,均应设置安全护栏。

2. 在积雪严重的路段和漫水桥、过水路面上,应设置栏杆。

3. 在视距不良的急弯和交叉处,宜配合其他保证行车安全的措施,设置警告标志。

二、交通管理设施

农村公路上应设置必要的警告标志、禁令标志、指示标志及指路标志等交通标志。

三、防护设施

农村公路上,在由于积雪、积沙、坠石、弃物等而妨碍交通安全的地点,均应根据实际情况设置适当的防护设施。

四、绿化

农村公路在公路用地范围内应进行绿化,美化路容,保护环境,并结合当地军民共建活动、绿色通道工程、防沙固沙、退耕还林还草等实际,统一规划,协调景观,使农村公路成为当地的绿色通道。

在公路路肩上不得植树。在公路交叉范围内和弯道内侧植树,应满足视距要求。粗细树枝及矮林等不得伸入公路建筑限界以内。

第五章　农村公路设计

根据国家的基本建设程序，规模较大的二级及以上等级的农村公路建设项目应采用两阶段设计，即初步设计和施工图设计。一般情况下，农村公路可采用一阶段设计。当公路技术标准较低、方案较明确时或里程小于 15km 的县乡道路工程，可将初步设计和施工图设计合并成一个阶段设计，即一阶段施工图设计。农村公路建设中经常遇到的只有加宽路基和改善路面的项目即可采用一阶段施工图设计。对于改建公路，通过局部路段的截弯取直、加大平曲线半径、减缓纵坡就可以提高等级的，也可以采用一阶段施工图设计。设计文件编制要符合交通部颁布《公路基本建设项目设计文件编制办法》的规定，内容齐全，文件的内容组成包括：

(1)第一篇　总说明书；

(2)第二篇　路线；

(3)第三篇　路基、路面及排水；

(4)第四篇　桥梁、涵洞；

(5)第五篇　隧道；

(6)第六篇　路线交叉；

(7)第七篇　交通工程及沿线设施；

(8)第八篇　环境保护；

(9)第九篇　其他工程；

(10)第十篇　筑路材料；

(11)第十一篇　施工组织计划；

(12)第十二篇　施工图预算；

(13)附件　基础资料。

一般的乡道和村道可以进行简易设计，简易设计至少应具备路线平面图、纵断面图、路面结构图、构造物图和预算。

第一节　路 线 设 计

路线设计主要包括路线的平面、纵断面和横断面设计，是公路设计的核心。

公路路线设计按照工作程序分为选线、定线和细部设计三个部分，选线主要包括确定路线基本走向、路线控制点、路线走廊带、选定可能的路线方案等工作，其工作步骤是：首先，通过利用现有的地图等有关资料，弄清路线基本走向范围内的地形、地质和地物的分布情况，掌握地形的变化规律；然后，选出几个可能的路线走廊并进行实地踏勘，踏勘时一定要多跑、多看、多问，注意发现更好的路线方案，舍弃不可行的方案。定线就是按照已定的技术标准，在选线阶段选定的“路线走廊”里实地定出路线中线的确切位置，并实测相关数据资料。

定线的方法分为直接定线和纸上定线两种。直接定线就是设计人员在选定的“路线走廊”里直接定出路线中线的位置，并实测路线的各主要信息，这种方法的步骤一般是：

(1)在选定的主要控制点之间标出一系列的中间控制点。

(2)在考虑平、纵、横配合的情况下，将中间控制点拟合为若干条直线。

(3)延伸相邻的两条直线定出交点并设桩固定。

(4)测量交点间直线长度和转角角度。

(5)在交点之间插入合适的圆曲线和回旋线构成路线的中线，并从路线起点开始沿路中线每隔适当距离和地形变化点逐个定设中桩，直至路线终点，并由此计算出路线的连续设计里程。

(6)随中桩进行水准测量、横断面测量和地形测量，为随后的细部设计提供原始资料。

纸上定线的步骤是：

(1)在实测的大比例尺地形图(一般为 1∶2 000 的地形图)上将应避让的不良地质点、不可拆迁的建筑物、文物保护点、环保敏感点等对路线起控制作用的地点，以及路线有特殊要求的地点在地形图上标注出来。

(2)根据不同类别的选线要点在地形图上布设线位。

(3)根据设计规范选定路线曲线和直线位置，定出交点，计算出偏角，拟定平曲线半径，计算平曲线要素，计算路线连续里程。

(4)在平面图上沿路线中线按一定桩距从图上判读其高程，点绘纵断面，初步拉坡。

(5)调整平面和总断面设计，使其最优化，在重点路段还要实地放桩，以检查线位是否合适。

(6)最终确定平纵断面，进行细部设计。

一、路线设计的一般原则

1. 路线设计应结合沿线的地形、地质、水文条件、造价、社会环境等因素进行路线方案比选，合理运用技术指标，综合考虑平、纵、横三个方面要素，保证线形连续，平、纵指标均衡，行车安全。

2. 应贯彻保护耕地、节约用地的原则；少拆房屋、少动迁公用事业管线；充分利用旧路，安全利用原有桥隧，避免大改大调或大填大挖，防止诱发新的地质病害；方便农(牧)民出行，服务城镇化；与沿线地形、地物、环境和景观相协调，保护自然生态环境和文物古迹。

3. 布设线位时要认真研究不良地质对公路的影响，保证公路的安全与稳定，尽量避免穿越滑坡、泥石流、软土、沼泽等地质不良地段，必须穿过时应缩小穿越范围，并采取必要的工程技术处理措施。通过农田时，应同排灌基本建设相配合，做到节约用地。

4. 旧路改建或利用旧路段，要合理、充分地利用现有公路，应确保指标的衔接，同时要考虑施工期间车辆通行的方案。

5. 在指标的应用方面，一般情况下应尽量采用较高的技术指标，平面采用大于或等于一般最小半径的曲线，纵面宜采用大于视觉要求的竖曲线半径，不轻易采用最小(或最大)值。当采用较高技术指标而致使工程数量增加较大时，应适当降低技术指标；当遇到工程特殊困难路段时，可以采用最小(或最大)值或极限值，并注意保持各种要素的均衡性和连续性，避免线形的突变。在路线交叉前后，应尽可能采用技术指标较高的线形，保证行驶安全和提高公路的通行能力。

6.路线经过城镇时应与城镇规划相协调，以利于农村经济发展为原则。

二、路线设计的要点

(一)平面设计

1.平面线形设计应灵活运用圆曲线、回旋线，保持线形流畅、连续、均衡，并与地形、地物相适应，设计平面线形时必须同时考虑纵面线形的设计，尤其应注意平纵线形的配合。

2.设计新线时尽量避免设置7°以下的小偏角，利用旧路段可以设置小于7°的转角，但必须设置足够长的曲线。

3.二级公路两同向曲线间的直线长度宜大于6倍设计车速，当地形条件及其他特殊情况限制时，最小直线长度不宜小于3倍设计车速，否则调整线形，使之成为一个单曲线或复曲线或运用缓和曲线组合成卵形、C形等曲线。两反向曲线间的直线长度宜不小于2倍设计车速，否则应调整线形或运用缓和曲线而组成S形曲线。三、四级公路根据地形可参考上述要求执行。

4.圆曲线半径的选用。

(1)在适应地形和工程量增加不大的前提下推荐采用大于不设超高的半径值。

(2)一般情况下，采用极限最小半径的4～8倍或一般最小半径的2～4倍或超高为2%～4%的圆曲线半径值。圆曲线半径过大无实际意义，造成非曲非直之感，一般最大半径不宜超过9 000m。

(3)地形条件受限或工程特殊困难路段可以采用一般最小半径或极限最小半径，不宜为片面追求高指标而任意切割地形。

(4)改建公路利用现有公路路段，地形复杂的山岭重丘区二级公路极限最小半径可采用50m，三级公路极限最小半径可采用25m。当地形特别复杂，半径过大可能造成地质灾害时，二级公路半径可采用30m，三级公路半径可采用15m。

(5)当采用极限最小半径或采用经批准的小于极限标准指标的半径时，应增设安全设施及警告标志等来提高安全性。

5.受限路段设有超高的平曲线，其合成坡度值不宜超过10%。

6.回旋曲线应作为主要线形要素加以运用，在确定其参数A值时，可按$R/3 \leqslant A \leqslant R$和回旋曲线与圆曲线长度比为1∶1～3∶1及地形的实际情况综合确定。

7.直线、圆曲线、回旋曲线的组合。

(1)一般情况下采用基本形(按直线—回旋曲线—圆曲线—回旋曲线—直线的顺序组合)、S形(按圆曲线1—回旋曲线1—反向回旋曲线2—反向圆曲线2的顺序组合，两回旋曲线参数之比应小于2，最好小于1.5，两圆曲线半径之比以1～1/3为宜)和卵形(用一个回旋曲线连接两个同向圆曲线的组合，两圆曲线半径之比R_2/R_1以0.2～0.8为宜，回旋曲线参数宜符合$R_2/2 \leqslant A \leqslant R_1$)三种形式。

(2)在严重受地形、地物或其他特殊原因限制时，可采用凸形(即基本形中圆曲线长度为零的组合)、复合形(即两个以上同向回旋曲线间在曲率相等处相互连接的形式)和C形(即同向曲线的两回旋曲线在曲率为零处径相衔接的形式)。

(3)为了适应一些更特殊的地形变化情形的特殊需要,亦可采用这些形式的变异形式或两种以上形式的组合形式。例如:非对称的基本形(基本形中的两个回旋曲线参数值不等或其中一个为零)、双卵形、S形与复合形的组合、S形与凸形的组合、凸形与复合形的组合,以及C形与复合形的组合、C形与凸形的组合等形式。

(二)纵断面设计

1.纵面线形设计应结合地形、地物、水文、地质、桥涵、取土等进行综合考虑,设计成视觉连续、平顺而圆滑的线形,注意与景观的协调,填挖平衡避免大量切割地形,避免短距离内频繁起伏。

2.纵坡应均匀、平缓,越岭路线的纵坡应力求均匀,不宜连续采用极限长度的陡坡夹短距离缓坡的台阶形纵坡线形,不应设置反坡。

3.竖曲线半径应尽可能大些。当条件受限制时,可采用一般值;特殊困难下不得已时方可采用极限值。

4.同向竖曲线特别是同向凹竖曲线间当直坡段不长时,应合并为单曲线或复曲线,避免出现断背曲线。反向竖曲线宜插入直坡段,亦可直接相连。

(三)平、纵线形的配合

1.平、纵线形的指标应大小均衡,使线形在视觉上能自然地诱导驾驶员视线并保持视觉的连续。

2.合成坡度应组合得当,以利于路面排水和行车安全。

3.应使平曲线和竖曲线对应重合,竖曲线包在平曲线之内,平、竖曲线半径之比最好为1∶(10～20)。

4.当平面曲线缓而长且纵坡坡差小于1%时,平纵组合设计可不受对应与重合的限制,一个大的平曲线之内可以包含多个竖曲线或竖曲线略长于平曲线。

5.当设计速度大于40km/h时,凸形竖曲线的顶部和凹形竖曲线的底部不得插入小半径平曲线。

6.凸形竖曲线的顶部或凹形竖曲线的底部不得与反向平曲线的拐点重合。

7.不应在平曲线的起、讫点附近设置竖曲线,尤其是凸形竖曲线。

8.避免在长直线上设置坡陡及曲线长度短、半径小的圆曲线。

9.小半径竖曲线不宜与缓和曲线相重合。

三、改建公路路线设计原则

考虑到农村公路的特点,大量的工程是在原有公路的基础上进行升级改造,在设计中应坚持积极改造和充分利用相结合的原则。改建方案既要对不满足规范要求的路段、病害严重的路段按要求的等级标准进行改建,又要充分利用原有工程;既要防止忽视标准而过分迁就原有工程的偏向,又要防止片面追求过高标准而大量废弃原有工程的偏向。

1.对于技术指标较低的路段,当工程量增加不大而能显著提高技术指标时,以改善提高为主;当工程量增加很大而提高技术指标有限时,则应以利用为主。

2.对局部线形指标过低、视距不良且混合交通严重的路段,应按改建标准彻底改造。

3. 对于远远不能适应改建技术等级和标准的路段，应考虑大段改线或另选新线。

4. 对利用现有公路的局部特殊困难路段，其个别技术指标通过技术经济比较后，可以适当降低。

5. 对交通事故较多的路段，应调查分析事故原因。若是线形的原因，则应废弃旧路，重新设计符合行驶安全的线形。

第二节　路 基 设 计

一、路基设计原则

1. 路基作为公路的基本组成部分，设计时应按系统工程的思路，认真做好全面的调查研究和综合分析。对公路所在地区的地形、地质、气候、水文、土质等自然条件进行详细勘察，在全面考虑各种自然因素及施工控制、养护营运管理等因素的基础上，从路基稳定性、地基处理、填料选择、路床强度、压实度、排水、防护和特殊路基等几个方面进行综合设计。

2. 路基设计时应遵循"节约用地、保护耕地、维护生态环境，尽量减少对原有植被和地貌的破坏"的原则，无论是挖方边坡，还是填方边坡及取土场、弃土堆等裸露部位都应予以整治，对受影响的地面水系要做符合自然规律要求的调整。

3. 为防止路基在行车荷载及自然因素作用下发生不允许的变形或破坏，必须在路基设计时采取一定的措施，如正确选择填料、增设必要的防护和排水设施，以及特殊路基处理等。特别是在季节性冰冻地区，由于路基含水量和水温状况的变化，路基将发生周期性冻融作用，形成冻胀和翻浆。因此，路基不仅要求具有足够的强度，还应保证在最不利的水温情况下，强度不致显著降低，即具有一定的水温稳定性。

4. 路基工程的造价约占公路工程总投资的 1/4 左右，路基设计的经济性对整个公路工程的效益有着重要影响。应重视路基填料的选择，对防护、排水构造物结构形式的选型等，进行设计优化，以降低成本，提高效益。

二、路基设计要点

路基从横断面形式分为填方路堤、挖方路堑、零填零挖路基和半填半挖路基四种基本形式。填方路堤按距路槽底面的高度分为上路床（0～30cm）、下路床（30～80cm）、上路堤（80～150cm）和下路堤（>150cm）；挖方路堑只有上路床；半填半挖路基是填方路堤和挖方路堑的组合形式。

（一）路基的合理高度

路基的合理高度是指为保证路基稳定，具备跨越河道、被交道路等使用功能，满足路面结构厚度要求，所确定的路肩边缘距原地面的最小高度。

路基合理高度的取决因素有：路基的干湿状态、桥梁、涵洞的净高、被交道的跨越形式。

特殊路基还应分别考虑以下情况：盐渍土地区的安全高度、靠河（湖）路段的设计洪水标高、软土地区的软土状况等。

路基高度的最小值一般应满足相应的路基干燥、中湿的要求，沿河和浸水淹没的路段以设计洪水频率确定路基标高，当不能满足最小高度要求时，则必须采取处理措施，确保路基的安全稳定。

（二）路基填料

1. 路基填料应遵循因地制宜、就地取材的原则，有效利用工业废料。

2. 路基填料应满足《公路路基施工技术规范》(JTJ 033—95)中关于粒径、强度等方面的技术要求。

3. 在满足技术要求的前提下，尽量将挖方材料用于填方。借方填筑时应考虑土地的综合利用和农业开发需要，优先考虑在荒地和贫瘠土地上取土和使用鱼塘和水利设施施工的废弃土，以创造良好的社会效益，并达到保护环境的目的。

4. 当采用天然沙、粉土等无黏性材料做路基填料时应在路基两侧设包边土。包边土每侧宽度不小于1m，包边土与天然沙同时分层碾压施工，并遵照相应的质量技术标准进行控制。

5. 当选用工业废料，如粉煤灰、工业废渣等做路基填料时，应按照相关技术规范和有关研究成果进行设计施工。粉煤灰两侧应设计有宽度不小于1m的黏性土包边，且顶面必须设封层，封层厚度不宜小于15cm。

（三）路基压实

农村公路路基必须采用重型击实标准，压实度应不低于表5.2.1规定的标准。

农村公路路基压实要求　　表5.2.1

填挖类型		路面底面计起深度范围(cm)	压实度(%)
			二、三、四级公路
路堤	路床	0～30	≥95
	上路基	80～150	≥93
	下路基	150以下	≥91
零填及路堑路床		0～30	≥94

（四）路基边坡

1. 根据挖方边坡裸露土质的特性和填方所用填料的性质按《公路路基设计规范》中的规定选用。当填方土较高时应结合边沟或排水沟的高度一并验算路基稳定性，适度调整边坡坡度。

2. 当路床为岩石时，超挖部分可换填级配碎石或砂砾作为路面的垫层或底基层；当路床为一般土质时，宜换填厚度不小于20～30cm的透水性材料或掺加石灰（水泥）处理；当地质条件不良时，应采取防水、排水措施及地基处理的一些办法加以处理，处理深度可视具体情况而定。

3. 半填半挖路基与旧路拓宽路基有着许多相同之处，易产生差异沉降，使路面出现纵向裂缝。设计时需要注意以下几点：

(1)对填方高度大于4m或原地面横坡度大于1∶5的半填半挖路基，采取放缓边坡或增设坡脚路堤挡墙来防止边坡变形。

(2)半填半挖路基施工时，要注意翻松部分挖方或旧路路基，与新填路基部分同时压实施工;对原路基或挖方与填方的结合部位要开挖台阶,台阶的宽度要大于2m,高度与填料的压实厚度相同。

(3)平原区旧路拓宽尽量采用一侧加宽,新拓宽的路基部分原地面填前应充分压实,以减少纵向路面开裂。

(4)新旧路或填挖交界处可视情况增设土工格网等土工合成材料来增加界面连接,防止因差异沉降使路面开裂。

(5)半填半挖段路基和旧路改造段要特别重视排水设计,避免雨水进入填挖或新旧路结合的界面。

(6)路基纵横断面上的填挖交界处是路基差异沉降的多发段,应提高填方段原地基的压实标准,使其和挖方段的交接三角形的压实度尽可能保持一致。

(7)施工时应将填方段路基提前安排,预留路基沉降时间,以减少差异沉降。

三、路基防护

(一)防护的分类

1. 边坡坡面防护

路基边坡坡面防护是对处于稳定状态的边坡坡面采取工程防护措施,使之不致因大气降水、坡面水流和气候变化造成坡面冲刷、剥落等,同时美化路容,提高公路的使用品质。

2. 边坡加固

边坡加固用于处理边坡局部或整体失稳,如可能产生坍塌或滑坡等的边坡。

3. 路基支挡

路基支挡用于增强路基边坡或路基整体稳定性,防止边坡滑塌或路基整体滑移。为了节约用地,避免边坡拉得过远,以及保护邻近路基时也用支挡结构物。路基支挡措施包括各类挡土墙。

4. 路基岸坡防护

沿河路基常受到河水的冲刷、冲淘,以及洪水的侵害,为此应采取直接防护和间接防护措施。前者包括路基边坡坡面防护措施,以及抛石、石笼、土工模袋等;后者包括顺坝、丁坝等。

(二)边坡坡面防护

1. 一般原则

边坡坡面防护是防微杜渐、防患于未然的一种工程措施,包括植物防护、圬工防护等。边坡防护要遵循"因地制宜,就地取材;以防为主,防治结合;经久耐用,节省造价;造型美观、与环境景观协调"的原则,一般情况下应优先采用植物防护,或植物与圬工相结合的防护。

2. 植物防护

植物防护主要有以下三种类型:

(1)**种草**。种草适用于坡度小于1:1的适宜草类生长的土质边坡。种草方式可采用播种、喷播(湿法喷播、客土喷播)、三维网等方式,设计时要尽量选用几种草籽混种,草籽入土深度应不小于 5cm,必要时边坡坡面可换填 10cm 厚的壤土。

①湿法喷播是将植物种子、土壤稳定剂、肥料、覆盖料、添加剂和水按一定比例加入喷播机内充分搅拌,经高压喷枪均匀喷射到坡面,形成一层膜状结构,能防止冲刷。种子在较短时间内萌芽,生长成株,覆盖坡面。喷播适用上下边坡和平地,各类土质边坡及土夹石和严重风化石质边坡。边坡坡度 1∶0.5～1∶2,喷播高度可达 10cm 以上。

②客土喷播是将客土(提供植物生长的基础材料)、纤维(基础辅助材料)、侵蚀防止剂、缓效肥料和种子按一定比例充分混合,喷射到坡面,使植物获得必要的生长基础,达到快速绿化的目的。客土喷播可用于风化岩、土壤较少的软岩、养分较少的土壤、硬质土壤、植物立地条件差的高大陡坡面及侵蚀显著的坡面。

(2)**铺草皮**。铺草皮适用于边坡较陡,冲刷严重,径流速度小于 1.2～1.8m/s,附近草皮来源较易地区的路基。草皮铺砌形式有平铺、水平叠铺、垂直叠铺、斜交叠铺及网格式等。

(3)**植树**。植树的主要作用是加固边坡,防止和减缓冲刷。边坡植树应结合土质情况和植树部位选用灌木,植树宜采用草灌结合,综合植物防护的方法。

3.圬工防护

圬工防护一般包括护坡、骨架护坡(框格、框格内植草)、护面墙(石砌、混凝土预制块等形式)、喷浆(挂网喷浆、锚杆挂网喷浆、喷射混凝土等)、封面(抹面、捶面、勾缝、灌浆)等。

(1)**护坡**。护坡可分为干砌片石护坡、浆砌片石护坡和混凝土预制块护坡等。

①干砌片石护坡适用于易遭受雨、雪、水流冲刷,易发生泥流、溜坍或严重剥落的路基边坡,以及受水冲刷较轻的河岸和路基。干砌片石厚度不宜小于 30cm。

②浆砌片石护坡适用于防护流速较大,波浪作用强、有流冰、漂浮物等撞击的边坡。浆砌护坡应每隔 10～15m 设置 2cm 宽伸缩缝并预留泄水孔,在地基土质变化处还应设置沉降缝。浆砌片石厚度一般不应小于 25cm。

③石料缺乏地区的路基边坡可采用水泥混凝土预制块防护。预制块混凝土强度等级应不低于 C15,厚度应不小于 6cm,板块边长宜采用 10～40cm。预制块下面应铺设碎石、砂砾垫层或土工织物等。

(2)**骨架防护**。也称格网防护、框格防护,主要是采用混凝土、浆砌片(块)石、卵砾石等做骨架,格内采用植物防护或其他辅助防护措施。骨架宽度一般为 20～30cm,嵌入坡面深度一般为 15～20cm,框格大小视边坡坡度、土质情况确定。框格防护的坡顶及坡脚应设加固条带,宽度一般为 40～50cm。

(3)**护面墙**。护面墙适用于严重风化破碎,易产生碎落坍方的岩石路堑边坡或易受冲刷、膨胀性较大的不良土质路堑边坡,有浆砌片(块)石及现浇混凝土或预制混凝土结构。护面墙又分为实体式、窗孔式、拱式等类型,应根据边坡地质情况合理选用。

(4)**喷浆、喷射混凝土**。喷浆适用于边坡易风化、裂隙和节理发育及坡面不平整的岩石挖方边坡。喷浆前应去除已经风化的表层、危石、浮石。喷浆防护采用的砂浆强度等级应不低于 M10,厚度以 5～10cm 为宜。

喷射混凝土中骨料最大粒径应不大于 15mm,混凝土强度等级应不低于 C15,厚度以 10～15cm为宜。根据岩石破碎程度和稳定程度,可在岩体中设置锚杆,锚杆应嵌入稳固的基岩内，锚固深度应根据岩体性质确定。锚杆间距宜为1.0～1.5m，锚杆直径宜为16～32mm，锚孔应灌注1∶3水泥砂浆。挂于锚杆的铁丝网宜采用直径为2mm的普通镀锌铁丝，网孔尺寸为20～25cm，也可用高强度聚合物土工格栅代替铁丝网，用于承担喷浆或喷射混凝土。

(5)**封面防护**。

①**抹面**。适用于易风化而表面平整，尚未剥落的岩石边坡。抹面一般选用石灰炉渣灰浆、石灰炉渣三合土或水泥石灰砂浆、四合土等复合材料，既可分片也可满布，厚度控制在3～7cm为宜。

②**捶面**。适用于易受雨水冲刷的土质边坡和易风化的岩石边坡。捶面材料可采用水泥炉渣混合土，也可用石灰炉渣三合土或四合土，厚度控制在10～15cm为宜。

③**勾缝**。适用于质地坚硬，不易风化但节理裂缝多而细的岩石边坡，以防水分渗入岩层内造成病害。勾缝可用不低于M10的水泥砂浆，或按体积比为1∶0.5∶3或1∶2∶9的水泥石灰砂浆。

④**灌浆**。适用于质地坚硬，局部存在较大、较深的缝隙或洞穴，并有进一步扩展而影响边坡稳定性的岩石路堑边坡。灌注的水泥砂浆按重量比为1∶4或1∶5，必要时可用压浆机灌注，裂缝或洞穴较宽则可用混凝土灌注。

封面防护应注意设置泄水孔，大面积封面时应设置伸缩缝。

(三)边坡加固

对于稳定性差、有可能产生坍塌或滑坡的边坡，应进行加固，主要加固措施包括土钉墙、锚杆、抗滑桩等。

1.土钉墙

土钉墙又称砂浆锚杆挡墙，由被加固土体、放置于土中的土钉和面板组成。土钉墙主要用于建筑基坑、路堤边坡、路堑边坡的支护与加固。其一般要求为：

(1)土钉墙一般用于高度在15m以下的边坡，斜面坡度一般为70°～90°。

(2)土钉的一般长度为：注浆式$0.5H$～$1.0H$(H为坡高)，打入式$0.5H$～$0.6H$。

(3)土钉均匀布置于坡面中，间距一般为1～2m；对于打入式土钉，间距为0.5～1.5m。土钉与水平面交角为5°～20°。

(4)土钉钢筋为II级钢筋，直径一般为16～32mm，钻孔直径一般为70～120mm。

(5)喷射混凝土的面板厚度一般为80～200mm，喷射混凝土强度等级在C15以上。永久墙的喷射混凝土面板中经常配以ϕ6～8mm钢筋网。

(6)注浆材料常用1∶0.5的水泥浆，在特殊情况下也可使用树脂混合材料等。

2.锚杆

在路基工程中，锚杆主要用来加固石质上边坡，防止局部失稳、滑移和崩塌。锚杆常施加预应力。

(1)当锚杆用来治理滑塌时，应注意以下几点：

①锚杆的设置应根据边坡的岩性、构造及软弱带的强度等条件确定出最可能的破坏面的位置、形状，据此来考虑锚杆的数量、方向和深度。

②锚杆的抗拔力，当以现场拉拔试验的屈服拉力作为设计依据时，安全系数应不小于1.5；

以极限拉力为设计依据时，安全系数应取 2.5～3.0。

③锚杆的有效锚固长度应大于 4m。

④锚杆的设计拉力应根据施工技术条件和工程需要确定；锚杆孔径一般为 110～130mm；锚杆的布置主要取决于边坡的破坏形式，通常以均匀布置为好；锚杆间距一般不小于 1.5～2.0m。

(2)当锚杆用于岩质上边坡加固时，应注意以下几点：

①锚杆宜为全长黏结型锚杆，锚杆的设计抗拔力不宜低于 75kN。注浆材料宜选用水泥浆或水泥砂浆，其设计强度不应低于 20MPa。

②锚杆长度、间距应根据地质情况确定，锚杆长度一般为 4～10m，间距一般为 1.5～4m；锚固体上覆土层厚度应不小于 4m，锚固长度不应小于 4m，也不宜超过 10m；锚杆自由段长度应超过破裂面 1～2m，并不小于 5m。

3. 锚索

锚索采用预应力钢丝或钢绞线编索，置于边坡钻凿的孔洞中，灌注砂浆或混凝土，达到要求强度后，在加固边坡表面施加预应力以加固边坡。锚索的长度根据加固需要可为十几米到几十米。预应力锚索常用于岩质边坡大体积失稳及滑坡的处治。使用锚索的数量、长度、方向等需根据加固对象的地质构造、岩质岩性、加固规模、失稳状况等进行专门设计，并进行锚索拉拔等试验。

4. 抗滑桩

在路基工程中，抗滑桩主要用于治理滑坡及加强挡土墙等构造物的抗推移能力等。

5. 综合加固措施

以上各种边坡加固措施应根据具体地质情况及工程要求，按照技术可行、经济合理、便于施工的原则合理选用。在实际工程中，每项加固措施可能是单项使用，但常常是综合应用，如抗滑桩与锚索相结合、锚索与锚杆综合运用等。

(四)路基支挡

1. 支挡类型

挡土墙是支承路基填土或山坡土体、防止土体变形失稳的构造物。挡土墙有重力式挡土墙、薄壁式挡土墙、加筋土挡土墙等形式。应根据不同地形、地质条件及路基高度，就地取材，合理选择挡墙形式。

2. 重力式挡土墙

重力式挡土墙依靠墙身自重支撑土压力来维持其稳定。一般多用片(块)石砌筑，在缺乏石料的地区也可用混凝土修建。

重力式挡土墙具有多种墙背形式。有墙背为直线形的是普通重力式挡土墙、带衡重台的衡重式挡土墙及仰斜式挡墙等，衡重式挡土墙适于在山区公路建设中采用，但由于其基底面积较小，对地基承载力要求较高，因此应设置在坚实的地基上。不带衡重台的折线形墙背挡土墙，介于上述两者之间。

重力式挡土墙设计应注意以下几点：

(1)一般重力式挡土墙高度宜小于 12m。

(2)除非基础为基岩，一般宜少设衡重式挡土墙。

(3)挡土墙必须按要求设沉降缝和泄水孔。

(4)挡土墙墙后填料宜采用内摩擦角较大的透水性材料。

3.加筋土挡土墙

加筋土挡土墙由填土、填土中布置的拉筋条带和墙面板三部分组成。在垂直于墙面的方向,按一定间隔和高度水平地放置加筋材料,然后填土压实,通过填土与加筋间的摩擦作用,把土的侧压力传递给拉筋,从而稳定土体。具有以下特点:

(1)加筋土是柔性结构物,能够适应地基轻微的变形,抗振动性能强。

(2)造型美观,墙面可垂直,节约占地。

(3)造价低,能够砌筑高墙。

加筋土挡土墙的设计与施工应注意以下事项:

(1)加筋土填料宜优先采用有一定级配的沙性土、砾(碎)石土和黄土。其他石质土、细粒土、人工改善土及工业废料等,能满足使用质量要求的也可选用。但对有机质土、白垩土和生活垃圾等禁止使用。

(2)拉筋材料应选用镀锌薄钢带、钢筋、铝合金、增强塑料及合成纤维等,应具有抗拉性能强,不易脆断,蠕变量小,与填土间的摩擦系数大等特点。

(3)不宜在急流、波浪冲击及高陡山坡使用加筋土挡土墙。必须设置时,水位以下部分的墙体应采用其他措施,如重力式挡土墙或浆砌片石防护等。

4.薄壁式挡土墙

薄壁式挡土墙是钢筋混凝土结构,包括悬臂式和扶壁式两种主要形式。它们的共同特点是:墙身断面较小,结构的稳定性不是依靠本身的重量,而是主要依靠踵板上的填土重量来保证,自重轻,圬工省,适于城市立交。

5.其他挡土墙

除上述的挡土墙类型外,还有柱板式挡土墙、锚杆式挡土墙等形式。锚杆式挡土墙是重力式挡土墙与锚杆(索)的综合运用,可有效应用于治理滑塌。

6.挡土墙的综合使用

应根据不同地形、地质条件、路基高度、路基填料情况,合理选择挡土墙形式。在同一条路线上可以采用不同的挡土墙形式,同一段挡土墙,也可以下部采用重力式,上部采用加筋土挡土墙等。总之,应根据具体情况,灵活运用。

(五)路基岸坡防护

路基岸坡防护分为直接防护和间接防护两种。

1.直接防护

直接防护是在稳定的边坡上直接加固的一种措施,其特点是不干扰或很少干扰原来的水流性质。河北省常用的类型有:抛石、石笼、驳岸、坡面防护、砌体防护、混凝土预制块防护、浸水挡墙及土工模袋等。

2.间接防护

间接防护是指采用导流或阻流的方法改变水流性质,消除或减缓水流对路基边坡的直接冲刷和淘刷,常见的导流构造物有丁坝、顺坝、格坝及改移河道、营造防护林等。

四、路基排水

(一)排水设计总体要求

路基排水系统分为降雨径流的地面排水系统和潜水径流的地下排水系统。

1.路基排水设计遵循的原则是合理布局、少占农田,并与当地排灌系统相协调,防止冲毁农田及其水利设施,重视环境保护,防止水土流失和水源污染。

2.路基排水、桥涵排水等应综合考虑,注重各种排水设施、排水构造物之间的联系,形成完善的排水系统。

3.保护原有排水系统和生态平衡,使其不致恶化。

(二)路基排水设施

1.地面排水设施

地面排水设施有:边沟、蒸发池、急流(泄水)槽、截水沟、排水沟、跌水等,应根据地形需要设置。

排水设计应注意以下问题:

(1)**边沟**。土质路基的边沟视土质和公路等级而定,必要时应铺砌以防止出现严重冲刷。

(2)**截水沟**。公路截水沟应衬砌,衬砌长度视地形与土(石)质而定。

(3)**跌水与急流槽**。采用浆砌片石、预制或现浇混凝土砌筑。

(4)**排水沟**。排水沟是否衬砌应视土质、距公路远近和长度而定,山区排水沟将水引入自然沟前应衬砌。

由于地形地貌千差万别,排水设计的大量工作都需要在施工中予以完善。

2.地下排水设施

地下排水设施分为盲沟(管)、渗沟、渗井和垫层。排除地下水用盲沟(管);降低地下水位或拦截地下水用渗井或渗沟;当开挖路段地下水系较复杂时,渗沟下方设盲管排水或垫层与路边盲沟配合设置。

路基地下排水是个复杂的隐蔽工程。因此,应对路基途径地带和毗邻地区的水文地质状况勘查清楚,否则会陷于路基排水设计的被动状态。公路路线断面切割地表后,地下水可能会变成地表径流或渗流,所以必须采用明沟排除明水,采用渗沟连通地下水使其继续渗流而不妨碍路基的稳定性。

3.上边坡排水

在路堑段,上边坡坡面往往出现渗水或泉水现象,设计时需要给以考虑,否则会造成上边坡失稳,出现塌陷、滑坡等病害。设计时,应以疏导为原则,不可堵截。

(1)当进行砌体防护时,在渗水或泉眼处开孔,将水引至边沟,防止水沿砌体内侧下流。

(2)若不进行砌体防护,可在坡面上设排水沟槽,把水引至边沟内。

第三节　路 面 设 计

路面结构通常由面层、基层、底基层、垫层和土基组成,根据路面面层所采用的结构形式,路面可分为三种主要类型:沥青路面、水泥混凝土路面和复合路面。路面设计主要包括:行车道路面与路肩铺面的类型选择、结构层组合及厚度设计、水泥混凝土路面面板厚度、接缝构造和配筋设计、路面结构层排水设计、路面各结构层材料组成设计、路表功能特性设计等内容。

一、设计要素

(一)车辆与荷载

车辆与荷载包括轴载、荷载重复作用次数、轮胎接触面积和行车速度等几个因素,按照我国现行的设计规范,路面设计采用双轮组单轴载 100kN 作为标准轴载,以 BZZ—100 表示,标准轴载的计算参数按表 5.3.1 确定。

标准轴载计算参数 表 5.3.1

标 准 轴 载	BZZ—100	标 准 轴 载	BZZ—100
标准轴载 P(kN)	100	单轮传压面当量圆直径 d(cm)	21.30
轮胎接地压强 p(MPa)	0.7	两轮中心距(cm)	1.5d

各种车型的不同轴载应换算成 BZZ—100 标准轴载的当量轴次。轴载的换算与采用的路面面层形式和设计控制指标有关系:

(1)当沥青路面以设计弯沉和沥青层层底拉应力为控制指标时,各级轴载均应按下式换算成标准轴载 P 的当量轴次 N。

$$N=\sum_{i=1}^{K}C_1C_2n_i\left(\frac{P_i}{P}\right)^{4.35} \tag{5.3.1}$$

式中:N——以设计弯沉值和沥青层层底拉应力为指标时的标准轴载的当量轴次(次/d);

n_i——被换算车型的 i 级轴载次数(次/d);

P——标准轴载(kN);

P_i——被换算车型的各级轴载(kN);

C_1——被换算车型的轴数系数;

C_2——被换算车型的轮组系数,双轮组为 1.0,单轮组为 6.4,四轮组为 0.38;

K——被换算车型的轴载级别。

当轴间距大于 3m 时,应按单独的一个轴载计算;当轴间距小于 3m 时,双轴或多轴的轴数系数按下式计算:

$$C_1=1+1.2(m-1) \tag{5.3.2}$$

式中:C_1——轴数系数;

m——轴数。

(2)当沥青路面以半刚性材料层的拉应力为设计指标时,各级轴载均应按式(5.3.3)换算成标准轴载 P 的当量轴次 N'。

$$N'=\sum_{i=1}^{K}C'_1C'_2n_i\left(\frac{P_i}{P}\right)^8 \tag{5.3.3}$$

式中：N'——以半刚性材料层的拉应力为设计指标时的标准轴载的当量轴次（次/d）；

C'_1——被换算车型的轴数系数；

C'_2——被换算车型的轮组系数，双轮组为1.0，单轮组时为18.5，四轮组时为0.09。

其余符号含义参照式（5.3.1）。

以拉应力为设计指标时，双轴或多轴的轴数系数按下式计算：

$$C'_1=1+2(m-1) \tag{5.3.4}$$

式中：C'_1——轴数系数；

m——轴数。

（3）当采用水泥混凝土面层时，不同轴—轮型和轴载的作用次数换算成标准轴载的作用次数的换算公式为：

$$N_s=\sum_{i=1}^{K}\delta_i n_i\left(\frac{P_i}{100}\right)^{16} \tag{5.3.5}$$

其中，

$$\delta_i=2.22\times10^3P_i^{-0.43} \tag{5.3.6}$$

或：

$$\delta_i=1.07\times10^{-5}P_i^{-0.22} \tag{5.3.7}$$

或：

$$\delta_i=2.24\times10^{-8}P_i^{-0.22} \tag{5.3.8}$$

式中：N_s——标准轴载车辆的作用次数；

P_i——单轴—单轮、单轴—双轮、双轴—双轮或三轴—双轮组轴型i级轴载的总重（kN）；

K——轴型和轴载级位数；

n_i——各类轴型i级轴载的作用次数；

δ_i——轴—轮型系数，单轴—双轮组时，$\delta_i=1$，单轴—单轮组时，按式（5.3.6）计算，双轴—双轮组时，按式（5.3.7）计算，三轴—双轮组时，按式（5.3.8）计算。

无论是沥青路面还是水泥混凝土路面，按照国内现行设计规范，均以设计年限内一个车道上的累计当量轴次作为控制指标，累计当量轴次就是设计年限内换算为标准轴载的各种车辆的作用总轴次数，与车辆有关的另一个要素是行驶速度，国内规范对车速的影响作用没有特别要求。

（二）环境

影响路面设计的环境因素主要有两个：温度和降水。它们对各结构层的弹性模量均有影响。温度会影响沥青面层的回弹模量值，冬季温度低，沥青面层变硬，路面的应变变小。然而，沥青面层的刚度愈大，疲劳寿命愈短，疲劳寿命缩短与应变减小的有利影响相互抵消，低温将使沥青路面产生裂纹，夏季高温沥青层容易产生车辙。

水泥混凝土路面的温度剃度不仅影响翘曲应力，还影响面板与基层的接触。白天路面板顶面温度大于底部温度，板向下翘曲，板中部与基层脱空；夜间相反，板边和板角与基层有可能脱空。脱空部分的面板失去基层的支撑将影响轮载作用下混凝土的应力，高低温度的交互作用还影响接缝和裂缝的扩展及荷载的传递能力。

此外，寒冬季节的冰冻深度也对路面的设计有影响，冬季使土基变硬，春季使土基变软弱，都对路面的正常使用产生影响。因此，进行路面设计时为了保护路基，在冰冻地区应采用对冻胀不敏感的材料。

（三）材料

《公路沥青路面设计规范》(JTG D50—2006)和《公路水泥混凝土路面设计规范》(JTG D40—2002)给出了各类路面结构层材料参数的取值参考范围，设计中应紧密结合各地路面施工技术水平、材料质量特点，尤其是结合以往路面施工中代表性试验数据的统计分析，合理取值。对于沥青混合料，国内沥青路面设计中需要面层混合料的抗压模量和劈裂强度，其中20℃时的抗压模量用于弯沉计算，15℃时的抗压模量用于应力计算。对于稳定类材料，经水泥、石灰、粉煤灰等无机结合料稳定的路面结构层材料，上述规范也给出了设计参数的取值范围，对于重载交通下可适当提高材料的强度要求。

二、沥青路面设计

（一）沥青路面结构厚度计算

沥青路面要根据设计弯沉值计算路面结构层厚度，即所设计的沥青路面结构的路表计算弯沉不大于设计弯沉；还要验算沥青面层和半刚性材料基层、底基层的层底拉应力，尚需满足层底计算拉应力小于材料的容许拉应力。

（二）沥青路面结构层施工最小厚度

路面结构层厚度的确定除满足路面弯沉和应力要求外，还要考虑结构层类型及施工等因素，各类沥青路面结构层的适宜厚度和施工最小厚度见表5.3.2。

沥青路面各结构层施工厚度

表5.3.2

结构层类型		施工最小厚度(cm)	结构层适宜厚度(cm)
沥青混凝土、热拌沥青碎石	粗粒式	5.0	5.0～8.0
	中粒式	4.0	4.0～6.0
	细粒式	2.5	2.5～4.0
沥青石屑		1.5	1.5～2.5
沥青砂		1.0	1.0～1.5
沥青贯入式		4.0	4.0～8.0
沥青上拌下贯式		6.0	6.0～10.0
沥青表面处治	层铺法	1.0	1.0～3.0
	拌和法	1.0	2.0～4.0
水泥稳定类		15.0	16.0～20.0
石灰稳定类		15.0	16.0～20.0
石灰工业废渣稳定类		15.0	16.0～20.0
级配碎、砾石		8.0	10.0～15.0
泥结碎石		8.0	10.0～15.0
填隙碎石		10.0	10.0～12.0

(三)柔性基层沥青路面结构

柔性基层是指用有机结合料稳定各种集料、沥青贯入碎石、热拌沥青碎石或乳化沥青碎石混合料及碎砾石等材料修筑的基层。

1.级配碎石基层

级配碎石基层是采用严格级配要求的优质级配碎石作为基层，而用半刚性材料作为底基层，这种上柔下刚式组合基层称为倒装结构，能有效地防止或减少沥青面层的反射裂缝，级配碎石层同时具有良好的水稳性和排水功能，可减少路面的水损害。但级配碎石层整体强度不足，抵抗变形能力差，在繁重交通条件下，应慎重采用。

2.沥青稳定基层

沥青稳定基层有沥青混凝土、沥青稳定碎石、沥青贯入式等，因其具有良好的强度和抗疲劳性能，使这种结构在国外应用较广泛。

3.沥青基复合基层

沥青基复合材料是指在开级配沥青碎石混合料的大孔隙中(20%～25%)，贯入以水泥为主要成分的特殊胶浆形成的混合料，使其具有高于半刚性基层的柔性和高于沥青稳定基层的刚性的一种新型的沥青路面结构。在面层和原半刚性基层之间设置沥青基复合材料作为上基层。表5.3.3是几种常见基层的性能比较。

几种常见基层性能比较

表5.3.3

沥青混凝土基层	沥青碎石基层	水泥稳定碎石基层	级配碎石基层
最好的路用性能，但是造价很高，目前不适合我国国情，难以推广应用	较好地防治和减少了反射裂缝及水损害，强度、刚度及稳定性不如水泥稳定碎石基层	较好的路用性能，强度、刚度及稳定性较高，主要问题是容易产生反射裂缝	较好地防治和减少了反射裂缝，并具有良好的排水功能，但是强度与稳定性不足

(四)沥青路面的透层、黏层和封层

1.透层

(1)沥青路面的各类基层上必须喷洒透层沥青。

(2)透层沥青的稠度，应根据基层类型、当地气候条件，通过试洒确定，对半刚性基层应保证渗透深度在3～5mm，柔性基层为5～10mm，并与基层黏结成一体。一般应采用煤焦油或煤油稀释沥青AL(M)－1、T－1、T－2，采用煤油稀释沥青中凝AL(M)－1的效果较好。

(3)透层沥青洒布量，应掌握少而匀的原则。控制在0.8～1.2L/m^{2}为宜，既不致流淌，表面不可形成油膜，又不出现花白遗漏，具体应通过试洒确定。

(4)透层沥青宜在基层碾压检验合格后立即洒布，易于渗透，并利于基层保水养生。当基层完工时间较长，表面过分干燥时，应对基层进行彻底清扫，露出基层本来面貌后再喷洒。

(5)若局部地方尚有多余的透层沥青未渗入基层应予以清除。可用纯净中砂撒在多余透层油位置，待吸净多余沥青后清除，若局部地方出现花白遗漏，应及时补洒。

(6)遇有大风、降雨及气温太低(小于10℃)则不能洒布透层沥青，洒布完毕后严禁车辆及行人通行。

2. 黏层

(1)双层或三层沥青混合料层之间，旧沥青路面层上加铺沥青层，及水泥混凝土路面上铺筑沥青面层应洒布黏层沥青。

(2)黏层沥青应由与面层混合料相同的种类、标号的沥青经乳化或稀释而成，或采用改性乳化沥青。

(3)黏层沥青洒布量掌握低限，宁少勿多，洒布要均匀，不出现漏洒及淌油。一般用量在0.3～0.4kg/m^2，应根据试洒确定。

(4)气温低于10℃，路面潮湿及有雾、下雨、大风时，不得洒布黏层沥青。

(5)黏层沥青洒布前必须彻底清扫表面，使表面干燥、洁净，桥涵、混凝土路面表面一定要清除浮浆杂物，旧沥青路面表面要整平，保持清洁，否则不能洒布黏层黏层沥青。

(6)黏层沥青洒布完成严禁车辆及人通行，并尽快铺筑上层面层，防止二次污染。使用乳化沥青时要注意等完全破乳水分蒸发完毕后方可铺筑。

3. 封层

(1)在沥青面层空隙较大，透水严重时，应铺筑上封层。上封层可采用拌和法或层铺法施工的单层式沥青表面处治，也可采用乳化沥青稀浆封层。

(2)路面基层完成后，常需要通行施工车辆，为保证基层顶面不被破坏，应当设置下封层。下封层一般采用乳化沥青(或改性乳化沥青)，浓度为65%，用量宜为1.2～1.6L/m^2。破乳后，立即撒布5～10mm的碎石，其用量为5～7m^3/1 000m^2，随后用6～8t轻型压路机碾压1～2遍。

(五)河北省农村公路半刚性基层沥青路面典型结构

见表5.3.4。

河北省农村公路沥青路面典型结构 表5.3.4

公路等级	三、四级	二 级		二 级	
设计年限内一个车道累计轴次(万次)	<100	100～200		200～400	
表面层	3cm或4cm厚AC-13	5cm或6cm厚AC-16	3cm厚AC-13	3cm厚AC-13	4cm厚AC-13或4cm厚AC-16
底面层	—	—	4cm厚AC-16	4cm或5cm厚AC-16	5cm或6cm厚AC-16
基层	16～18cm厚水泥稳定碎石(砂砾)或二灰稳定碎石(砂砾)	16～19cm厚水泥稳定碎石或二灰稳定碎石		17～20cm厚水泥稳定碎石、二灰稳定碎石或其中两层组合	
底基层	16～18cm厚石灰稳定土、二灰稳定土(砂)、二灰稳定砂砾或其中两层组合	16～18cm厚石灰稳定土、二灰稳定土(砂)、二灰稳定砂砾或其中两层组合		16～18cm厚石灰稳定土、二灰稳定土(砂)、二灰稳定砂砾或其中两层组合	

对于半刚性材料基层或底基层的厚度要根据承载能力要求进行设计。在选用厚度时，特别是稳定粒料的基层厚度，应注意施工时最小厚度和最大厚度的限制。对于半刚性基层的一

层厚度应在16～20cm之间。

三、水泥混凝土路面设计

（一）路面结构厚度

水泥混凝土路面结构厚度根据弹性地基板理论，对不同车辆荷载的重复作用换算为标准轴载的作用次数所产生的疲劳损坏作为设计极限状态，确定混凝土路面板厚度。

混凝土路面板通常采用等厚断面的普通水泥混凝土板，根据交通量大小将交通量等级分为轻、中、重、特重四类，其厚度一般在20～30cm范围内取值。混凝土面板的弯拉强度取值范围一般在4.0～5.0MPa之间。面板通常采用整体式（整层）浇筑，集料最大粒径为40mm。面板较厚时，也可采用双层浇筑方式，上层采用较细的集料（最大粒径不超过20mm）。

（二）垫层

遇有下述情况时，需在基层下设置垫层：

1.季节性冰冻地区，当路面总厚度小于最小防冻厚度要求时，其差值应以垫层厚度补足。

2.水文地质条件不良的土质路堑，当路床土湿度较大时，宜设置排水垫层。

3.路基可能产生不均匀沉降或不均匀变形时，可加设半刚性垫层。垫层的宽度应与路基同宽，其最小厚度为15cm。

防冻垫层和排水垫层宜采用砂、砂砾等颗粒材料。半刚性垫层可采用低剂量的无机结合料稳定粒料（或稳定土）。

（三）基层

1.基层应具有一定的刚度和足够的抗冲刷能力。

（1）承受特重交通的路面宜采用贫混凝土、碾压混凝土或沥青混凝土基层。

（2）承受重交通的路面宜采用水泥稳定粒料或沥青稳定碎石基层。

（3）承受中等或轻交通的路面宜采用水泥稳定粒料基层、石灰粉煤灰稳定粒料基层或级配粒料基层。

（4）承受各级交通的水泥混凝土预制块面层应采用水泥稳定粒料基层。

2.湿润和多雨地区，路基为低透水性细粒土的公路，宜采用排水基层。排水基层可选用多孔隙的开级配水泥稳定碎石、沥青稳定碎石或碎石，其孔隙率约为20%。

3.各类基层厚度的适宜范围：

（1）贫混凝土或碾压混凝土基层宜为12～18cm。

（2）水泥或石灰、粉煤灰稳定粒料基层宜为15～25cm。

（3）沥青混凝土基层宜为4～6cm，沥青稳定碎石基层宜为8～10cm。

（4）级配粒料基层宜为15～20cm。

（5）多孔隙水泥稳定碎石排水基层宜为10～14cm，沥青稳定碎石排水基层宜为8～10cm。

4.碾压混凝土基层应设置与混凝土面层相对应的接缝。贫混凝土基层在其弯拉强度超过1.8MPa时，应设置与面层相对应的横向缩缝；而一次摊铺宽度大于7.5m时，还应设置纵向缩缝。

5.当基层下未设垫层，上路床为细粒土、黏土质砂或级配不良砂承受特重或重交通时，或者上路床为细粒土承受中等交通时，必须在基层下设置底基层。底基层可采用级配粒料水泥稳定粒料或石灰、粉煤灰稳定粒料，厚度一般为 20cm。

6. 排水基层下应设置由水泥稳定粒料或者密级配粒料组成的不透水底基层，厚度一般为 20cm。底基层顶面宜铺设沥青封层或防水土工织物。

(四)水泥混凝土路面接缝设计

按作用的不同，接缝可分为缩缝、胀缝和施工缝三类。

1. 横向缩缝

(1)**缩缝间距**。为控制普通混凝土路面的开裂，保证接缝具有较好的传荷能力，应采用短缩缝距，其间距(也即面板长度)一般在 4～6m 范围内选用；面板越薄，基层刚度越大，选用的间距应越短。通常采用的缩缝间距为 4～5m，板的长宽比不宜超过 1.3，平面尺寸不宜大于 $25m^2$。

碾压混凝土的收缩系数低于普通混凝土，因而其缩缝间距可适当长些，一般为 6～10m。

钢筋混凝土面板的长度与配筋量成正比，因而其缩缝间距应结合需要和经济两方面考虑，一般为 6～15m。

钢纤维混凝土的缩缝间距一般为 6～10m。

(2)**缩缝布置**。横向缩缝通常都垂直于路中线，等间距布置。

(3)**缩缝构造**。横向缩缝有假缝和设传力杆假缝两种构造形式。在特重和重交通道路上，应采用设传力杆假缝，以减少唧泥和错台病害的出现。

接缝的槽口一般采用在硬化混凝土中锯切或者在新鲜混凝土中压入的方式形成，槽口深度约为板厚的 1/4，槽口的宽度一般为 3～8mm。

槽口断面通常采用窄而深的形状，为改进这种形状槽口内的填缝材料易被挤出的缺点，可采用厚锯片进行第二次浅锯切，以加宽上部槽口，形成深宽比为 1.5～3.0 的断面。上部槽口的宽度一般为 6～10mm，深度一般为 20mm。

(4)**传力杆**。

①传力杆直径：28～38mm，随面板厚度增加而增大，但不小于板厚的 1/8 或 15mm。

②传力杆长度：40～50cm，埋入混凝土内的长度(每侧)大于 6 倍传力杆直径。

③传力杆间距：通常为 30cm，等间距布置，最外侧传力杆距纵向接缝或自由边缘的距离为 15～25cm。

传力杆的表面应涂敷沥青膜(厚约 0.1mm)，以防止钢筋锈蚀，外面再套以 0.4mm 厚的聚乙烯膜，一方面保护沥青膜，另一方面防止传力杆与混凝土的黏结，以保证传力杆能在混凝土内自由滑动。各传力杆的定位必须准确地平行于面层表面和行车道纵轴线，与水平面、竖直面和相邻传力杆的偏差均不大于 4°，以保证面板的正常伸缩。

2. 胀缝

在采用短缩缝距和不是在低温时浇筑混凝土的情况下，可仅在邻近构造物或与其他路面不对称交叉处设置胀缝。传力杆的一端需加一金属套，套子应能罩住传力杆 5cm 以上，并在套顶留下 3cm 长的空间，供板膨胀时传力杆有向前移动的余地。传力杆加套端一半以上的长度，表面涂敷沥青膜(厚约 0.1mm)，以防止传力杆与混凝土黏结而无法自由滑动。胀缝传力杆的尺寸、布置间距和定位要求，与缩缝传力杆相同。

3. 横向施工缝

每天工作结束或因临时原因而中断施工时，需设置横向施工缝。横向施工缝应尽可能设在胀缝或缩缝处，做成设传力杆的平缝形式。如有困难而设在缩缝之间时，施工缝应采用设拉杆的企口形式，以保证缝隙不张开。

4. 纵缝

混凝土一次铺筑宽度小于路面宽度时，需设置纵向施工缝；一次铺筑宽度大于4～4.5m时，需设置纵向缩缝。纵向施工缝采用设拉杆的平缝或设拉杆的企口缝形式；纵向缩缝采用设拉杆假缝形式。纵向缩缝的槽口深度应大些，以保证槽口下的混凝土开裂。当基层为粒料时，槽口深度约为板厚的1/3；半刚性基层时，则增加到板厚的2/5。

5. 特殊部位的接缝布置

(1)**交叉口**。两条相交混凝土道路的弯道段，板块划分时会出现非矩形板块，但其短边长不宜小于1m，板角不宜小于90°。相交道路接合处的接缝应尽量对齐，避免出现错缝。

在相交道路接合处出现错缝时，以及在弯道起点和终点处，应设置胀缝。

(2)**与桥梁衔接处**。在混凝土面板与桥头搭板之间应设置长6～10m的钢筋混凝土面层过渡板。搭板与钢筋混凝土板之间的接缝，采用设拉杆的平缝，拉杆的尺寸和间距按传力杆的要求设置。毗邻钢筋混凝土板的普通混凝土面层板，其前后各设置一条胀缝。预计膨胀量时，应接连设置2～3条设传力杆胀缝。填土高度小于40cm时，布双层钢筋；填土为40～120cm时布设单层钢筋(板顶)。布筋长度为构造物两侧路基高度加1m，且不小于4m。

(3)**构造物横穿公路**。在横穿公路构造物的上方，采用钢筋混凝土面板。它与普通混凝土面板之间的接缝采用设传力杆的缩缝。

6. 填缝材料

常用的填缝料有热灌的橡胶沥青类、常温施工的聚氨酯焦油类或有机硅树脂及压缩性预制嵌条等类型。

设在胀缝隙内的预填缝板条，可采用纤维板、泡沫橡胶板、杉木板等。

(五)河北省农村公路水泥混凝土路面典型结构

见表5.3.5。

河北省农村公路水泥混凝土路面典型结构 表5.3.5

公路等级	四级	三级	二级	
交通量等级	轻	中等	中等	重、特重
面板厚度	18～22cm	20～22cm	22～24cm	24～28cm
基层	18～20cm厚水泥稳定碎石或二灰稳定碎石	18～22cm厚水泥稳定碎石或二灰稳定碎石	18～20cm厚贫混凝土或水泥稳定碎石	18～22cm厚贫混凝土或水泥稳定碎石
底基层	15～18cm厚石灰土、二灰土(砂)或级配碎石(砂砾)	15～18cm厚石灰土、二灰土(砂)或级配碎石(砂砾)	15～18cm厚石灰土、二灰土(砂)或级配碎石(砂砾)	15～18cm厚石灰土、二灰土(砂)、级配碎石(砂砾)单层或其中双层组合

四、旧路改建设计

(一)沥青路面改建

沥青路面整体强度不足时的补强、路面等级的提高、路面拓宽等,都属沥青路面改建范畴。

1.路况调查与评价。

进行路面改建设计,首先是采集原有路面的代表性路况资料并作出评估,主要包括以下几方面内容:

(1)旧路交通、沿线气候、水文条件的调查,包括旧路使用期交通流特征及变化,年降雨量、集中降雨量,七月平均最高气温和一月最低气温,最大冻深和地下水位变化等。

(2)原路面、结构层厚度、路面所用材料,路面养护技术资料。

(3)结合钻芯取样试验,重点调查病害类型、破坏面积、破坏程度等。

(4)路床范围内路基土的压实度、含水量与土质类型等。

(5)分段测定旧路的回弹弯沉等。

2.旧路改建时,原有沥青路面一般不宜铲除,但应对局部的松散、坑槽进行修补,裂缝严重的路段应在采取措施后,再进行补强。除非基层已出现大面积松散破坏,整体承载能力基本丧失情况外,不宜将原路基层清除。应优先考虑保留原有路面,在上面加铺补强层。对基层结构完整的,仅面层大面积松散破坏、丧失功能的,可以考虑进行面层热再生做基层或底基层。

3.旧路加宽后的新建路面与旧路面的衔接部位易于出现因不均匀沉降造成的纵向开裂,应从路基填筑阶段开始,严格控制新建路基压实。另外,在上路床部分挖除1m左右宽度的旧路路基,使新旧衔接处在上路床以上整体压实新建路面,减少不均匀沉降。

(二)水泥路面改建

1.补强设计步骤

(1)对原有公路进行技术调查,对旧路状况进行评价。

(2)调查交通量资料,确定公路等级、面层与基层类型,计算设计弯沉值与各补强层的拉应力。

(3)确定改建路段中原路面的当量回弹模量。

(4)拟定几种可能的结构组合,并确定各补强层的材料参数。

(5)计算确定水泥混凝土路面厚度,对季节性冰冻地区还应验算防冻厚度。

(6)根据各方案的计算结果,进行技术经济比较,确定采用的补强方案。

2.加铺层结构形式选择

加铺层可采用普通混凝土、钢纤维混凝土或沥青混凝土。

(1)当旧路面的状况分级为“优”,可采用结合式加铺层。加铺层为水泥混凝土时,铺筑前应对旧混凝土表面凿毛并仔细清洗,清除旧混凝土表面的油污、剥落碎块及接缝中的杂物,重新封缝,并在洁净的旧混凝土路面上涂以水泥浆或水泥砂浆或环氧树脂等。

当采用沥青混凝土加铺层时,宜在旧水泥路面上设置防止反射裂缝的应力吸收层,可以是大粒径沥青碎石或土工材料。

(2)当旧路面的状况分级为“良”、“中”,宜采用直接混凝土加铺层。加铺层铺筑前应对旧混凝土表面仔细清洗、清除旧混凝土表面的油污、剥落碎块及接缝中的杂物，并重新封缝。

(3)当旧路面的状况分级为“可”、“差”，或新旧混凝土板的平面尺寸不同、接缝位置不完全一致，或新、旧路面的路拱坡度不一致时，均应采用分离式混凝土加铺层。加铺层铺筑前应对旧路中严重破碎、脱空、裂缝继续发展的板，击碎压实或予以清除，用新混凝土补平。隔离层材料宜采用乳化沥青稀浆封层、细粒式沥青混凝土等稳定性、防水性较好的材料，不宜采用砂等松散材料。

第四节　桥涵设计

一、设计原则

1. 桥涵设计中应包括桥梁结构、设计理论、计算原则、设计要点及施工要点的说明，对套用标准图或其他设计图纸的，要附图纸来源说明及本工程的适用性分析。

2. 桥梁的规划与设计既要满足当前的需要，又要适应远期发展的规划；还应结合沿线农业排灌、电力、通讯等的需要，设置相应的附属管线。桥梁选型要与水文、地质、地形相适应，桥梁的建设应不破坏和影响水利设施、河道的正常使用功能，符合水利、环保法规要求。

3. 桥梁应具备足够的承载能力和结构可靠度，保证运营安全。同时，所设计的桥型及其施工方案必须工艺成熟，安全可靠，保证施工期结构及施工人员、机具的安全。

新建二、三、四级公路上的桥涵汽车荷载等级应采用公路—II 级标准，新建二级公路为干线公路且重型车辆较多时，其汽车荷载等级可采用公路—I 级标准；四级公路重型车辆较少时，其桥梁设计可采用公路—II 级车道荷载效应的 0.8 倍，车辆荷载效应可采用 0.7 倍。

4. 桥梁的设计应遵循安全、经济、美观的原则，避免为追求新结构和大跨径而提高造价。对于特大桥应进行多方案比选，在满足使用功能的前提下降低经济指标。

5. 城郊及旅游景点附近的桥梁设计应造型美观，与周围环境相协调。

6. 桥型选择应考虑便于上部结构、墩台、基础的施工。构件细部构造设计应便于模板制作、拆装和钢筋绑扎，并应充分考虑施工误差因素，留有一定的安全余地。

7. 桥梁的设计应考虑便于日后养护检修，在重要构件上预留养护检查所需的空间及辅助构件，应考虑支座养护、更换所需的空间。

8. 在桥梁建设中鼓励采用新技术，新工艺、新材料，不断提高河北省桥梁建设的技术水平。

9. 旧桥的加固利用应首先进行承载能力测试和加固方案验算论证，完工后进行荷载试验检验，合格后交付使用。旧桥涵构造物的加宽应做好新旧结构的衔接。

10. 特殊结构桥梁及特大桥在完工后应进行荷载试验等必要的检测，检测结果作为交竣工资料的一部分交给管养部门保管。

二、桥梁勘测

(一)桥位选择

1. 各级公路上桥梁的桥位线形，一般应服从路线布设规定，特大桥、复杂大中桥的桥位在服从路线总体走向的前提下，应作为路线的控制点，路桥综合考虑。桥位应尽量选择在河道顺直、稳定、滩地较高、河面较窄，地质良好、冲刷较小的河段上，在跨越宽浅季节性河时，桥轴线应尽量与水流正交。

2. 桥梁与公路、铁路、河道、管线等交叉时，桥位选择必须符合国家有关规定和要求，征得相关主管部门的意见，达成有关的协议；同时，还应听取水利和航运管理部门的意见。

3. 城镇附近桥位选择要考虑城镇规划的要求，又应充分考虑城镇规划，并与治河、防洪、环保相配合。

4. 对于改造工程应尽量考虑对既有构造物的利用，减少拆迁，以节省投资。新建桥梁和老桥间的距离，应满足方便施工，减少对既有桥梁的影响和运营的干扰等因素确定。

5. 油、气管道穿跨河流时，宜在桥位下游侧通过。管道距大桥应不小于100m，距中桥不小于50m，在已有水下管道附近建桥时，桥梁距管道应不小于100m。桥位距高压线跨河塔架轴线间距应不小于1.2～1.5倍塔架高度。对于钢结构桥梁，以及在电压高、塔架跨距大且风力大的地区，宜用上述的偏大值。

在铁路附近的桥位，宜选在公路路线总方向的一侧，以免反复跨越铁路。

6. 桥位应避开强泥石流地区。当无法避开时，桥位应放在河床稳定的流通区的直线段上，并尽量与主流正交。当路线通过泥石流堆积扇时，桥位宜选在扇缘尾部，避开扇腰和扇顶。

泥石流地区，严禁挖沟设桥和改沟并桥。

7. 在河网地区桥位不宜选在水闸、引水或分洪口门等水利工程附近，并应注意与当地水利、航运部门规划相协调。

桥头引道应尽量避免通过淤泥、软土、古河道等不良地质地段，如无法避免时，应选在基岩或硬土埋藏浅、厚度薄的地段。

8. 水库地区桥位选择，应考虑水库引起的河流状态变化，当桥位位于水库上游回水影响范围以内时，应选在库面窄、岸坡稳定、泥沙沉积较少段落。在严寒地区，不应选在回水末端容易形成冰坝、冰塞的地段。在水库下游，桥位应选在其集中冲刷影响范围以外。

应尽量减少桥梁建设对水库水质的影响。

(二)桥位测量

1. 桥位控制

桥位控制包括平面控制和高程控制两部分。

(1)桥位平面测量，宜采用全球定位系统(GPS)测量、三角测量、三边测量和导线测量等方法。

(2)桥位高程测量，可分为桥位水准点与既有水准点联测、桥位实地水准测量和跨河水准测量三部分。

2. 桥位平面图测绘

桥位平面图是选择桥位和布置桥孔、引道、调治构造物及施工场地轮廓的重要基础资料和设计依据。根据设计和施工的需要，桥位平面图包括桥位总平面图和桥址地形图。

桥位总平面图一般比例为1∶2 000，桥址地形图一般比例为1∶500。

3. 桥梁纵断面及引道测量

桥梁纵断面和引道陆上部分测量，一般应尽量与路线部分一次完成，沿路线的大、中桥位与路线中线测量也应一次完成。桥梁横断面应根据布孔情况，一墩一基线横向测量，以便于桥墩的横向布置，桥台应根据地形和防护情况增加横向测量断面。

桥位测量的各种测量记录、计算成果和图表应注记清楚，签署完善，认真做好复核，未经复核的资料不得使用。

（三）工程地质勘察

桥位工程地质勘察阶段应与桥梁设计阶段相适应，应在可行性研究工程地质工作的基础上按初勘（初步设计阶段）和详勘（施工图设计阶段）两个阶段进行。对工程地质简单、桥位明确，无比选桥位时，可采用一阶段勘察（一阶段详勘）。

1. 桥位工程地质初勘

桥位工程地质初勘主要根据已掌握的地质资料，初步查明各方案工程地质条件，对桥位区的工程地质稳定性和桥基稳定性作出评价，为初步设计提供必需的工程地质资料。

初勘的主要方法有：地质调查、测绘、物探、钻探。初勘工作完成后，应编写工程地质勘察报告。

2. 桥位工程地质详勘

桥位工程地质详勘是在初勘的基础上，为编制施工图设计提供准确的、定量的工程资料，包括墩台和调治构造物地基覆盖层及基岩风化层厚度、岩体风化和构造破碎程度，软弱夹层及地下水状态，基坑渗水量、不良地质分布及其危害程度及其防治、地基基本承载力或桩侧土极限摩阻力等，并对墩台位置、基础形式、埋深提出经济合理的建议。

详勘以钻探、原位测试为主，适当辅以其他勘探手段，查明影响桥基的主要工程地质问题。

详勘的地质报告，应根据工程地质条件，对地层与边坡稳定性，基础的适宜性作出评价，对墩台基础类型和埋置深度、不良地质与特殊土的防治措施，以及对设计和施工提出经济合理的建议。

3. 桥梁基础持力层的选择

岩石地基：对覆盖层（或风化岩层）较薄的岩石地基，一般只需消除覆盖（风化）层后，选用新鲜基岩作持力层；如覆盖层很厚难以全部消除，持力层选择则应视岩层风化程度、冲刷及其允许承载力来确定。

非岩石地基：如受压层范围内为均质土，持力层的选择在排除冲刷、冰冻因素后，主要根据上部荷载大小和地基承载力或桩侧土的摩阻力来确定。当地层为交替的多层土时，可能出现不只一层可作为持力层的土层，这时持力层的选择应综合冲刷、冻深、上部构造要求及施工条件而定。设计文件应提出对承载力的明确要求，位于湿陷性黄土和排水不畅地段时，应提供浸水后土的承载力，以便于扩大浅基础的处理。

桥梁墩台位于较陡的山坡上时，持力层的确定，应考虑山坡连同结构物基础一起滑动的稳定性，若基础位于岩体上，可将基础作成台阶。位于陡坡上的墩台基础，前缘至坡面间必须留适当的安全距离，当为岩石持力层时为0.5～2m，当持力层为砂或砾土层时为2.5m，以确保斜坡稳定。

当持力层下存在软弱层时，除持力层本身应满足强度、稳定和变形要求外，还应对软弱下卧层的强度、地基总沉降量及稳定性进行验算。

三、桥梁方案设计

(一)桥型选择

按照桥梁结构主要承重构件的受力特点,桥梁可分为:梁桥、拱桥、吊桥、刚架桥和组合体系桥。选择桥型时应本着经济合理、安全适用的原则,在满足桥梁使用功能要求的前提下,适当注意技术的先进性,并要与环境协调,平原微丘区公路桥型结构还必须有利于降低路基高度。在具备较好的大型构件运输条件时,同一工程的中小跨径桥梁可采用相同的结构型式,以便于集中预制。

1.上部结构形式选择

常用桥梁上部结构形式有:

(1)**梁式体系**。钢筋混凝土及预应力混凝土简支或连续T形梁、箱形组合梁、实心板、空心板、预应力混凝土现浇连续箱梁等。

(2)**拱式体系**。主要为圬工的石(混凝土)拱桥和钢筋混凝土箱形拱桥,而很少采用双曲拱和桁架拱等。

梁式桥能够适应平坦的地形,且施工方便,在河北省被广泛应用。二级及以下公路的中小桥一般可采用简支梁体系,为提高行车舒适性可采用桥面简易连续的形式。桥面连续是在主梁顶部设置纵向传力构造,如联结钢筋等,实现同一联内主梁间纵向水平力的传递,桥面连续铺装,仅在每联的两端设置伸缩缝。为保证行车舒适,一般干线公路大桥推荐采用结构连续。对于中小跨径的连续梁,为便于装配式预制、施工,可采用先简支后连续的形式,跨径较小时,相邻跨连续湿接头可采用普通钢筋混凝土构造;跨径较大(≥16m),存在较大负弯矩,为避免开裂,宜在湿接头中配置负弯矩预应力。

在跨径较大的情况下,可采用整体式连续箱形梁,如果桥墩高度较大,具有一定的柔性,可考虑采用连续刚构的结构形式。

钢筋混凝土及预应力混凝土空心板桥有经济性好、施工方便、对桥梁线形适应性好、建筑高度小、可有效地降低公路路基平均高度等优点,跨径在20m以内的中小跨径桥梁,应优先考虑采用。当梁桥跨径超过20m时,应对空心板、箱形、T形、整体截面等各种截面形式进行技术经济比选。

跨径在20~30m时,采用预应力混凝土T形或箱形组合梁桥较为经济,对于跨径在30~60m或更大跨度的桥梁,预应力混凝土连续箱梁是极具竞争力的桥型。

拱桥多用在山区跨越深沟及山区公路中的天桥,主要有圬工拱桥及钢筋混凝土拱桥。

2.下部构造形式选择

在总体设计中,合理选择下部结构造型,使上、下部构造协调一致,轻巧美观。常用墩台形式有:钢筋混凝土轻型台、薄壁墩台、箱形桥台、扶壁式桥台、肋式埋置式桥台、U形桥台、重力式墩、柱式墩、Y形墩、其他轻型墩等。

墩台形式的选择应根据安全耐久、造价低、养护维修少、施工方便、工期短、与周围环境协调、造型美观等原则选用,并特别注意上、下部结构间的协调配合。同一桥梁的下部构造和基础应采用统一的结构形式,避免发生不均匀沉降。

(1)**独柱墩**。在弯梁桥中得到广泛采用,尤其是当连续曲线箱梁半径较小及斜交角度较大时应用最多，独柱墩与水流方向投影重合，减少水流阻力，有助于桥梁整体造型的美观，有些桥梁宽度不大(<12m)的斜桥也可采用独柱墩。分离式断面的两幅桥与河流斜交时，可将两幅桥斜桥正做并在平面上错开布置。

(2)**单排柱式墩**。单排二柱及三柱墩多配合空心板、T形梁、箱形组合梁使用，柱间距在6～8m之内时，可采用普通钢筋混凝土盖梁；柱间距在8m以上时，可采用预应力混凝土盖梁。

桥宽12m及以下的桥梁，宜尽可能采用双柱，尽量减少桥下墩柱数量。

(3)**钢筋混凝土矩形墩**。多配合空心板、T形梁、箱形组合梁桥跨线桥的高桥墩使用。

(4)**隐盖梁**。多用在整体浇注的连续箱梁中，利用箱梁的横梁作为上部荷载的传递，提高了桥梁的纤细美。有钢筋混凝土和预应力混凝土隐盖梁之分，多用在立交跨线桥。

(5)**承台及系梁**。在7度及其以上地震区要合理选择柱径和桩径，单排柱式墩，当柱高大于6m时应设置横系梁，当柱高大于10m时应设置双横系梁。当墩高大于15m时，宜采用薄壁墩。

3.基础选型

基础选型取决于桥址土层分布及其工程性质、水文条件、荷载特性、上部构造使用要求等。

(1)地基承载力及沉降满足要求且持力层埋深不超过5m时，应选用天然地基上的扩大基础。

采用扩大基础的桥涵设计文件中应对地基承载力提出明确的要求，存在软弱地基的要提出具体的处理方案。

(2)浅层地基承载力不足，沉降不满足要求，优质地基(砂、砂砾、基岩等)埋深大，覆盖层较厚，各土层摩阻力及桩尖土的承载力能承受由桩传来的上部荷载时，可选用摩擦桩。各土层摩阻力不足以承受上部荷载时，可选用柱桩，将桩尖置于基岩面，上部荷载的垂直力由桩底岩层抗力承受。覆盖层薄，支承桩置于岩面不稳定(不足以承受水平力)时，可考虑嵌岩桩。钻孔桩是我国公路桥梁最常采用的深基础，钻孔桩直径一般取0.8～1.5m，桩长不宜超过50m，当计算桩长过长时桩径可采用1.8m。

(3)上部荷载较大，表层地基土承载力不足，在一定深度下方有优良持力层，扩大基础开挖工作量大，支撑困难时，可通过与其他深基础(如群桩)比较认为经济合理时，选用沉井基础。

(4)表层承载力满足设计要求，但下面有承载力较低的一层或多层软层时，应进行计算，若软弱层能满足设计要求则选用扩大基础，若不能满足设计要求则选用桩基础或群桩基础。

(二)桥梁的平、纵、横设计

1.平面布置及设计

(1)**弯桥**。可做成直梁弯桥和曲梁弯桥。直梁弯桥主梁多采用预制安装方法施工，其主要形式有：

①每跨预制主梁各片长度一致，主梁在各墩顶形成扇形曲线，各墩顶现浇接头，线形靠桥上护栏形成。

②每跨预制主梁每片长度不同，中间翼缘板作成直线，内外侧翼缘板作成曲线，以适应线型的需要。此种方法设计和施工均不方便，当墩台相互平行布设时，虽然各孔预制构件尺寸相同，但除起始桥台轴线与路线正交外，其余均斜交，不仅增加墩长，且其几何形状等均较复杂。

③曲梁弯桥上部构造多采用就地浇筑方案施工，其断面形式也多为板式或箱式断面以适

应不同线形设计的需要。

(2)**斜桥**。斜桥在平面布置上，有斜桥斜做、斜桥正做，以及跨越斜交障碍物部分(如被交路)桥孔斜做，其余桥孔正做。

①斜桥斜做，是将桥梁墩台轴线沿斜向布置，使之与水流或被交道路方向平行，上部构造端面也相应做成与墩台轴线平行的斜面。斜桥斜做，墩台阻水面积小，桥下视觉效果好。

②斜桥正做，与一般正桥做法相同，墩、台与水流不一致，一般加大跨径或采用独柱墩以减小阻水面积。

斜桥多孔长桥时也可以将跨越与其斜交的河流或被交道路部分的桥孔斜做，两侧各用一孔作为斜转正的过渡孔(异型块)将桥孔转为正交布置，以后各孔则按正桥布设。

(3)公路定线有条件时，在大桥处宜尽可能采用较大半径曲线，不仅便于桥上平纵组合，而且可使桥梁结构形式简化，便于设计和施工。

2.纵断面设计

桥梁纵断面设计包括桥梁长度、孔径、桥梁配跨、桥面标高、桥下净空的确定及引道纵坡设计等内容。

(1)桥梁长度和孔径根据水文计算确定，但应结合桥位地形、断面形态、河床地质、冲刷、桥前壅水、桥头引道填土设计等综合分析确定。

对设有堤防的河流，河床能否压缩，要考虑压缩后桥前壅水对村镇、农田及堤防安全的影响，并需征得水利部门或河道管理部门的意见。

当河堤兼作地方道路、机耕道及防洪抢险物资运输通道时，桥孔布设应予以充分考虑。一般适当增加桥长在堤外布孔。

位于软土地段桥梁长度及桥孔布设受到桥头路堤允许最大沉降控制，桥头路堤最大填土高度一般按 6m 控制。

(2)桥梁配跨应根据通航要求、地形及地质条件、上下部构造的结构形式、水文情况、施工方案及技术、经济、美观等要求按前述原则确定。

最经济的跨径是使上、下部结构总造价最低，当桥墩较高地质条件较差时，跨径宜大一些。反之，当地基良好桥墩又较低时，宜用较小跨径。

应对几种不同的跨径布置进行概略的技术经济比较，确定桥梁经济跨径。全线桥梁一般可按经济跨径布设。

在某些体系中(如连续梁、悬臂梁)，为使结构受力合理，桥孔划分要考虑合理的边、中跨径比。现浇连续梁，一般边跨和中跨的比值取 0.6～0.8。先简支后连续或预应力连续梁可采用等跨布置。

(3)桥面纵断面设计应满足路线设计要求。一般桥梁上变坡点的个数不多于 2 个，且应设计为凸曲线。桥上纵坡应与路线纵坡设计相结合，并注意平、纵、横的协调组合。

3.桥梁横断面设计

桥梁的宽度一般应与公路等级相适应，桥面净空应满足公路建筑界限的规定。

对位于圆曲线上的桥，桥面横坡可利用盖梁横坡或支座垫石高度调整，桥面铺装做成等厚。整体现浇的桥梁可以使其腹板变高度形成桥面横坡。

位于缓和曲线上的桥，其超高则应结合平曲线半径、缓和曲线长度，超高大小、跨径、桥宽等因素综合考虑，要控制每孔桥两端超高外侧抬高值相差不要过大，必要时用桥面铺装的厚度作补充调整，获得光滑的曲面。

四、桥梁附属设施

(一)桥面铺装及防水

1. 应加强桥面铺装配筋设计。桥面铺装的配筋宜采用直径为 8～12mm 的钢筋，可通过加密钢筋网的方式加强配筋。水泥混凝土铺装层强度等级应不小于 C40，特大桥可采用钢纤维混凝土。如考虑铺装层参与主梁受力，应在梁顶板预埋竖向的剪力钢筋，与铺装层钢筋绑扎，以加强行车道板与铺装层的联结。

2. 沥青铺装层的厚度及结构宜与所在路段路面一致，以便于施工。

3. 水泥铺装层厚度的确定应考虑主梁预拱度、负弯矩预应力齿板厚度等因素，不宜太薄。在设计说明中除标明设计厚度外，还应对水泥混凝土铺装层施工厚度最小值提出要求，一般不小于 8cm。

4. 加强桥面铺装的防水设计。水泥混凝土铺装层应采用防水混凝土，对于存在负弯矩区段的桥梁或重要结构、特殊构造的桥梁应在梁顶面或铺装顶面设置防水层，防水层应选择成熟的材料和施工工艺，能够和上下铺装层有较好的黏结性，满足层间抗剪要求，并满足高温稳定性、低温抗裂性的要求，而且便于施工，能够抵抗施工荷载作用不发生破坏。

5. 水泥混凝土桥面应加强抗滑设计，提高雨雪天气行车安全性能。

(二)排水形式及要求

1. 桥面上应设置不小于 1.5%的横坡，以利于横向排水。

2. 跨越公路、铁路、通航河流的桥梁，应避免桥下的行人、车辆、或船只受到桥面水的冲淋。

3. 桥面应根据纵坡的大小设置排水管。一般情况下，当桥梁纵坡大于 2%、桥长超过 50m 时，泄水口间距为 12～15m；当桥梁纵坡小于 2%时，泄水口间距为 6～8m。当纵坡为凹曲线形时，桥上应设置大直径排水管。当纵坡为双向凸曲线形时，可视桥梁长度、宽度等情况，可不设置排水管，但桥头两端应做好边坡防护和集中排水设施以防桥台、路基受到冲刷。

4. 当纵坡为单向坡或凹曲线形时，桥头两端做边坡防护和集中排水设施以防桥台和路基被冲刷。

5. 泄水管的横截面面积一般按 3 倍的设计径流量考虑，可采用圆形或矩形两种断面形式。圆形泄水管的直径宜为 15～20cm，矩形泄水口的宽度宜为 20～30cm。泄水口应采用格栅盖板。当由于构造要求不能立设时，可采用平设，泄水管应斜置，收水口须处理好，以免水渗漏到主梁内。可采用在护栏内侧增加碎石盲沟，收集渗漏到主梁顶面的雨雪水，集中通过泄水管排除。考虑排除层间渗水的要求，桥梁泄水管口标高应低于防水层顶面，并可在桥面两侧设置纵向盲沟。排水管应有一定的伸出长度，远离梁体侧面及墩台身，以防止水沿梁侧或墩台蜒流。

6. 泄水管可采用钢管或 PVC 管。根据近年的经验，采用钢管防锈问题很难解决，宜采用 PVC 管。

(三)桥梁支座设置及选用

1. 桥梁支座形式一般采用板式橡胶支座、盆式橡胶支座等。

(1)**板式橡胶支座**。有矩形和圆形两种，适用于中小跨径的桥梁，一般当斜度大于10°时可采用圆板形支座，否则采用矩形支座。板式橡胶支座一般是直接搁置在墩台顶与梁底之间水平安装，在支座受到梁体传来的水平力后，应保证支座不致出现滑动、脱空现象。对于大跨径桥梁或弯桥、斜桥、坡桥等，需在支座与所支承的结构之间设置必要的横向限位设施，以使梁体的横向移动控制在容许限度之内。支座安装温度最好能在气温略低于全年平均气温的季节里进行，以保证支座在低温或高温时偏离中心位置不致过大。

(2)**盆式橡胶支座**。是钢构件与橡胶组合而成的桥梁支座，分为双向活动支座、单向活动支座、固定支座三种，适用于支座承载力为1 000kN以上的公路桥梁。

2. 在盖梁设计时预留更换支座布置千斤顶的位置，板涵可不设独立的支座，采用橡胶片简易支垫层。斜桥、弯桥宜采用圆形板式橡胶支座。

3. 支座计算。在进行支座受力分析和计算时，必须充分考虑支座上所承受的竖向力和水平力，根据这些外力来选定支座的尺寸，并进行支座的强度和稳定性的验算。

(1)计算荷载的竖向反力时，应按照最不利的状态排列进行荷载计算。如果可能出现上拔力时，应分别计算支座的最大上拔力和最大竖向力。

(2)水平力包括汽车荷载的制动力、混凝土收缩、徐变、风荷载、摩阻力或由于温度变化、支座变形引起的水平力、桥梁纵坡产生的水平力等。斜桥和弯桥还需要计算由于汽车荷载的离心力所产生的横向水平力。

(3)墩台各支座传递的制动力，按桥梁设计规范中的规定采用，其中规定每个活动支座传递的制动力不得大于其摩阻力；板式橡胶支座，当各支座厚度相等时，制动力可平均分配。对于简支桥梁，当采用柔性排架墩时，制动力可按其刚度分配，设有板式橡胶支座的柱式墩台，可考虑联合作用。在计算支座水平力时，汽车荷载产生的制动力不应与支座的摩阻力同时考虑，其他水平力的计算按桥梁设计规范的规定执行。

(四)抗震措施

桥梁抗震设计的一般原则如下：

1. 结构形式应尽量简单，结构尽量避免带有突变部分，以减少应力集中的可能；还应尽量采用对称式结构，以免地震时结构产生扭力。独柱墩的抗震性能较差。

2. 应加强各部件之间的连接，以提高结构的整体性。例如，梁与梁之间增加铰缝钢筋和连接钢板等。

3. 桥梁采用桩基比采用明挖基础要好，沉井基础也比明挖基础要好，深基础比浅基础要好。

4. 地震动峰值加速度在0.10g以上的地区应进行抗震验算并采取设防措施。

(1)梁桥在板与板之间设置锚栓，边板外测设置抗震挡块，在台背与梁之间设置抗震垫片。

(2)提高防落梁措施，简支梁梁端至墩、台帽或盖梁边缘应有一定的距离，其最小值应大于等于$50+L$(mm)(L为计算跨径，单位为m)，吊梁与悬臂之间的搭接长度不应小于60cm。

(五)桥头搭板及台后填土

1. 桥头搭板是确保道路与桥梁衔接处平整通顺过渡的主要形式。

桥头搭板按埋置深度可分为地面式、半埋式、深埋式；按搭板的浇筑方式可分为整体浇筑式、装配整体式、分块式。最常用的是半埋式的整体浇筑式搭板。

搭板的长度与台后填土的高度有关，按表 5.4.1 取值。

搭板尺寸与台后填土高度的关系　　表 5.4.1

填土高度(m)	搭板长度(m)	搭板厚度(cm)	填土高度(m)	搭板长度(m)	搭板厚度(cm)
≥8	10	35	4～6	6	25
6～8	8	30	≤4	4	25

台后填土的材料在山区砂、砾材料丰富时，宜用砂砾材料填筑，平原区可用灰土填筑或选用粉煤灰等轻质填料。

2.二级以下公路，台后填土沉降较小的小桥可不设搭板。

(六)桥梁的联长及伸缩装置的选用

1.桥梁的连续长度确定了伸缩装置的规格和选择，一般二级及以下公路的中小桥的上部结构连续长度不宜超过 100～150m，伸缩装置最好控制在 80 型范围以内。

2.伸缩缝设计与施工要能够适应桥梁温度变化所引起的伸缩变化。除了考虑年最高温差变化所引起的收缩外，还必须考虑施工时的温度所需调整的量，以便在全部的预期温度范围内都能可靠地工作。设计说明中应提供伸缩装置安装施工时相应于施工温度的预留伸缩量。

3.伸缩缝的选型，除按联长、温度等计算伸缩缝的伸缩量外，对纵坡较大的桥梁，尚应计入汽车荷载的冲击影响；预应力混凝土连续梁(刚构)应考虑混凝土徐变的影响。伸缩装置的选型必须留有较大的富余量。一般 80 型缝的伸缩量应控制在 5cm 以内，160 型缝的伸缩量控制在 10cm 以内。重型车交通量大的道路，应选择耐久性好的伸缩装置。

4.伸缩装置应预埋足够的锚固钢筋，使伸缩装置与桥梁结构联成整体，且伸缩装置两侧预留槽内浇筑 C50 混凝土，从而提高伸缩装置周边的强度，以免伸缩装置损坏；应采用有效的排水和防水措施，保证伸缩装置具有良好的防水性能。

五、小桥和涵洞

小桥和涵洞一般占到全线构造物 60%～70%，易造成桥头跳车、基础变形、沉降等病害，可能影响行车安全，给未来养护管理埋下隐患。因此，对小桥涵的结构形式选择、设计及施工应引起高度重视。

小桥和涵洞是小型排水构造物，应根据地形、地质、水文、水利条件，结合全线排水系统，满足排灌要求并兼顾施工条件来选择和布设。

(一)小桥的形式及跨径

常用的小桥形式有空心板、实心板及拱式结构，跨径一般取标准跨径：5m、6m、8m、10m、13m、16m 等。

在具备构件运输条件时，同一工程的小桥设计宜采用相同的结构形式，以便于集中预制。

为减少混凝土裂缝对桥梁结构使用寿命的影响，干线公路、沿海地区单孔跨径≥13m 的小桥宜采用预应力结构。

下部结构一般采用桩柱式、石砌重力式、钢筋混凝土薄壁及轻型墩台等。河北省在已经修建的公路中，多采用了装配式结构，但通过近年来的观测发现，小跨径的铰接板一般易产生单板受力的现象。有条件时，8m 以下跨径的小桥应尽量采用整体浇注，如采用装配式结构，应加强横向联结构造设计及桥面铺装的设计。

在石料丰富的山区，可采用石砌圬工拱桥。跨径 15m 以下的可采用实腹式，15m 以上应采用空腹式。

（二）涵洞的形式及跨径

常用的涵洞形式有盖板涵、拱涵、圆管涵及箱涵。涵洞的标准跨径有 0.75m、1.0m、1.25m、1.5m、2.0m、2.5m、3.0m、4.0m 等。

软土路基段通道及涵洞宜采用整体基础的结构。

钢筋混凝土盖板涵具备搭设支架现浇施工条件时宜采用现浇结构，以保证其受力的整体性。盖板涵有条件时尽量做成暗涵。

拱涵对地基承载力的要求较高，适用于跨越深沟和高路堤时设置。山区石料资源丰富，可采用石拱涵。

圆管涵构造简单、圬工数量少、造价低，能够有效避免不均匀沉降、桥头跳车等病害，适用于有足够填土高度的小过水量的情况，可在各级公路中广泛采用。

箱涵一般采用钢筋混凝土结构。其优点是整体性强，适用于软土地基，但造价很高，施工困难。

（三）小桥和涵洞的基础

1. 天然地基

当地基承载力能够满足设计要求时，基础可直接落在原地基上，但基底埋置深度尚应满足在冰冻线下不小于 25cm 的要求，有铺砌时应不小于 1.0m。

2. 人工地基

天然地基承载力不能满足设计要求时，需进行人工处理即人工地基，如采用换填石灰土、换填砂砾、基础注浆、粉喷桩或旋喷桩处理等方法，使地基承载力达到设计要求。整个构造物的基础宜用同一种换填材料。

经计算当地基承载力表层能够满足设计要求，但较深处的某层位有软弱层地基时，需采用水泥搅拌桩等进行处理。

（四）小桥和涵洞的洞口

小桥和涵洞的洞口形式很多，有八字翼墙式、直翼墙式、端墙式、锥坡式、急流槽、跌水式等，应参照《小桥涵测设手册》介绍的各种形式，结合地形，根据各种洞口的适用条件合理选用。

1. 翼墙形式

翼墙式可分为八字式翼墙和直墙式两种。八字式翼墙可配合路基边坡设置，工程量较小，水力性能好，施工简单，造价较低，是最常用的洞口形式。直墙式翼墙特点是无需集纳与扩散水流，适用于边坡规则的人工渠道，以及窄而深、纵断面变化不大的天然河沟。

2. 端墙形式

端墙式洞口建筑为垂直涵洞纵轴线、部分挡住路堤边坡的矮墙，墙身高度由涵前壅水高度而定。端墙式洞口构造简单，但水力性能不好，适用于流速较小的人工渠道或不宜受冲刷影响的岩石河沟上。

3. 锥坡形式

锥坡式洞口建筑，是在端墙式的基础上将侧向伸出的锥形填土，表面予以铺砌，视水流被涵洞的侧向挤束程度和水流流速的大小，可采用浆砌或干砌。锥坡式适用于宽浅河流及涵洞对水流压缩较大的河沟，圬工体积较大，不如八字墙经济，但稳定性好，是常用的洞口形式。

（五）小桥涵底铺砌、截水墙

采用浅基础的小桥、涵洞涵底均应设置涵底铺砌，其材料通常为浆砌片石。在铺砌的上下游端部应设置截水墙，其高度可通过计算得出。

第六章　路基施工

第一节　路基施工概述

一、基本知识

(一)路基的基本知识

路基是公路线形结构物的主体,是公路工程的重要组成部分。路基与桥隧相连,构成公路的骨架。路基是路面的基础,承受路面传递的车辆等荷载的作用,并且受到水、气温变化等自然因素的影响。因此,路基必须具有足够的强度和整体稳定性。

路基横断面按填挖情况,可分为路堤、路堑、半填半挖路基几种基本形式。路基工程除了作为路面基础的主体部分以外,还包括边沟、截水沟等排水设施,以及边坡与挡土墙、护坡等防护支挡工程。

(二)路基的基本要求

路基的强度和稳定性是保证路面强度和稳定性的先决条件。农村公路工程对路基的基本要求是路基具有足够的强度和稳定性。

1.具有足够的整体稳定性

路基是在天然地面上填筑或挖去一部分而建成。路基修建后,改变了原地面的天然平衡状态,当地质不良时,修建路基可能加剧原地面的不平衡状态,从而发生沉陷、滑坍、崩塌等病害。因此,必须因地制宜,采取一定的措施来保证路基整体稳定性。

2.具有足够的强度

路基强度是指在行车荷载作用下,路基抵抗变形的能力。行车荷载及路基路面自重同时对路基下层及地基形成一定压力,这些压力都可能使路基产生变形,直接影响路面结构的使用性能。为保证路基在外力及自重作用下,不致产生超过容许范围的变形,要求路基应具有足够的强度。

3.具有足够的水稳定性

路基在地面水和地下水作用下,其强度将会显著降低。路基不仅要求有足够的强度,还应采取措施确保路基在不利的浸水状况下强度不致降低,这就要求路基应具有一定的水稳定性。

(三)路基质量检验实测项目

土方路基质量检验实测项目有:

(1)压实度,包括零填、路堑及路堤上路床、下路床、上路堤、下路堤的压实度;

(2)弯沉;

(3)纵断高程；

(4)中线偏位；

(5)宽度；

(6)平整度；

(7)横坡坡度；

(8)边坡坡度。

二、施工准备

路基工程施工，准备工作包括组织准备、物质准备和技术准备三个方面。

组织准备包括建立健全施工组织机构，制定施工管理、工程监理的规章制度等。

物质准备包括材料、机具的购置、配置、运输、储存及供水、供电、通讯等；生产、生活设施的布设及修建等。

技术准备包括现场调查、核对设计文件、恢复路线、清理现场、路基放样等技术性工作。

(一)复测及放样

恢复和固定路线包括中线及高程的复测，水准基点复测及增设，横断面的检查与补测等。放样指按图纸要求现场定出路基轮廓，以便施工，包括路基过缘、坡口、坡脚、边沟、护坡道、取土场、弃土场的具体位置等。

(二)土样试验

路基施工前，应对沿线及借土场挖取有代表性的土样进行天然密实度、含水量、液限、塑性指数等试验。用于填方的土样，还应测定其最大干密度与最佳含水量。

(三)场地疏干

路基施工应保持场地干燥，地表水及地下水应始终处于良好的排疏状态。因此，开工前就应因势利导地设置一些纵横排水沟渠或砂砾、碎石垫层，形成临时排水系统，以确保施工场地不积水并不受冲刷损坏。

(四)临时道路及桥涵

路基施工，一般都要破坏原有现场与地貌。因此，组织施工时，应充分考虑维护施工期间的场内、外交通，保证机具、材料、人员和给养的送运，修筑必要的临时道路及桥涵。

(五)场地清除

公路用地范围内既有的垃圾坑堆、有机杂质、淤泥、泥炭、软土、盐渍土及各种溶穴、水井、池塘均应妥善处置，对历史文物、自然保护区应妥善保护。路基施工范围内的树木、灌木丛等应予清除、运走。原地面的表土、草皮应按设计要求的深度和范围清除。当路基填土高度小于 1m 时，应将路基范围内的树墩、竹根、树根全部挖除，并将坑穴填平压实，填土高度在 1m 以上时，允许留树墩、竹根、树根；采用机械施工的路堑及取土坑等，均应将树墩、竹根、树根全部挖除。

(六)拆迁

公路用地范围及其附近对施工有影响的既有房屋、道路、河沟、水利设施、通讯及电力设施，上下水管道、坟墓及其他建筑物应拆除、迁移或加固。

三、路基材料的基本要求

路基填料宜选择强度高、水稳性好、压缩性小、便于施工压实且运距短的土石材料，既要满足施工的技术要求，又要考虑料源是否充足和经济。

碎石、卵石、砾石、粗砂等透水材料只需分层填筑压实，为最好的填料。砂性土、砂土是较好的填料。粉性土、黏性土较差，已掺配并做好排水等处理可以使用。膨胀土、风化软石、淤泥、腐土及液限大于 50%、塑指大于 26 的土类不宜使用，也可利用部分无害的工业废渣填筑路基。

第二节　路基施工机械的选择

路基常用工程机械有碾压机械、挖掘机械、运输机械、拌和机械、整平机械等。下面把常用机械简要介绍如下。

一、碾压机械

(1)**光轮压路机**。属于静力作用压路机，单位线压力小，压实深度较浅，适用于一般各类路基的压实。

(2)**羊足压路机**。具有较大的单位压力，压实深度大而均匀，能碾碎土块，压实效果较好。适用于黏性土，不适用于非黏性土和高含水量黏土压实。

(3)**轮胎压路机**。机动性好，压实面与轮胎同时变形，接触面大，且有糅合作用，压实效果好。适用于黏性土、非黏性土及沥青混合料的复压。

(4)**振动压路机**。振动压力大，压实深度深，最适于压实砂土，砂砾、碎石、块石类填料。

(5)**夯实机械**。适用于工作面积较小的局部压实处理施工，振动夯适用于砂砾、碎石、砂性土，冲击夯适用于黏土、石灰土的压实。

二、其他施工机械

其他施工机械主要有推土机、铲运机、挖掘机、装载机、平地机等。

(1)**推土机**。适用于路堤填土路堑开挖，分层推运开挖土方，预压清理爆破石方，修筑便道，清除树根，铲除表土和草皮等。在填筑路基施工中，近距路侧取土或本桩利用时，填土高度小于 3m，运距在 60m 以内时可选用推土机。挖方路段，当土方运距在 100m 以下时，以选用推土机为宜。

(2)**铲运机**。可进行土方铲装、运输、铺填、整平预压，用于运输距离较短，方量集中的路基作业中。当填土高度较大，运距大约在 200m 范围以内，可选用铲运机。

(3)**挖掘机**。可直接开挖硬土、软石、冻土和清理爆破石方，并可开挖路堑、沟槽、基坑、水下挖土。

(4)**装载机**。适于进行铲掘、推运、整平、装载、牵引等多种作业，兼有推土机和挖掘机两者的工作能力，并可与运输机械配合作业。远运取土时，近距小方量可利用拖拉机、农用车辅助运输，远距大方量用自卸汽车配合挖掘机、装载机运土。

(5)**平地机**。可用于平整路堤、场地，整修路拱，刷路堤、路堑边坡等。

第三节　填方路基施工

一、路基的填筑方法

(1)**水平分层填筑。**填筑时按横断面全宽分成水平层次一层一层往上填筑，如原地面不平，应从最低处分层填起，填一层经压实后再填另一层。

(2)**纵向分层填筑。**此法适宜于推土机等从路堑取土，然后填筑距离较短的路堤，依纵坡方向逐层往上填。

(3)**横向填筑。**从路基一端按横断面的全部高度，逐步推进填筑。此法不能分层压实，仅在陡坡、断岩或泥沼地段，无法自下而上分层填筑压实填土时才采用。

二、路堤基底的处理

路堤的基底，视不同的坡度、地质、积水和植物情况，在填筑之前应作适当的处理，才能保证路堤填筑的质量，其处理情况，应做好记录，并经现场检查认为合格后，才能填筑土方。

1.填土前需清除原地面草皮。

2.基岩底层倾斜，覆盖层不厚，地面横坡为1∶5～1∶2.5时，应挖去覆盖层，在基岩上挖台阶后再填土，以防路堤沿岩面下滑。

3.路线经过耕地及松土，地面横坡小于1∶5时，若松土厚度不大，需将原地面夯压密实再填土；若松土厚度较大，应将松土翻挖至紧密层，再分层填筑夯实。

4.公路经过水田、洼地和池塘，要将积水排干，挖除污泥后再分层回填土夯实；或抛填片石、砂砾，填平水塘低洼处，不使之形成水囊，再于其上分层回填土夯实。地形低洼不易排水之水田，要设盲沟将水引出路堤以外。

三、不同土质路堤填筑规定

路堤填筑，一般宜用同一类土质，需用不同土质混填时，应遵守下列规定：

1.不同性质的土填筑路堤时应分层填筑，不得任意混填，以免形成水囊和滑动面。不同土层的层数应尽量减少，不同性质的土填筑路堤厚度不宜小于0.5m。

2.用透水性较小的土填下层时，其顶面应做成4%的横坡，以利渗水排走；以透水性较小的土填上层时，不应盖在透水性较大的下层填土边坡上。

3.不因潮湿及冻融而变更其体积的优良土应填在上层，强度(弹性模量)较小的土应填在下层。

4.填石路堤主要应考虑石料性质、石块大小、填筑高度和边坡坡度，逐层填筑。

四、渗水路堤的修筑方法

1.渗水路堤填筑之前，应将基底的杂草、树根、污泥清除干净，使纵坡接近于河沟的自然坡度。

2.渗水路堤的材料宜先用大小一致、石质洁净坚硬的开山石块或大卵石填筑。石料尺寸不小于 30cm，以保证有足够的透水孔隙。

3. 渗水的路堤应用大小均匀的石块按水平层进行铺填，大块石摆在下层，小的摆在上层，并尽量将石块排成蜂窝状的孔隙，以利渗水，不得混杂密铺。

五、桥涵填土要求

为保证桥头路基和桥台的稳定，台背填土除应按设计要求进行外，一般在上部长度不小于桥台高度(H)加 2m 的范围内，最好用砂性土或其他渗水性材料填筑，桥台后面填土应与锥坡填土同时进行，刚构桥及轻型桥台的桥头填土应在桥两端同时进行。

桥台背后填土，应分层夯压密实。

涵管缺口填土应从涵管两侧每边不小于涵管孔径两倍宽度填起，水平分层对称地向上填筑，并仔细夯实。填料最好用沙土，填土时应注意保持涵管防水层的完好。

六、路基压实

土基压实是调节路基水稳状况，保证路基强度和水稳性的基本措施。

土基在工作过程中，要受到外界各种因素的作用，在这些因素单独或共同作用下，土基会发生各种类型的变形。这些变形不管出现在一年中哪个时期，最终都将反映到路面上。

土基变形的大小，一方面取决于这些因素作用的性质和严重程度，另一方面也取决于土的性质和状态。

土基压实的根本目的在于使土基获得一定的密实度，以提高土基的强度和水稳性，从而限制荷载和大气因素作用下所造成的变形。

(一)压实标准

路基压实的目的是使土壤达到或接近最大密实度。土基压实度，是指压实的实际要求填土密度与按重型标准击实试验法求得的最大密度的比值，其关系如下式：

$$K=\frac{\delta_1}{\delta_0}\times 100\% \tag{6.3.1}$$

式中：K——路基压实系数(或称压实度)，以%表示；

δ_0——按重型标准压实法所求得的土的最大密度(g/cm^3)；

δ_1——路基填土实际达到的密度(g/cm^3)。

(二)压实方法

1. 压实工作要点

路基压实是以压实原理为依据，以较小的压实功能获得良好的压实效果，因此压实工作必须很好地组织，并注意以下要点：

(1)压实机具应先轻后重，先静力压、后振动压，先弱振后强振，以便能适应逐渐增长的土基强度。

(2)碾压速度宜先慢后快，以免松土被机械推走。

(3)压实机具合理的工作路线，一般应先两侧后中间，以便形成路拱。在弯道部分设有超高时，由低的一侧边缘向高一侧边缘碾压，以便形成单向超高横坡。碾压时，相邻两次的轮迹

(即夯印)应重叠 1/3 左右,使各点都得到压实,避免土基产生不均匀的沉陷。

2.各种压实机具压实时每层厚度和次数

人工夯实时,应分层铺土打碎整平后进行夯击,应夯夯相连,纵横互相重叠 1/4～1/3 夯底面积,分层、交界及接近边坡处应仔细夯实。人工打夯层厚与打夯遍数如表 6.3.1 所示,各种土质适宜的碾压机械及压实机具如表 6.3.2 所示,每层填土厚度及碾压次数的关系如表6.3.3 所示。

人工夯实、填土厚度及打夯遍数关系 表 6.3.1

项目	夯的类型	举夯高度(cm)	夯打土层厚度(cm)	得到最佳密实度所必须打夯遍数			
				黏土(重)	黏土(轻)	砂土(中)	砂土(细)
1	20kg 石夯(底面积 30cm×30cm)	50	15	4	4	3	2
2	30kg 石夯(底面积 40cm×40cm)	60～90	15	4	4	3	2
3	40kg 石夯(4 人抬夯)	70	20	4	3	3	2
4	50kg 石夯(5 人抬夯)	70	20	3	2	3	2

各种土质适宜的碾压机械 表 6.3.2

机械名称 \ 土的类别	细粒土	砂类土	砾石土	巨粒土	备注
6～8t 两光轮压路机	A	A	A	A	用于预压整平
12～18t 三光轮压路机	A	A	A	B	较常使用
25～50t 轮胎压路机	A	A	A	A	较常使用
羊足碾	A	B	C	C	粉、黏土质砂可用
振动压路机	B	A	A	A	较常使用
凸块式振动压路机	A	A	A	A	宜用于含水量较高的细粒土
手扶式振动压路机	B	A	A	C	用于狭窄地点
振动平板夯	B	A	A	B	用于狭窄地点
手扶式振动夯	A	A	A	B	用于狭窄地点
夯锤(板)	A	A	A	A	夯击影响深度最大
推土机、铲运机	A	A	A	A	仅用于摊平上层和预压

注:表中字母 A、B、C 为优先选择顺序,A 为优先选用,B 为次选,C 为不适用。

各种压实机具与每层填土厚度及碾压遍数关系 表 6.3.3

压实机具名称	每层填土厚度(疏松时)(cm)	每点经过压实(或夯实)次数				合理采用压实机具的条件
		无塑性土壤		塑性土壤		
		最佳含水量时	低于最佳含水量时	最佳含水量时	低于最佳含水量时	
拖式光面路碾(5t 以内)	10～15	6	9	9	15	碾压段不小于 100m,用以压实塑性土
	20～30	4	6	8	12	

续上表

<table>
<tr><th rowspan="3">压实机具名称</th><th rowspan="3" colspan="2">每层填土厚度(疏松时)(cm)</th><th colspan="4">每点经过压实(或夯实)次数</th><th rowspan="3">合理采用压实机具的条件</th></tr>
<tr><th colspan="2">无塑性土壤</th><th colspan="2">塑性土壤</th></tr>
<tr><th>最佳含水量时</th><th>低于最佳含水量时</th><th>最佳含水量时</th><th>低于最佳含水量时</th></tr>
<tr><td>6～8t 两光轮压路机</td><td colspan="2">20～30</td><td rowspan="6" colspan="4">通过试验路段碾压试验确定,若控制压实遍数超过10 遍,应考虑减少填土层厚</td><td rowspan="2">碾压段不小于100m</td></tr>
<tr><td>12～18t 三光轮压路机</td><td rowspan="5" colspan="2">30</td></tr>
<tr><td>25～50t 轮胎压路机</td><td rowspan="2">应与光轮压路机配合使用,碾压段不小于 100m</td></tr>
<tr><td>羊足碾</td></tr>
<tr><td>30～40t 振动压路机</td><td rowspan="2">碾压段不小于100m</td></tr>
<tr><td>凸块式振动压路机</td></tr>
<tr><td>手扶式振动压路机</td><td colspan="2">10～15</td><td>6</td><td>9</td><td>9</td><td>15</td><td>用于工作面狭窄时</td></tr>
<tr><td>推土机、铲运机</td><td colspan="2">20～30</td><td>—</td><td>—</td><td>—</td><td>—</td><td>仅用于摊平土层和预压</td></tr>
<tr><td>300kg 机夯</td><td colspan="2">30～50</td><td rowspan="2">3</td><td rowspan="2">4</td><td rowspan="2">4</td><td rowspan="2">6</td><td rowspan="2">用于工作面受限制及构造物较大处的填土碾压</td></tr>
<tr><td>1 000kg 机夯</td><td colspan="2">35～65</td></tr>
<tr><td rowspan="2">1000kg 重夯击板</td><td>举高 1m</td><td>60～70</td><td>4</td><td>5</td><td>5</td><td>7</td><td rowspan="2">工作面受限制时,用于无塑性及石质土壤碾压</td></tr>
<tr><td>举高 2m</td><td>70～90</td><td>3</td><td>4</td><td>3</td><td>5</td></tr>
</table>

(三)压实质量的控制

土在最佳含水量时进行压实能得到最大的密实度,因此在路基填土压实过程中,必须随时控制与检查土的含水量与密实度,以保证能达到规定的压实度。

1. 确定要求的密实度。用重型标准击实试验法求出最佳含水量和最大密实度,计算出要求达到的密实度。

2. 压实过程中严格控制土的含水量。含水量过大时,应风干至稍高于最佳含水量时再碾压;含水量过小时,需均匀加水后再碾压。

3. 检查土的压实度,即检查压实后的土的含水量和密实度是否符合要求。常用的检查压实方法有环刀法和灌砂法两种。

第四节　挖方路基施工

一、开挖方法

1. 全断面横挖法

就是从路堑的一端或两端按横断面的全宽全高，逐渐向前开挖，一般应向两侧出土。

2.分层横挖法

对于短而深的路堑，可在不同高度上，分层开挖，每层应有单独的运土出路和临时排水设施，做到纵向拉开，多层、多线、多头出土可布置较多的劳动力，加快施工进度。

3.纵向分段开挖法

当路堑过长，运距过远，采用分层横挖法仍不能满足施工期限要求时，可把长堑分成几段开挖。

4.纵向分层开挖法

即沿路线全宽，以深度不大的纵向分层开挖。

二、施工注意事项

1.施工中排水的布置

在路堑施工中不论采用何种开挖法，均应保证开挖过程中及竣工后能顺利排水。

2.软弱土地基的处置

若挖方路基位于含水较多且易翻浆的土层上，应换填为透水性良好的砂性土，其厚度应不小于0.8～1.0m。

3.废弃方的处理

路堑挖出的土方，除应尽量利用于填方外，余土应有计划地弃置。

4.边坡与支挡防护

要注意路堑边坡的稳定，开挖时必须按横断面自上而下，依照设计边坡逐层进行，防止因开挖不当而导致塌方。

三、路堑的整修及验收检测

当土方路堑挖至顶面标高后，要用平地机对顶面进行整平，初步洒水湿润，用压路机碾压至规定的压实度。按照设计要求，对成型路段进行弯沉测定，合格后，可作为底基层的下承层；对于弯沉不合格的路段，要按照路基处理的有关规定进行处理，然后再重新进行弯沉检测。

第五节　排水及防护工程施工

一、排水设施

路基排水系统的设置，是为将可能危害路基稳定的地面水和地下水采用适当的排水设施，使水迅速排出路基范围之外。路基排水分排地面水及地下水两大类，排除地面水一般可采用边沟、截水沟、排水沟、跌水、急流槽及拦水带等设施，排除地下水一般可采用明沟、暗沟、渗沟等设施。

1.边沟、截水沟及排水沟

(1)**边沟**。边沟设于路基挖方地段和高度小于边沟深度填方地段。边沟排水应引入桥、涵或路基以外的沟谷。

(2)**截水沟**。当路基挖方上侧山坡汇水面积较大时，应于挖方坡口5m以外设置截水沟。

(3)**排水沟**。将边沟、截水沟、取(弃)土场和路基附近低洼处汇集的水引向路基以外时，应设置排水沟，排水沟的出水口，应设置跌水和急流槽。排水沟的断面形式应结合地形、地质条件确定，沟底纵坡不宜小于0.3%。易受水流冲刷的排水沟应视实际情况采取防护、加固措施。

2.跌水与急流槽

跌水与急流槽设于水沟通过陡坡地段，一般采用砌石或混凝土结构，其各部位尺寸应根据水文、地形、地质及当地气候条件确定，其边墙高度高出设计水位应不少于0.2m。

3.拦水带

为避免高填方边坡被路面水冲刷，可在路肩上设置拦水带将水流拦截至边沟或适当地点排离路基。拦水带路段的路肩宜适当加固，以免水流集中后造成冲刷。

4.水泥半管排水沟

在我省村村通公路工程中，利用水泥半管作为街道排水设施的应用是我省农民群众的一项创举，该方法工艺简单，用料节省，并且施工进度快，质量易于保证，从外观上看也比较美观。其基本施工工艺如下：

(1)根据需要定制水泥半管；

(2)按水泥半管要求开挖边沟；

(3)对边沟底部进行夯实处理；

(4)放置水泥半管；

(5)用细石混凝土填充水泥半管缝隙并捣实，做好养生。

二、防护与加固

道路工程中常需对路基进行防护和加固，以保证路基的稳定。公路路基在水流、波浪、雨水、风力及冰冻等自然因素影响下，可能导致边坡坍塌、路基损坏等病害。为保证路基稳定，除作好排水设施外，还必须根据当地条件，因地制宜地采用经济合理的防护、加固措施。

路基防护与加固工程，按其作用不同，可以分为坡面防护、冲刷防护和支挡构造物三大类。一般把防止冲刷和风化，主要起隔离作用的措施称为防护工程；把防止路基或山体因重力作用而坍滑，主要起支撑作用的支挡结构物称为加固工程。

(一)加固工程

挡土墙是用来支挡天然边坡或人工填土边坡，以及保持土体稳定的建筑物。

挡土墙按所用材料可分为石砌挡墙、混凝土挡墙、钢筋混凝土挡墙、锚杆挡墙、加筋土挡墙。

重力式挡土墙多用片石砌筑，轻型挡土墙多用混凝土、钢筋混凝土修筑。

由于挡土墙身和地基均无法避免存在一定的压缩性，墙背的土压力也不均匀，所以挡土墙的纵向每隔一定距离应设置沉降缝。同时，为了避免圬工砌体因硬化收缩，以及因温度的作用而引起开裂，又必须设置伸缩缝。沉降缝和伸缩缝在实际工程中常合而为一。

在挡土墙基底施工时，应注意以下几点：

(1)在施工过程中应对地质情况进行核对，与设计不符时，应及时处理；

(2)基坑的开挖宜分段跳槽开挖；

(3)坑内积水时应及时排干；

(4)采用倾斜基底时，基底标高应按设计控制，不得超挖填补；

(5)基坑开挖完成后，应及时夯实，并检测地基承载力合格后，进行下道工序。

挡土墙的排水，是关系到其使用品质的另一个关键问题，必须慎重处理，使墙后积水通过泄水孔及时排出，泄水孔进口设有滤水层，防止填土堵塞，最下层泄水孔，要高出墙外积水位0.3m以上，防止水流倒灌。

挡土墙的背后，一般用原来的土回填和夯实，有条件时尽量采用粗粒料，如砂砾石、碎石或矿渣，不用或少用细砂、粉土或软塑黏土，也不允许夹有冻土块、木屑、树根和杂草等。回填土的含水量，不应超过最佳含水量的10%，而且当圬工砌体的胶结强度达到70%以上才能进行回填土和压实工作，修建挡土墙的用料和砌筑程序，均应符合有关施工规范，以保证工程质量。

(二)防护工程

采用砂石、水泥、石灰等矿质材料进行坡面防护，主要有砂浆抹面、勾缝或喷涂及石砌护坡或护面墙等。

各类矿料防护的特点与使用范围及施工方法如下：

1.抹面防护

一般采用水泥砂浆、石灰炉渣混合浆、三合土或四合土等材料，常适用于石质挖方坡面，岩石表面易风化但比较完整、尚未剥落，如页岩、泥沙岩、千枚岩的新坡面。抹面厚度一般为2～10cm。

清理坡面风化层、浮土与松动碎块，填坑补洞，洒水润湿。抹面后，应拍浆、抹平和养生，炉渣颗粒宜细。混合料可加纸筋或竹盘或掺加适量制盐副产品卤水(含有氯化钙与氯化镁)，以加强硬度和防止开裂，施工方法与一般砂浆抹面施工相同。

2.干砌片石护面

一般采用片石、砂、水泥等材料，常适用于浸水路段，暴雨集中地区的土质边坡，桥涵附近坡面与岸坡等。护面厚度一般不小于20cm。

坡面要稳固，先垫以砂层，然后自下而上平整地铺砌片石，片石应逐块嵌紧且错缝，要勾缝，必要时改用浆砌。护面顶部要封闭，应设置排水孔，施工方法与一般干砌片石施工相同。

三、常用石块砌筑排水设施与防护工程的施工方法

我省农村公路排水设施与防护工程常用石块砌筑，下面简要介绍一下排水设施与防护工程的砌筑方法(用砖砌筑的方法与此基本相同)。

(一)材料要求

1.石料的要求

石料应符合设计规定的类别和强度，石质应均匀、不易风化、无裂纹。石料强度、试件规格及换算应符合设计要求，石料强度的测算应按现行《公路工程石料试验规程》执行。

(1)**片石**。一般指用爆破或楔劈法开采的石块，厚度不应小于150mm(卵形和薄形者不得采用)。用做镶面的片石，应选择表面较平整、尺寸较大者，并应稍加修整。

(2)**块石**。形状应大致方正,上下面大致平整,厚度200～300mm,宽度约为厚度的1.0～1.5倍(如有锋棱锐角,应敲除)。块石用做镶面时,应由外露面四周向内稍加修凿。后部可不修凿,但应略小于修凿部分。

(3)**粗料石**。是由岩层或大块石料劈开并经粗略修凿而成,外形应方正,成六面体,厚度200～300mm,宽度为厚度的1～1.5倍,长度为厚度的2.5～4倍,表面凹陷深度不大于20mm。

2.砂浆的要求

砂浆中所用水泥、砂、水等材料的质量标准宜符合混凝土工程相应材料的质量标准。砂浆中所用砂,宜采用中砂或粗砂;当缺乏中砂及粗砂时,在适当增加水泥用量的基础上,也可采用细砂。砂的最大粒径,当用于砌筑片石时,不宜超过5mm;当用于砌筑块石、粗料石时,不宜超过2.5mm。如砂的含泥量达不到混凝土用砂的标准,当砂浆强度等级大于或等于M5时,可不超过5%;小于M5时,可不超过7%。

(二)施工方法及注意事项

1.浆砌片石

(1)**灌浆法**。砌筑时片石应水平分层铺放,每层高度为15～20cm,空隙应以小石块填充,灌以流动性较大的砂浆,边灌边撬。

(2)**铺浆法**。先铺一层砂浆,再铺上片石,每层高度一般不应超过40cm,并应选择厚度合适的石块,用作砌平整理。空隙处先填满较稠的砂浆,再用适当的小石块卡紧填实,然后再铺上砂浆以同样方法继续铺砌上层石块。

(3)**挤浆法**。先铺一层砂浆,再铺上片石,经左右轻轻揉动几下,再用手锤轻击石块,将缝隙砂浆挤压密实。在已砌好片石的侧面继续砌筑时,应在相邻侧面先抹砂浆,再砌片石,并向下面和抹浆的侧面用手挤压,用锤轻击,使下面和侧面的砂浆挤实。分层高度宜在70～120cm之间,分层与分层间的砌缝应大致砌成水平。

2.浆砌块石

一般多采用铺浆法和挤浆法。砌体应分层平砌,石块丁顺相间,上下层竖缝应尽量错开,错缝距离应不小于8cm,分层厚度一般不小于20cm。对于厚大砌体,若不易按石料厚度砌成水平层时,可设法搭配,使每隔70～120cm能够砌成一个比较平整的水平层。

3.浆砌粗料石

砌筑前应按石料及灰缝厚度,预先计算层数,使其符合砌体竖向尺寸。石块上下和两侧修凿面都应与石料表面垂直,同一层石块和灰缝宽度应取一致。

砌筑前宜先将已修凿的石块试摆,为使水平缝一致,可先干放于木条或铁棍上,然后将石块沿过棱翻开,在石块砌筑地点的砌石上及侧缝外,铺抹一层砂浆并将其摊平,再将石块翻回原位,以木槌轻击,使石块结合紧密,垂直缝中砂浆若有不满,应补填插捣直至溢出为止。石块下垫放的木条或铁棍,在砂浆捣实后即取出,空隙处再以砂浆填补压实。

4.砌筑注意事项

为了使各个石块结合而成的砌体结合紧密,能抵抗作用在其上的外力,砌筑时必须做到下列几点:

(1)石料在砌筑前应清除污泥、灰尘及其他杂质,以免妨碍石块与砂浆的结合。在砌筑前应将石块充分润湿，以免石块吸收砂浆中的水分。

(2)浆砌片石的砌缝宽度不得大于4cm，浆砌块石不得大于3cm，浆砌料石不得大于2cm。上下层砌石应相互压叠，竖缝应尽量错开，浆砌粗料石，竖缝错开距离不得小于10cm，浆砌块石不得小于8cm。

(3)应将石块大面向下，使其有稳定的位置。不得在石块下面用高于砂浆层厚度的石块支垫。

(4)浆砌砌体中石块都应以砂浆隔开，砌体中的空隙应用石块和砂浆填满。

(5)在砂浆尚未凝固的砌层上，应避免受外力碰撞。砌筑中断后应洒水润湿，进行养生。重新开始砌筑时，应将原砌筑表面清扫干净，洒水润湿，再铺浆砌筑。

5. 勾缝

勾缝的形式，一般采用凸缝或平缝。浆砌较规则的块材时，可采用凹缝。砌筑时，外层砂浆留出距石面1～2cm的空隙，以备勾缝。勾缝砂浆强度不应低于砌体砂浆强度。勾缝最好在砌好后，自上而下进行，以保证勾缝整齐干净。

第六节　特殊路基施工

一、水田地区

1. 经过水田地区的路基施工前，应作好排水、排淤等工作。

(1)在水田内填筑路堤，必须先在距坡脚至少有3m处开挖足够深度的排水沟，排除路基范围内的积水，再清理基底的杂草和淤泥。在坡脚处筑起50cm高的田埂，以阻挡路基填土掉入沟中，排水沟应有0.5%～1%的最小纵坡。

(2)当地下水位较高，路基又不可能提高到最小填土高度时，必须设置砂砾垫层、隔层或盲沟，以隔绝毛细水上升至路基。

(3)跨越水田的路基，应设足够的灌溉涵管，以适应农田灌溉的需要。

2. 路堤填土，宜使用透水性良好的填料。

二、沿河地区

1. 在河滩和滨河修路堤时，应注意基底有无松软土层。路堤的浸水部分，一般用非黏质土填筑。

2. 路堤浸水部分的边坡坡度，应考虑浸水后的稳定性。一般较普通边坡放缓一级。峡谷地段，宜采用石质填料或修建挡土墙或设置护坡道做冲刷防护处理。

3. 路堤边坡应考虑防护工程，防护高度为设计水位加波浪侵袭高度和壅水高度，再加0.5m的安全高度。

三、泥沼和软土地区

1. 泥沼和软土具有含水丰富、抗剪强度低、承载能力低的特点。在这种地区修筑路堤可能出现：路基基底土被压缩，而产生较大的沉落，基底土被挤压塑流，向两侧或下坡一侧隆起使路堤下陷或滑动、坍塌。

2.在泥沼和软土地区修筑路堤，应遵守以下规定：

(1)视地形情况将地表水排除，保持基底干燥。

(2)最小填土高度应符合有关规定。

(3)泥沼及软土地区，原则上应填筑渗水性良好的土，其上可分层夯填一般土，每层填土厚度应不大于30cm。不得已需采淤泥作填料时，应先将淤泥晒干、粉碎，再分层夯实。

(4)填土应由路中心向两侧填筑，填土高出水面后，要分层填筑，并碾压密实。

3.在泥沼地区修筑路基，如基底需要加固时，可视当地条件选用如下方法：

(1)**渗水垫层法**。在路基底部、泥沼或软土表面，铺垫一层厚度为0.5～0.7m的砂砾石或碎石材料。

(2)**抛石法**。在盛产石料的地区采用不小于30cm的片石，从路堤中部向两侧抛石，使泥沼或软土向两侧挤出。待抛石填出水面后，再用重型压路机压实。

(3)**双侧双层或多层台阶式反压护道法**。采用增加路基底部面积的方法来改善压力分布状态，减小路基底部压强以实现减少路基下沉的目的。泥沼地区修筑路基可根据路基填筑高度，在路基两侧做双层或多层台阶式护道(见图6.6.1)。每层护道高度以1～2m为宜，护道顶面宽度不小于2.5m。在填筑时要求整体填筑，当泥沼地区土质松软、见水位较高时，第一层填料要求采用粒径大于20cm的片石，填筑厚度不小于1m，宜采用一侧顶推法施工。

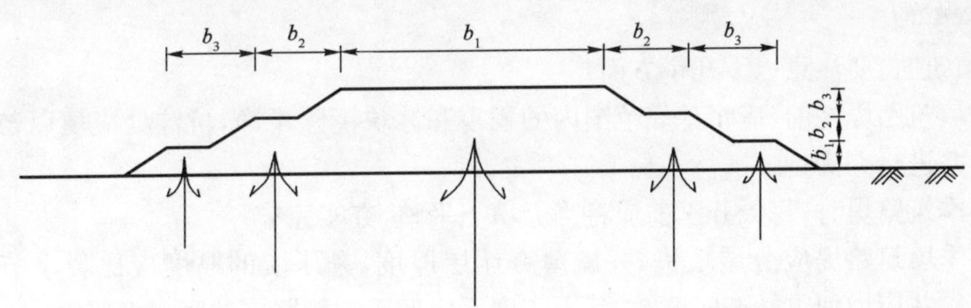

图6.6.1 反压护道法施工示意图

四、翻浆路段

1.做好场地排水，选用透水填料换填到一定深度，若路基高度受限，可做砂垫层。

2.透水性隔离层一般应铺在聚冰层之下，并且采取措施防止隔离层渗入细粒土被淤塞。不透水隔离层应做排水横坡，并高出地表水面25cm以上。

3.用石灰土处理翻浆时，可按照路面石灰土基层施工的要求操作。

第七节 季节性路基施工

一、冬季路基施工

1.一般规定及施工准备

在反复冻融地区，昼夜平均气温在－3℃以下，且连续10天以上，或者昼夜平均气温虽在－3℃以上，但冻土没有完全融化时，均应按冬季施工办理。

在冬季到来之前，应根据通车要求，经济效益，气候、地质情况，物资供应，施工能力等，充分作好冬季施工准备工作，其内容如下：

(1)编制冬季施工组织设计；

(2)完成路基及人工构造物的放样工作，并作好明显标志，妥善保护，预防被雪掩埋；

(3)在预定填筑路堤的斜坡上，清除草皮、挖台阶等，并加以掩盖，防止冻结；

(4)做好排除地面水或降低地下水位工作；

(5)清除预定开炸的石方路堑上的覆盖层；

(6)做好筑路机械及附属设施的防冻、防火工作；

(7)修建冬季施工人员防寒棚，设置取暖设备，并做好防火工作。

2.冬季施工可以安排的项目

(1)泥沼地区，当冻结深度足能承载施工机具设备安全通过时，可安排修筑运输便道，填筑路堤；

(2)在含水量过高或流动的土质中，可利用冬水冻结开挖路堑；

(3)河滩地段，可利用冬季水位较低，安排取土或修建防护工程，开挖基坑；

(4)在岩石、干燥砾石、卵石及砂质土中，冬季可开挖路堑或用上述材料填筑路堤。

3.注意事项

路堤填筑时，要注意以下几个方面：

(1)在填筑路堤之前，应将基底范围内的积雪和冰块清除干净，坑洼处应填以与基底相同的未冻土，并进行夯实；

(2)冬季筑路堤时，每天开工前应将当天填土平整，夯实完毕；

(3)冬季填筑路堤应分层填平，并减薄夯压层厚度，夯压层的厚度应比暖季节标准减少20％～30％，并应增加重叠夯实遍数，其压实度不应低于一般路堤的密实度要求。

挖方路基施工时，要注意以下几个方面：

(1)挖方边坡不得一次挖到设计线，应预留一定厚度的覆盖层，待到正常施工季节后再修整到设计边坡；

(2)路基挖至路床顶面以上1m时，完成临时排水沟后，应停止开挖，待冬季过后再施工。

二、雨季路基施工

1.一般规定及施工准备

(1)制定雨季施工安全预案；

(2)对选择的雨期施工地段进行详细的现场调查研究，据实编制实施性的雨期施工组织计划；

(3)应修建施工便道并保持晴雨通畅；

(4)住地、库房、车辆机具停放现场、生产设施都应设在最高洪水位以上地点或高地上，并应远离泥石流沟槽冲击堆一定的安全距离；

(5)应修建临时排水设施，保证雨期作业的场地不被洪水淹没并能及时排除地面水；

(6)应储备足够的工程材料和生活物资。

2.雨季施工可以安排的项目

路基石方的填挖;砂砾石、土夹石或砂性路堤的填筑和路堑开挖;挖方高度小,运输距离较短的土质路堑开挖等。

3.注意事项

路堤填筑时,应注意以下几个方面:

(1)雨期路堤施工地段除施工车辆外,应严格控制其他车辆在施工场地通行。

(2)在填筑路堤前,应在填方坡脚以外挖掘排水沟,保持场地不积水,如原地面松软,应采取换填措施。

(3)应选用透水性好的碎、卵石土、砂砾、石方碎渣和砂类土作为填料。利用挖方土作为填方时应随挖随填及时压实。含水量过大无法晾干的土不得用作雨期施工填料。

(4)路堤应分层填筑。每一层的表面,应做成2%～4%的排水横披。当天填筑的土层应当天完成压实。

(5)雨期填筑路堤需借土时,取土坑距离填方坡脚不宜小于3m。平原区路基纵向取土时,取土坑深度一般不宜大于1m。

第七章　路面基层施工

路面基层作为面层下的承重结构层，应具有足够的强度和稳定性，在冰冻地区还应具有一定的抗冻性。我省农村公路常用的路面基层有：石灰稳定土基层、水泥稳定土基层、级配（天然）砂砾基层、石灰稳定工业废渣基层，以及因地制宜采用的其他类型的基层等。

基层施工前，应对路基做好准备工作，路基准备工作主要包括下承层土基准备与测量放样。

1. 基层施工前，应首先对下承层土基按质量验收检验标准进行验收。下承层表面应平整、坚实，具有规定的路拱，其平整度和压实度应符合规定。土基不论路堤或路堑，都必须用12～15t三光轮压路机或等效的碾压机械进行碾压检验，若发现土过干，表层松散，应适当洒水；若土过湿，产生"弹簧"现象，应采取挖开晾晒、换土、掺石灰或集料等措施进行处理。

2. 下承层准备好以后，应恢复中线，直线路段每15～20m设一桩，平曲线地段每10～15m设一桩，并在两侧路面外缘0.3～0.5m处设指示桩，在指示桩上标出基层（或底基层）的边缘设计标高及松铺厚度等相关数据和相应位置。

第一节　石灰稳定土基层施工

在粉碎的土和原来松散的土中，掺入足量的石灰和水，经拌和、压实及养生后得到的混合料，当其抗压强度符合规定的要求时，称为石灰稳定土。石灰稳定土中石灰剂量以石灰占全部粗细土颗粒干重的百分率表示。

用石灰稳定细粒土得到的混合料，简称石灰土；用石灰稳定天然砂砾土时，简称石灰天然砂砾土；用石灰土稳定砂砾和碎石时，分别简称石灰土砂砾和石灰土碎石。

石灰稳定土具有良好的力学性能，并具有较好的水稳性和一定的抗冻性。它的初期强度和水稳性较低，后期强度较高，但由于干缩和冷缩，容易产生裂缝。在冰冻地区的潮湿路段，以及其他地区的过分潮湿路段，不宜采用石灰土做基层。当只能采用石灰土时，应采取措施防止水份侵入石灰土基层。

一、材料要求

(一)土

黏性土（中液限黏土）及含有一定数量黏性土的中粒土和粗粒土，均适宜于用石灰进行稳定；不含黏性土的砂砾、级配碎石和未筛分碎石，应采用石灰土进行稳定。

塑性指数为15～20的黏性土，易于粉碎，便于碾压成形，施工和使用效果都较好。塑性指数偏大的黏性土，要加强粉碎，粉碎后土中15～25mm的土块不宜超过5%。可以采取两次拌和法，第一次将部分石灰拌和后，闷放24～48h，再加入其余石灰，进行第二次拌和。

塑性指数偏小的亚砂土和砂土，使用石灰较多，难于碾压成形，应采取适当的施工工艺。

使用石灰稳定土时，对土的要求如下：

(1)石灰稳定土用作底基层时，土的最大粒径不应超过 50mm；

(2)石灰稳定土用作基层时，土的最大粒径不应超过 40mm，并应具有较好的颗粒级配；

(3)石灰稳定土中碎石或砾石的压碎值指标，用作基层时应不大于 30%，用作底基层时应不大于 40%；

(4)硫酸盐含量超过 0.8%的土和腐殖质含量超过 10%的土，不适宜用石灰进行稳定。

(二)石灰

石灰质量宜符合 III 级以上的生石灰或消石灰的技术要求。要尽量缩短石灰的存放时间，若存放时间较长，则应妥善保管。通过试验检验，只要石灰土混合料的强度符合要求，等外石灰、贝壳石灰、珊瑚石灰经批准后也可以使用。

(三)水

一般人或牲畜饮用的露天水源均可用于石灰稳定土施工。遇有可疑水源时，应进行试验检验。

二、混合料组成设计

石灰稳定土混合料的组成设计包括：根据要求的强度标准，通过试验选取适宜于稳定的土，确定必须的或最佳的石灰剂量，确定混合料的最佳含水量和最大干密度。

1. 在石灰稳定土基层施工前，应选取有代表性的材料进行下列试验：

(1)土的塑性指数；重型击实试验；碎石或砾石的压碎值；有机质及硫酸盐含量(必要时做)。

(2)若碎石、碎石土、砂砾、砂砾土等的颗粒级配不好，宜掺加某种土料以改善其级配，并通过试验确定其配合比。

(3)检验石灰的有效氧化钙、氧化镁含量。

2. 施工前应先进行混合料的组成设计，基本步骤为：

(1)制备同一种土样、不同石灰剂量的石灰土混合料，一般情况下建议按表 7.1.1 中所列石灰剂量配制，施工时石灰剂量应比试验时提高 0.5%～1%，一般采用集中厂拌法施工时可只增加 0.5%；采用路拌法施工时，宜增加 1%。

石灰剂量配制建议值　　表 7.1.1

结构层	土的类别	石灰剂量(占全部粗细土颗粒的干重百分比)
基层	砂砾土和碎石土	3,4,5,6,7
	塑性指数小于 12 的黏性土	10,12,13,14,16
	塑性指数大于 12 的黏性土	5,7,9,11,14
底基层	塑性指数小于 12 的黏性土	8,10,11,12,14
	塑性指数大于 12 的黏性土	5,7,8,9,11

(2)确定混合料的最佳含水量和最大干密度，至少需做三个不同石灰剂量混合料的重型击实试验，即最小剂量、中间剂量和最大剂量，其余两个混合料的最佳含水量和最大干密度用内

插法确定。

(3)按工地预定达到的压实度,分别计算不同石灰剂量时试件应有的压实干密度。按最佳含水量和计算得到的压实干密度制备试件并按规定进行养生。进行强度试验时,作为平行试件的数量应符合表 7.1.2 的规定。

最少的平行试件数量

表 7.1.2

稳定土类型	下列偏差系数时的最少试件数量		
	小于 10	10%～15%	小于 20%
细粒土	6	—	—
中粒土	6	9	—
粗粒土	—	9	13

(4)试件在规定温度(冰冻地区 20℃±2℃;非冰冻地区 25℃±2℃)下保湿养生 6d,浸水 1d 后,进行无侧限抗压强度试验。石灰稳定细粒土的强度标准为:基层≥0.8MPa,底基层 0.5～0.7MPa。在低塑性土(塑性指数小于 7)地区,石灰稳定砂砾土和碎石土的 7d 抗压强度应大于 0.5MPa;三、四级公路,压实机具有困难时,压实度可减少 2%;低限用于塑性指数小于 7 的土,高限用于塑性指数大于 7 的土。

(5)根据强度标准,选定合适的石灰剂量。该剂量在试验室内试验结果的平均抗压强度 $\overline{R}$ 应符合下式的要求:

$$\overline{R} \geqslant R_d/(1-Z_a C_v) \tag{7.1.1}$$

式中:R_d——设计抗压强度,MPa;

C_v——试验结果的偏差系数,以小数计;

Z_a——标准正态分布表中随保证率或置信度而变的系数。

(6)当采用石灰土稳定碎石和石灰土稳定砂砾时,可仅对石灰土进行组成设计。对于碎石和砂砾,只要求它具有较好的颗粒级配,石灰土与碎石或砂砾的质量比宜为 1∶4。

三、施工工艺

石灰稳定土基层属于整体性半刚性材料,尤其后期的刚度较大,为避免石灰土层受弯拉而断裂,并使在施工碾压时能压稳而不起皮,其压实厚度不宜小于 10cm。为便于拌和均匀和碾压密实,用 12～15t 压路机碾压时,压实厚度不宜大于 15cm;用 15～20t 压路机碾压时,压实厚度不应大于 20cm,且宜采用先轻后重的碾压次序。

石灰稳定土基层施工应在最低气温为 0℃之前完成。

石灰稳定土的耐磨性较差,当施工中断、临时开放交通时,可采取封土、封油撒砂等临时性保护措施。

农村公路石灰稳定土基层一般采用路拌法施工。

石灰稳定土基层施工工序流程如图 7.1.1 所示。

(一)准备工作

1. 准备下承层

当石灰稳定土用作基层时,要准备底基层;当石灰稳定土用作底基层时,要准备土基。无论土基还是底基层,都必须按规范规定进行验收。凡验收不合格的路段,必须采取措施,使其达到标准后,方可铺筑石灰稳定土。

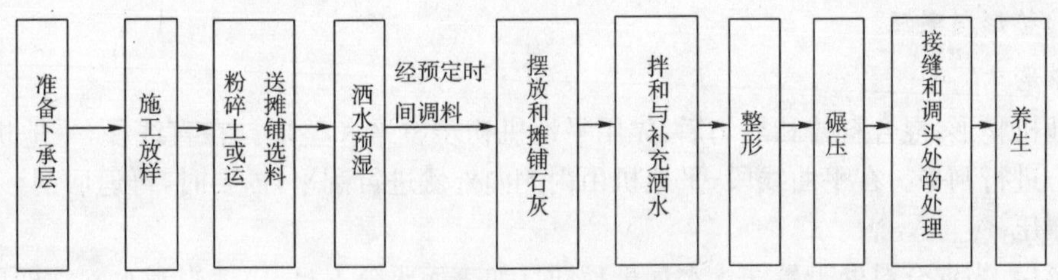

图 7.1.1 石灰稳定土基层施工工序流程图

2. 测量

在底基层或土基上恢复中线,直线段每 20～25m 设一桩,平曲线段每 10～15m 设一桩,并在对应断面的路肩外侧设指示桩。在两侧指示桩上,标出石灰稳定土层边缘的设计标高。

3. 备料

备料应根据各段石灰稳定土层的宽度、厚度及预定的压实度(换算为压实密度),计算各路段需要的干集料质量。根据料场集料的含水量和运料车辆的吨位,确定每车料的摊铺面积及堆放距离。石灰应在使用前 7～10d 充分消解,每吨石灰消解需用水量一般为 500～800kg。

(二)运输及摊铺

1. 运料

运料时,要注意对预定堆料的下层在堆料前应先洒水,使其湿润,不应过分潮湿而造成泥泞;集料装车时,应控制每车料的数量基本相等;在同一料场供料的路段,由远到近将料按计算的距离(间距)卸置于下承层中间或一侧。

2. 摊铺集料

在摊铺集料时,应预先通过试验确定集料的松铺系数。在摊铺集料前,以应先在未堆料的下承层上洒水使其湿润。摊料长度应与施工日进度相同,以次日施工需要量为准。

3. 摊铺石灰

摊铺石灰时,如黏性土过干,应事先洒水闷料,使土的含水量略小于最佳值。石灰摊铺完后,表面应没有空白位置。量测石灰的松铺厚度,根据石灰的含水量和松密度,校核石灰用量是否合适。

(三)拌和与洒水

1. 集料应采用稳定土拌和机拌和,拌和深度应达到稳定层底。严禁在拌和层底部留有“素土”夹层。在进行最后一遍拌和之前,必要时应用多铧犁紧贴下承层表面翻拌一遍。

2. 在没有专用机械的情况下,如为石灰稳定细粒土和中粒土,也可用农用旋转耕作机与铧犁或平地机相配合拌和,但其拌和效果较差。

用平地机或多铧犁在前面翻拌,用圆盘耙跟在后面拌和,即采用边翻边耙的方法。圆盘耙的速度应尽量快,使石灰与集料拌和均匀。一般翻拌 4～6 遍,开始两遍不应翻犁到底,以防石灰落到底部。

3. 在拌和过程中,及时检查含水量,用喷管式洒水车补充洒水,洒水车不应在正进行拌和的,以及当天计划拌和的路段上调头和停留,以防局部水量过大。

4. 在洒水过程中,要人工配合拣出超尺寸颗粒,清除粗细石料“窝”,以及局部过湿之处。

(四)整形与碾压

1. 整形

平地机整形,混合料拌和均匀后,先用平地机初步整平和整形。在直线段,平地机由两侧向路中心进行刮平。在平曲线段,平地机由内侧向外侧进行刮平,需要时,再返回刮一遍。

2. 碾压

整形后,当混合料处于最佳含水量±1%时(如表面水分不足,应适当洒水),立即用 12t 以上三轮压路机、重型轮胎压路机或振动压路机在路基全宽内进行碾压。碾压一直进行到要求的密实度为止,一般需 6~8 遍。压路机的行进方式与路基碾压相同。

(五)养生

1. 石灰稳定土在养生期间应保持一定的湿度,不应过湿。养生期一般不少于 7d,采用洒水、覆盖湿砂、低塑性土或沥青膜等。保持稳定土表面湿润,养生结束后应将覆盖物清理干净。

2. 在养生期间未采用覆盖措施的石灰稳定土基层上,除洒水车外,应封闭交通。

3. 养生期结束后,应立即喷洒透层油或做下封层,并在 5~10d 内铺筑沥青面层。

四、施工中应注意的问题

1. 接缝和“调头”处的处理

两工作段的搭接部分,应采用对接形式。

2. 纵缝的处理

石灰稳定土层的施工应尽可能避免纵向接缝,对于不能中断交通的路段,可采用半幅施工方法。必须分两幅施工时,纵缝必须垂直相接,不应斜接。

3. 路缘处理

若石灰稳定土上层为薄沥青面层,基层每边应较面层宽 20cm 以上。在基层全宽上喷洒透层沥青或设下封层,沥青面层边缘以三角形向路肩宽出 6~10cm。

第二节　水泥土基层施工

在粉碎的土和原来松散的土中,掺入足量的水泥和水,经拌和、压实及养生后得到的混合料,当其抗压强度符合规定的要求时,称为水泥稳定土。水泥稳定土具有良好的力学性能,并有较好的水稳定性和一定的抗冻性,但由于干缩和冷缩,容易产生裂缝。水泥稳定土可适用于各类路面的基层和底基层。水泥稳定土中水泥剂量以水泥占全部粗细集料干重的百分率表示。用水泥稳定细粒土得到的混合料,一般简称水泥土。

一、材料要求

(一)土

黏性土(中液限黏土)及含有一定数量黏性土的中粒土和粗粒土,均适宜于用水泥进行稳定。

土的液限不宜超过25%，塑性指数不宜超过6；最大粒径不应超过30mm。

（二）水泥

普通硅酸盐水泥、硅酸盐水泥、矿渣水泥和火山水泥都可用于稳定土，但应使用终凝时间较长的水泥（宜在6h以上）。快凝水泥、早强水泥，以及受潮变质的水泥不应使用，宜采用标号较低的水泥。

（三）水

一般人或牲畜饮用的露天水源均可用于水泥土施工。遇有可疑水源时，应进行试验检验。

二、混合料组成设计

水泥稳定土混合料的组成设计包括：根据要求的强度标准，通过试验选取适宜于稳定的土，并确定必须的或最佳的水泥剂量，确定混合料的最佳含水量和最大干密度。

1. 在水泥稳定土施工前，应取所定料场有代表性的材料进行下列试验：

（1）土的塑性指数；重型击实试验；碎石或砾石的压碎值；有机质及硫酸盐含量（必要时做）。

（2）若碎石、碎石土、砂砾、砂砾土等的颗粒级配不好，宜掺加某种土料改善其级配，并通过试验确定其配合比。

（3）水泥的物理和力学常规指标检验。

2. 水泥稳定土混合料的组成设计步骤为：

（1）制备同一种土样、不同水泥剂量的水泥土混合料，一般情况下建议按5%水泥剂量配制，施工时水泥剂量应比试验时提高0.5%～1%。

（2）确定混合料的最佳含水量和最大干（压实）密度时，至少需做三个不同水泥剂量混合料的重型击实试验，即最小剂量、中间剂量和最大剂量，其余两个最佳含水量和最大干密度用内插法确定。

（3）按工地预定达到的压实度，分别计算不同水泥剂量时试件应有的压实干密度。按最佳含水量和计算得的压实干密度制备试件并按规定进行养生。进行强度试验时，作为平行试验的数量应符合表7.1.2的规定。

（4）试件在规定温度（冰冻地区20℃±2℃；非冰冻地区25℃±2℃）下保湿养生成6d，浸水1d后，进行无侧限抗压强度试验。水泥稳定细粒土的强度标准为：基层≥2～3MPa，底基层≥1.5MPa。

（5）根据强度标准，选定合适的水泥剂量。该剂量在试验室内试验结果的平均抗压强度$\overline{R}$应符合式（7.1.1）的要求。

三、路拌法施工工艺

水泥稳定土基层属于整体性半刚性材料，尤其后期的刚度很大，为避免水泥稳定土基层受弯拉而断裂，并使在施工碾压时能压稳而不起皮，其压实厚度不宜小于10cm。为便于拌和均匀和碾压密实，用12～15t压路机碾压时，压实厚度不宜大于15cm；用15～20t压路机碾压时，压实厚度不应大于 20cm，且宜采用先轻后重的碾压次序。

水泥稳定土基层施工期的最低气温应在 5℃以上，并保证在冻前有一定成形期。

水泥稳定土基层具备条件的一般应采用厂拌法施工，当条件不具备时，可采用路拌法施工。

水泥稳定土基层路拌法施工工序流程如图 7.1.1 所示。

（一）准备工作

1. 准备下承层

当水泥稳定土用作基层时，要准备底基层；当水泥稳定土用作底基层时，要准备土基。无论土基还是底基层，都必须按规范规定进行验收。凡验收不合格的路段，必须采取措施，使其达到标准后，方可铺筑水泥稳定土基层。

2. 测量

在底基层或土基上恢复中线，直线段每 20～25m 设一桩，平曲线段每 10～15m 设一桩，并在对应断面的路肩外侧设指示桩。在两侧指示桩上，标出水泥稳定土层边缘的设计标高。

3. 备料

备料应根据各段水泥稳定土层的宽度、厚度及预实的压实度（换算为压实密度），计算各路段需要的干集料质量，根据料场集料的含水量和运料车辆的吨位，确定每车料的摊铺面积及堆放距离。

（二）运输及摊铺

1. 运料

运料时，要注意对预定堆料的下层在堆料前应先洒水，使其湿润，不应过分潮湿而造成泥泞；集料装车时，应控制每车料的数量基本相等；在同一料场供料的路段，由远到近将料按计算的距离（间距）卸置于下承层中间或一侧。

2. 摊铺集料

在摊铺集料时，应预先通过试验确定集料的松铺系数。在摊铺集料前，应先在未堆料的下承层上洒水使其湿润。摊料长度应与施工日进度相同，以次日施工需要量为准。

3. 摊铺水泥

摊铺水泥时，如黏性土过干，应事先洒水闷料，使土的含水量略大于最佳值。水泥摊铺完后，表面应没有空白位置。

（三）拌和与洒水

1. 集料应采用稳定土拌和机拌和，拌和深度应达到稳定层底。严禁在拌和层底部留有“素土”夹层。在进行最后一遍拌和之前，必须时应用多铧犁紧贴下承层表面翻拌一遍。

2. 在没有专用机械的情况下，如为水泥稳定细粒土和中粒土，也可用农用旋转耕作机与铧犁或平地机相配合拌和，但其拌和效果较差。

用平地机或多铧犁在前面翻拌，用圆盘耙跟在后面拌和，即采用边翻边耙的方法。圆盘耙的速度应尽量快，使水泥与集料拌和均匀，共翻拌 4～6 遍，开始的两遍不应翻犁到底，以防水泥落到底部。

3. 在拌和过程中，及时检查含水量，用喷管式洒水车补充洒水，洒水车不应在正进行拌和的，以及当天计划拌和的路段上调头和停留，以防局部水量过大。

4. 在洒水过程中，要人工配合拣出超尺寸颗粒，清除粗细石料“窝”，以及局部过湿之外。

(四)整形与碾压

1. 整形

平地机整形，混合料拌和均匀后，先用平地机初步整平和整形。在直线段，平地机由两侧向路中心进行刮平。在平曲线段，平地机由内侧向外侧进行刮平，需要时，再返回刮一遍。

2. 碾压

整形后，当混合料处于最佳含水量±1%时(如表面水分不足，应适当洒水)，立即用12t以上三轮压路机、重型轮胎压路机或振动压路机在路基全宽内进行碾压。碾压一直进行到要求的密实度为止，一般需6～8遍。压路机的行进方式同路基碾压。

(五)养生

1. 水泥稳定土在养生期间应保持一定的湿度，不应过湿。养生期一般不少于7d，采用洒水、覆盖湿砂、低塑性土或沥青膜等。保持稳定土表面湿润，养生结束后应将覆盖物清理干净。

2. 在养生期间未采用覆盖措施的水泥稳定土层上，除洒水车外，应封闭交通。

3. 养生期结束后，应立即喷洒透层沥青或做下封层，并在5～10d内铺筑沥青面层。

四、集中厂拌法施工工艺

(一)材料准备

水泥稳定土可以在中心站用厂拌设备进行集中拌和。集中拌和时，应符合下列要求：

1. 土块应粉碎，最大尺寸不得大于15mm。

2. 配料应准确，拌和应均匀。

3. 含水量宜略大于最佳值，使混合料运到现场摊铺后碾压时的含水量不小于最佳值。

4. 不同粒级的碎石或砾石及细集料(如石屑和砂)应隔离，分别堆放。

(二)材料的拌和、运输和摊铺

当采用连接式的稳定土厂拌设备拌和时，应保证集料的最大粒径和级配符合要求。

在正式拌制混合料之前，必须先调试所用的设备，使混合料的颗粒组成和含水量都达到规定的要求。集料的颗粒组成发生变化时，应重新调试设备。

在潮湿多雨地区或其他地区的雨季施工时，应采取措施，保护集料，特别是细集料(如石屑和砂等)应有覆盖，防止雨淋。

应根据集料和混合料含水量的大小，及时调整加水量。

应尽快将拌成的混合料运送到铺筑现场。车上的混合料应覆盖，以减少水分损失。

应采用沥青混凝土摊铺机或稳定土摊铺机摊铺混合料。拌和机与摊铺机的生产能力应互相匹配。若拌和机的生产能力较小，在用摊铺机摊铺混合料时，应采用最低速度摊铺，减少摊铺机停机待料的情况。

在摊铺机后面应设专人消除粗细集料离析现象，特别应注意铲除局部粗集料“窝”，并用新拌混合料填补。

(三)碾压

宜先用轻型两轮压路机跟在摊铺机后及时进行碾压，后用重型振动压路机、三轮压路机或轮胎压路机继续碾压密实。

（四）接缝处理

1. 集中厂拌法施工时的横向接缝应符合下列要求：

（1）用摊铺机摊铺混合料时，不宜中断，如因故中断时间超过 2h，应设置横向接缝，摊铺机应驶离混合料末端。

（2）人工将末端含水量合适的混合料弄整齐，紧靠混合料放两根方木，方木的高度应与混合料的压实厚度相同；整平紧靠方木的混合料。

（3）方木的另一侧用砂砾或碎石回填约 3m 长，其高度应高出方木几厘米。

（4）将混合料碾压密实。

（5）在重新开始摊铺混合料之前，将砂砾或碎石和方木除去，并将下承层顶面清扫干净。

（6）摊铺机返回到已压实层的末端，重新开始摊铺混合料。

（7）若摊铺中断后，未按上述方法处理横向接缝，而中断时间已超过 2h，则应将摊铺机附近及其下面未经压实的混合料铲除，并将已碾压密实且高程和平整度符合要求的末端挖成与路中心线垂直并垂直向下的断面，然后再摊铺新的混合料。

2. 应尽量避免纵向接缝。

当一台摊铺机的摊铺宽度小于路面宽度时，宜采用两台摊铺机一前一后相隔约 5～10m 同步向前摊铺混合料，并一起进行碾压。

在不能避免纵向接缝的情况下，纵缝必须垂直相接，严禁斜接，并符合下列规定：

（1）在前一幅摊铺时，在靠中央的一侧用方木或钢模板做支撑，方木或钢模板的高度应与稳定土层的压实厚度相同。

（2）养生结束后，在摊铺另一幅之前，拆除支撑木（或板）。

五、施工中应注意的问题

1. 接缝和“调头”处的处理

两工作段的搭接部分，应采用对接形式。

2. 纵缝的处理

水泥稳定土层的施工应尽可能避免纵向接缝，对于不能中断交通的路段，可采用半幅施工方法。必须分两幅施工时，纵缝必须垂直相接，不应斜接。

3. 路缘处理

若水泥稳定土层上为薄沥青面层，基层每边应较面层宽 10cm 以上。

第三节　水泥稳定碎石基层施工

近年来，水泥稳定碎石在我国高等级公路的路面工程中被广泛用作基层和底基层，在农村公路建设和改造工程中也经常被用作高级路面的基层。水泥稳定碎石作为高级路面的半刚性基层，具有板体性、防水性、抗冻性和耐久性好，早期强度高，成本低廉，便于施工等优点。这种结构层适用于当地石料丰富、土的塑性指数偏大、雨水偏多的地区。

然而，在水泥稳定碎石混合料的设计、拌和、运输、摊铺和养生过程中，存在着许多因素会破坏其特性，降低路面基层的整体强度和稳定性。水泥稳定碎石基层施工的质量控制涉及人员、机械、环境等多种因素，因此我们在实际施工中必须进行综合设计，从人员因素、机械因素、自然因素等各方面进行精心设计、精心组织、精心施工，认真落实质量管理的各项措施，以达到控制质量的目的。

在实际工程施工中，为了保证水泥稳定碎石基层的施工质量，根据施工工艺流程，应从以下几方面进行控制。

一、施工前准备工作

施工前应进行充分的准备，如机械和机具配备，试验器材准备，人员安排、技术培训，原材料备料，准备燃料油、润滑油、易损配件、施工标志等。从施工技术控制角度来看，关键要做好备料、试验配合比设计、测量放样等准备工作。下承层经监理工程师中间验收后，在基层施工前仍要重新恢复中桩和边桩，对中线与横坡等高程进行全面复测。

二、原材料要求和混合料配合比设计

科学合理地进行材料配合比设计，是保证水泥稳定碎石混合料质量的重要因素。

1. 严格控制原材料的质量

应严格控制碎石的压碎值和针片状颗粒含量指标，碎石、石屑、砂等集料的含泥量、含水量、腐殖质含量等指标应在规范规定的范围以内。

水泥作为一种重要的稳定剂，其质量至关重要。为了保证水泥稳定碎石混合料的质量及有足够的时间进行拌和、运输、摊铺、碾压，水泥进场前应对其进行常规检验，各项指标均应符合技术规范和设计要求。不宜采用快硬水泥、早强水泥，禁止使用受潮变质的水泥。

2. 合理进行集料组成设计

对碎石、石屑、砂等各种集料严格按照规范要求进行组成设计，得出各种集料的掺加比例，以合成级配接近目标级配中值为最好。严格控制分散度大、比表面积大的集料用量，以减少基层中自由水和毛细水的存在。水泥稳定碎石集料的颗粒组成应符合表7.3.1的规定。

水泥稳定碎石集料的颗粒组成　　表 7.3.1

筛孔尺寸(mm)		37.5	31.5	19.0	9.5	4.75	2.36	0.6	0.075
通过率(%)	基层	100	100	88～99	57～77	29～49	17～35	8～22	0～7
	底基层	100	93～98	74～89	49～69	29～52	18～38	8～22	0～7

3. 严格进行混合料配合比设计

(1)根据经验及有关技术规范的规定，按照各种集料的相应比例制备集料组成相同、水泥剂量不同的几组混合料，通过无机结合料稳定材料的重型击实试验，分别得出各组混合料的最佳含水量和最大干密度。

(2)根据公路等级和结构层位确定 7d 无侧限抗压强度和压实度(见表 7.3.2)，对各组不同水泥剂量的混合料分别按照其相应的最佳含水量、最大干密度和压实度，制备无侧限抗压强度试件(每组不少于 9 个试件)。标准养生 7d 后检验各组试件的无侧限抗压强度，依照强度标准选定合适的水泥剂量(一般控制在 4%～8%)。

水泥稳定碎石混合料的强度及压实度标准　　表 7.3.2

结构层位	高速、一级公路		其他等级公路	
	强度(MPa)	压实度(%)	强度(MPa)	压实度(%)
基层	3～4	≥98	2～3	中、粗粒土≥97
				细粒土≥95
底基层	≥2.0	中、粗粒土≥96	≥1.5	中、粗粒土≥95
		细粒土≥95		细粒土≥93

(3)根据选定的配合比(包括最佳含水量和最大干密度),在水泥稳定碎石基层施工前10～15d进行现场试配。把选定的水泥剂量作为中间档次,另外把水泥剂量分别增加和减少1%作为两个档次,采用相同的集料级配,按规范规定的方法制备无侧限抗压强度试件(每组不少于 9 个试件)。标准养生 7d 后检验各组试件的无侧限抗压强度,若强度都达不到要求应适当提高水泥用量重新进行重型击实试验。一般施工现场实际采用的水泥剂量,应比试验室内确定的水泥剂量高出 0.5%～1.0%。

三、混合料施工

(一)下承层准备

按下承层的有关检验标准进行复检,凡不合适的路段应进行整修,使其达到标准。下承层表面应平整、坚实、清洁,具有规定的路拱,没有任何松散点和软弱点。

(二)拌和

水泥稳定碎石混合料拌和方法分为路拌和厂拌两种。从配料准确、拌和均匀和施工质量控制角度考虑,应首选厂拌。在正式拌和前应调试好厂拌设备,保证出料精度,使混合料组成、含水量达到规定要求。拌和前还应根据测定的材料含水量,对试验配合比重新进行调整。同时,考虑运输、摊铺、碾压过程中的水分损失,在最佳含水量的基础上增加 1.0%～2.0%。拌和过程中应对混合料定时抽检,如果达不到施工要求,应进行配合比的重新调整。拌和好的混合料应及时、快速地运至施工现场。拌和过程中还应派人专门巡视拌和设备,及时发现故障和隐患。为保证供料连续,拌和设备的拌和能力应比摊铺机的摊铺能力大出 10%～15%。

(三)运输

混合料运输车辆必须干净,每次卸车后车厢内不应有残留的混合料,以避免结块后卸入施工现场,导致因混合料均匀性差而形成局部开裂。运输车辆的配备应考虑运量、运距及交通状况,满足连续施工的要求。混合料的运输时间应能充分满足从拌和到成形之间的延续时间,即控制在水泥的初凝时间以内(3～4h)。

(四)摊铺

1.摊铺现场准备工作

首先应在验收后的下承层上恢复中线,中线桩间距一般为 10m,弯道要加密桩,桩距可为5m。应严格控制标高和松铺系数。两侧均应采用钢丝为基准线并用紧线器拉紧,其张紧长度应控制在200m左右，张紧力为800～1000kN。钢丝架设完毕后须进行复测。摊铺前要清洁下承层，并用洒水车在下承层适量洒水，以保证基层能与下承层良好地结合。

2.混合料的摊铺

摊铺前应进行试铺，以便指导正式施工。通过试铺应确定以下技术参数：摊铺速度、初摊铺垫板厚度、初始仰角、熨平板拱度、夯锤压力、松铺系数、螺旋输送器高度等。试铺后按测得的各项技术参数值对摊铺机进行调整，然后进行正式摊铺。

正式摊铺过程中，为确保摊铺机行进方向的正确性，可在下承层上洒白灰线，以引导摊铺机的行进方向。摊铺机要保持匀速行驶，不宜间断，以减少施工缝和避免基层出现"波浪"现象。最好采用混合料摆渡车供料，当采用自卸车供料时，自卸车应在摊铺机前20～40cm处对准摊铺机停车，以免撞击摊铺机，保证"料槽"内料位的稳定，使摊铺室料流连续稳定工作。试验人员要随时检测混合料的配合比和水泥剂量并及时反馈到拌和厂，以便随时进行调整。要经常检查基准线是否被碰掉，保证传感器在基线上移动，及时清除摊铺机履带处洒落的混合料，以免影响铺筑层的平整度。摊铺机后面应设专人消除集料离析现象，铲除局部粗集料"窝"，并用新混合料填补。

(五)碾压

若整形后混合料的含水量等于或稍大于最佳含水量，应立即采用指定的压实机械进行碾压。首先，用停振的振动压路机在全宽范围内静压1～2遍；然后，打开振动器均匀压实到规定的压实度，碾压时振动轮迹必须重叠，通常除路面的两侧应多压2～3遍以外，其余各部分碾压的次数应尽量相同；最后，用轮胎压路机进行柔压，以消除基层表面因振动产生的裂纹，必要时使用自动洒水系统，边洒水边碾压，这样就充分解决了混合料表面风干问题，使表面显得平整、光滑、密实。

应当注意的是，在碾压过程中若有"弹簧"、松散、起皮等现象，应及时翻开、重新拌和(掺加少量水泥)或用其他方法处理，使其达到质量要求。压路机碾压时要紧跟摊铺机并呈梯形逐渐向前推进，以形成流水作业，单机碾压长度宜为40～50m。相邻两段的碾压接头处应错成横向45°的阶梯状，严禁压路机在已完成或正在碾压的路段上"调头"或急刹车。

(六)接缝处理

1.当天两个工作段的衔接处应采用搭接拌和，即先施工的前一段尾部留5～8m不进行碾压，第二段施工时对前一段留下的未碾压部分添加少量水泥和水并重新拌和均匀后，与第二段一起碾压密实。

2.应特别注意每天最后一段末端缝(即工作缝)的处理，工作缝应成直线，并且上下垂直。经过摊铺整型的水泥稳定碎石混合料当天应全部压实，第二天铺筑时为了不使已碾压成形的稳定边缘遭到破坏，应用方木(厚度与压实后厚度相同)进行保护，碾压前将方木取出，用混合料回填并整平。

四、养生和交通管制

每一段水泥稳定碎石基层摊铺、碾压完成后都应检测其压实度，检测合格后应立即用麻袋、草苫等进行覆盖，并用洒水车洒水，养生7d以上。在整个养生期间都应使水泥稳定碎石基层保持潮湿状态，养生结束后应取芯检验其强度是否达到设计要求，随后立即用新混合料回填并压实。

水泥稳定碎石基层养生期间应封闭交通，不能封闭交通时应限制重型车辆通行，其他车辆通行时的车速不得超过限定值(一般为 30km/h)。

第四节　石灰工业废渣稳定土基层施工

一、材料要求

(一)结合料

石灰工业废渣基层所用的结合料，可以是石灰或石灰下脚料，石灰质量应符合《石灰的技术指标》规定的 III 级消石灰的技术要求，同时要注意应尽量缩短石灰的存放时间。

在工业废渣基层的施工中，除要保证石灰下脚料有一定的活性氧化钙含量外，还要注意充分消解，否则路面成形后，未消解的生石灰小块将逐步消解崩裂，从而造成路面松散损坏。

(二)活性材料

活性材料当有水分存在时，能在常温下和石灰起化学作用，使混合料强度逐渐增高，在道路中用得较广泛的煤渣、粉煤灰、水淬渣、硫铁矿渣(红粉)、钢渣等。这些材料在饱和的氢氧化钙溶液中会发生火山灰反应，能产生氢氧化钙结晶和硅酸钙、铝酸钙结晶，形成有一定强度的整体性水硬材料。

粉煤灰是火力发电厂燃烧粉产生的粉状灰渣。绝大多数粉煤灰的主要成分是二氧化硅、三氧化二铝和三氧化二铁，其总含量应大于 70%；粉煤灰的烧失量一般应小于 20%；粉煤灰的比面积宜大于 $2500cm^2/g$。

(三)集料

使用二灰稳定土混合料时，集料应符合如下要求：

1. 混合料用作底基层时，骨料的最大粒径不应超过 53mm。
2. 混合料用作基层时，骨料的最大粒径不应超过 37.5mm。
3. 碎石、砾石的压碎值应不大于 30%(基层)或 40%(底基层)。
4. 混合料中的粒料质量宜占 80%以上，并具有较好的颗粒级配。

石灰工业废渣混合料中宜掺入适量的粗集料，主要目的是为了提高这类混合料的初期承载能力。因为工业废渣初期的化学反应不显著，加入粗集料能增进颗粒间的锁结力，因此对于需要早期开放重车交通的道路，或在冬季、雨季施工时，均宜掺加粗集料。

二、混合料组成设计

石灰工业废渣混合料的组成设计包括：根据二灰混合料的强度标准，通过试验选取最适宜于稳定的土，确定石灰与粉煤灰、石灰与煤渣及石灰与其他废渣的比例，确定石灰粉煤灰、石灰煤渣或其他废渣与土(包括碎石等各种粒料)的比例(质量比)，确定混合料的最佳含水量和最大干密度。

1.原材料试验

在石灰工业废渣层混合料配比设计前，应取有代表性的样品按规定进行土的颗粒分析，液限和塑性指数，粒料的压碎值，有机质含量等。

2.混合料配合比范围

二灰碎石的设计比例一般为石灰∶粉煤灰∶碎石＝7∶13∶80。

3.混合料的设计步骤

(1)制备同一种料样的4～5种不同配合比的二灰混合料。对于二灰混合料或其他混合料，其配合比应位于上述所列相应的范围内。

(2)确定二灰混合料的最佳含水量和最大干密度。

(3)按工地预定达到的压实度，分别计算不同配合比时二灰试件的压实干密度。

(4)按最佳含水量和计算所得的压实干密度制备试件。

(5)试件在规定温度下保湿养生6d，浸水1d后，进行无侧限抗压强度试验。对于二灰稳定类混合料，基层强度不宜小于0.6MPa，底基层强度不宜小于0.5MPa。

三、施工工艺

(一)路拌法施工

我省农村公路石灰工业废渣稳定土基层、底基层的施工方法，最常用的是路拌法施工，其施工工艺如图7.4.1所示。

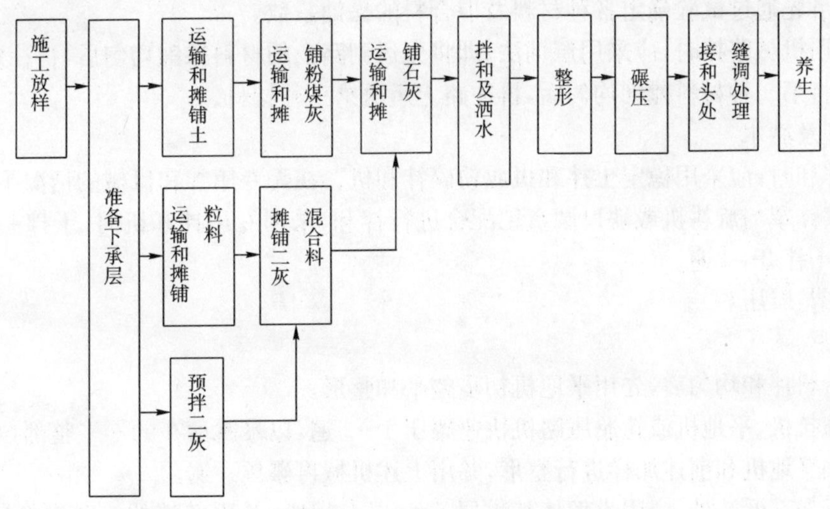

图7.4.1　石灰工业废渣稳定土施工工艺流程图(路拌法施工)

1.施工准备

(1)准备下承层。

当石灰工业废渣用做基层时，要准备基层；当石灰工业废渣用做底基层时，要准备土基。对下承层的总体要求是：平整、坚实，具有规定的路拱，没有任何松散材料和软弱地点。

(2)测量。

测量的主要内容是在底基层或土基上恢复中线，在两侧指示桩上用红漆标出石灰工业废渣边缘的设计高。

(3)备料。

①粉煤灰被运到路上、路旁或厂内场地后，通常露天堆放。此时，必须使粉煤灰含有足够的水分以防止飞扬。

②土或粒料的准备。采备集料前，应先将树木、草皮和杂土清除干净，集料中的超尺寸颗粒应予筛除。

③石灰的准备。石灰宜选在公路两侧宽敞而邻近水源且地势较高的场地集中堆放。

(4)其他。

①路肩用料与石炭工业废渣层用料不同，应采取培肩措施，先将两侧路肩培好。

②计算材料用量。根据各路段石灰工业废渣层的宽度、厚度及预定的压实干密度。计算各路段需要的干混合料数量。

2.运输和摊铺集料

集料运输和摊铺的方法和步骤是：

(1)预定堆料的下承层在堆前应先洒水，使其表面湿润。

(2)材料装车时，应控制每车料的数量基本相等。

(3)采用二灰混合料时，先将粉煤灰运到路上；采用二灰土时，先将土运到路上；采用二灰粒料时，先将粒料运到路上。

(4)料堆每隔一定距离应留一缺口。材料在下承层上的堆置时间不应过长。

(5)应事先通过试验确定各种材料及混合料的松铺系数。

(6)采用机械路拌时，应采用层铺法，即将先运到路上的材料摊铺均匀后，再往路上运送第二种材料，将第二种材料摊铺均匀后，再往路上运送第三种材料。

3.拌和及洒水

机械拌和时，应采用稳定土拌和机或粉碎拌和机。在无专用拌和机械的情况下，也可采用平地机或多铧犁与旋耕机或缺口圆盘耙配合进行拌和，采用专用拌和机时，干拌一遍，采用其他机械时，干拌2～4遍。

4.整形与碾压

(1)整形。

①混合料拌和均匀后，先用平地机初步整平和整形。

②用拖拉机、平地机或轮胎压路机快速碾压1～2遍，以暴露潜在的不平整部位。

③再用平地机和前述那样进行整形，并用上述机械再碾压一遍。

④对于局部低洼处，应用齿耙将其表层5cm以上耙松，并用新拌的二灰混合料进行找补整平，再用平地机整形一次。

⑤每次整形都要按照规定的坡度和路拱进行，特别要注意接缝处的整平，接缝必须顺适平整。

在整形过程中，必须禁止任何车辆通行。

初步整形后，检查混合料的松铺厚度，必要时应进行补料或减料，二灰土的松铺系数约为1.5～1.7，二灰粒料的松铺系数约为1.3～1.5，人工摊铺石灰煤渣(土)的松铺系数为1.6～1.8，石灰煤渣粒料为1.4，钢渣石灰为1.4～1.6。用机械拌和及机械整形时，松铺系数为1.2～1.4。

(2)碾压。

整形后，当混合料处于最佳含水量±1%时进行碾压，其压实厚度与压实度要求与水泥稳定土相同。如表面水分不足，应适当洒水。

应用12t以上三轮压路机、重型轮胎压路机或振动压路机在路基全宽内进行碾压。直线段由两侧路肩向路中心碾压，平曲线段由内侧路肩向外侧路肩进行碾压。碾压时，后轮应重叠1/2的轮宽；后轮必须超过两段的接缝。后轮压完路面全宽时，即为一遍。碾压到要求的密实度为止。一般需碾压6～8遍，压路机的碾压速度，前两遍以采用1.5～1.7km/h为宜，以后采用2.0～2.5km/h。在道路两侧，应多压2～3遍。

用12～15t轮压路机碾压时，每层的压实厚度不应超过15cm；用18～20t轮压路机碾压时，每层的压实厚度不应超过20cm。

应采用先轻型、后重型压路机碾压。

严禁压路机在已经完成的或正在碾压的路段上调头和急刹车，以保证稳定土层表面不受破坏。

在碾压结束前，再用平地机终平一次，使其纵向顺适，路拱和超高符合设计要求，终平应仔细进行，必须将局部高出部分刮除并扫出路外，对于局部低洼之外，不再进行找补，留待铺筑面层时处理。

(3)养生。

在碾压结束后，要视天气情况，及时对基层进行保湿养生，养生方法有洒水法和覆盖法。

(二)集中厂拌法施工

1.材料准备

石灰工业废渣混合料可以在中心站用多种机械进行集中拌和。集中拌和时，应符合下列要求：

(1)土块最大尺寸不应大于15mm；粉煤灰块不应大于12mm，且9.5mm和2.36mm筛孔的通过量应分别大于95%和75%。

(2)不同粒级的砾石或碎石及细集料都应分开堆放。

(3)石灰、粉煤灰和细集料都应有覆盖，防止雨淋过湿。

(4)配料应准确，拌和应均匀。

(5)混合料的含水量应略大于最佳含水量，使混合料运到现场摊铺后碾压时的含水量能接近最佳含水量。

2.工艺流程

石灰工业废渣稳定土的集中拌和流程如图7.4.2所示。

3.注意事项及接缝处理

(1)拌成混合料的堆放时间不宜超过24h，宜在当天将拌成的混合料运送到铺筑现场，不应将拌成的混合料长时间堆放。

(2)关于横向接缝。如压实层末端未用方木作支撑处理，在碾压后末端成一斜坡，则在第二天开始摊铺新混合料之前，应将末端斜坡挖除，并挖成一横向(与路中心线垂直)垂直向下的断面。挖出的混合料加水到最佳含水量拌匀后仍可使用。

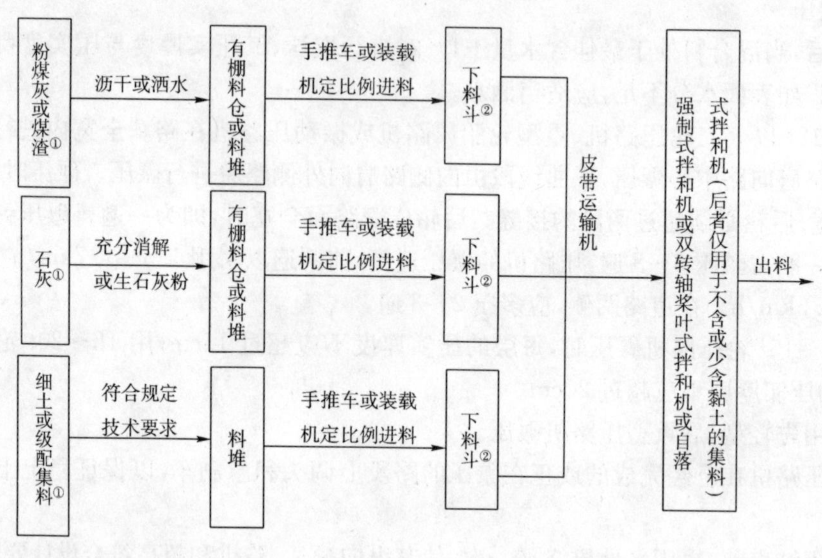

图 7.4.2　石灰工业废渣稳定土施工工艺流程图(集中厂拌法施工)

注:①进入下料斗的粉煤灰、石灰、土和细集料都不应潮湿。

②若拌制基层用二灰级配集料,则至少应有三个集料下料斗,分装粗细集料。

四、二灰稳定粒料施工中产生离析现象的控制措施

目前,我国沥青路面基层与底基层大多采用半刚性基层材料,而二灰稳定碎石(砂砾、钢渣、矿渣等)以其后期强度高、水稳定性好、抗冲刷能力强、施工工艺相对简单、造价比水泥稳定碎石低等优点,不但在国省道施工中被广泛应用,在农村公路建设中也被普遍采用。

但是由于农村公路自身的特点及施工单位现有条件的限制,其施工质量一般难以控制,特别是因混合料的不均匀混合而产生的离析,严重影响了结构层的整体强度和稳定性。我们结合多年的工程施工实践经验,对农村公路二灰碎石基层施工过程中由于施工机械原因而产生的混合料离析现象进行了分析,并提出了相应的控制措施。

1.二灰碎石混合料产生离析的机理

二灰碎石混合料离析是与最佳混合状态相比较而言,指大粒径石子、小粒径石子与二灰三者之间处于非人为的分别聚集状态,分为整体上离析与厚度上离析两种。前者指混合料整体范围内的粒料含量不同,这种离析可以通过各种措施来减少或避免;后者指摊铺后厚度方向上的不均匀现象,这种离析是不可避免的,因为无论采用何种施工机械,混合料始终存在着大粒料向上层分离的倾向。

目前,二灰碎石多数是紧密嵌挤、骨架密实式的二灰粒料,即二灰与集料的质量比在15∶85～20∶80之间。这种混合料压实后应具有的理想结构是:在经压实后的二灰碎石中,表面包裹着一薄层二灰结合料的、粒径大4.75mm以上的粗集料颗粒紧密排列、相互嵌挤,形成良好的、稳定的骨架结构,密实的二灰结合料充满骨架间隙,并将骨架粘结成一个整体。

虽这种结构具有一系列的优良路用性能,但是由于它的粗集料一般采用间断级配,在混合

料运输和摊铺过程中容易出现离析现象，而混合料一旦产生离析就会造成局部强度减弱。但是由于二灰混合料具有一定的粘附性，所以二灰碎石离析的原因多数是因为施工机械作用于各种材料的力的大小及方向不同而引起的。

2.施工过程中离析的控制要点

通过以上分析可知，在配合比设计合理的情况下，二灰碎石混合料的离析现象主要是由于施工机械的运转对各种材料施加的力的大小和方向不同而造成的。因此，应通过对混合料拌和→运输→摊铺的整个过程的机械控制来减少离析现象的产生。

(1)混合料的拌和。

二灰碎石基层应当采用集中厂拌法拌制混合料，在实际施工中也要求采用集中厂拌法。但由于农村公路投资少，施工企业资质低，采用的拌和机多数是自制或已应淘汰的，在性能及拌和质量上不会很理想。因此，在拌制过程中需注意以下问题：

①防止出料不均匀。

在供料仓出口，由于沿输送皮带转动方向的壁仓存在阻力，使出料口形成“死区”，当集料中存在个别粒径较大的石子或泥块时很容易被卡住，造成集料供给减少。此外，当石灰或粉煤灰的含水量过大时，由于其具有较强的黏结力，也容易使供料口变小，从而造成混合料中某种料的含量减少，产生人为的离析。所以，必须安排专人定时检查出料口，并保持集料中无杂质，二灰含水量不要过大，特别是在雨天要对二灰加以覆盖保护。

②拌和连续稳定，拌和时间合适。

由于混合料在拌和时，由于各种料的质量不同，其惯性也不同，在开机和停机的瞬间它们的速率会不同，从而会造成离析，因此拌和机一旦开机，就应保持连续稳定的作业。另外，拌和时间一定要合适，不要忽长忽短，不应存在拌和时间越长越好的思想，因为混合料的随机最佳混合状态产生于拌和过程中的某一时段，时间过长就会把形成的最佳状态破坏掉。所以，必须通过试生产确定好拌和时间，并在拌和过程中保持拌和时间的稳定。

(2)混合料的运输。

由于农村公路穿越村镇的路段较多，农村集市又多数设在公路两侧，人流车流比较多，封闭交通具有一定的难度，所以二灰碎石混合料在运输过程中很容易产生离析，应在以下两个方面注意控制：

①运输过程。

由于施工现场道路条件较差及运输车辆的猛烈起步和刹车，致使大集料往四边散落严 重从而造成混合料离析。所以要选择合理的运输路线，尽量选择路况较好的路段，少过村庄、避开集市。最好采用大吨位的自卸车，在运输过程中运输车要匀速行驶避免紧急刹车。

②注意装卸料的方式。

运输车在接料时，应向矩形车厢的前方和后方两处堆装，迫使大粒径集料落在车厢中部，这样在卸料时能够再次混合，应避免单一向车厢中部装料，造成大粒径集料落在车厢四周而产生离析。卸料时，应派专人指挥倒车，严禁自卸车碰撞摊铺机，在安全范围内应快速将车厢大角度升起，避免大粒径集料先滚落，使混合料整体下落到摊铺机的料斗里。

(3)混合料的摊铺。

为避免混合料离析和提高平整度，规范要求厂拌二灰碎石混合料的摊铺必须采用摊铺机，严禁采用平地机和其他机械设备。虽然在摊铺过程中主要产生的厚度方向上的离析是不可避免的，但由于农村公路施工单位的条件限制，还必须注意以下问题以免产生整体离析：

①合理选择摊铺宽度。

全路段一次摊铺能够节省人工和机械，而且平整度较好，但极易造成混合料离析，所以摊铺宽度不宜过大，特别是在无施工便道的情况下，还要留出行人通道。应尽量采用分路幅多次摊铺的方式，但纵向接缝处大料较多，而且平整度较差，所以一定要多方面综合考虑，根据实际情况确定摊铺宽度，若条件允许最好集中设备采用多台摊铺机梯队作业的方式。

②保持稳定的摊铺速度。

摊铺前必须认真检查摊铺和碾压设备，确保其状态完好，减少随机故障，以免由于机械故障造成中途停机。同时，加强摊铺现场与拌和厂之间的联系，确保混合料的连续供应能力，摊铺速度一旦确定，应尽可能保持稳定和连续，不能因为混合料的供应不足和机械故障而造成摊铺间断。一般情况下，严禁供料速度忽快忽慢，机械猛烈起步和紧急制动，造成摊铺速度快慢不均等现象。

第五节　石灰粉煤灰稳定矿尾砂基层施工

一、总则

1. 在我省承德、唐山等铁矿产区，选矿后的尾砂大量堆积在山谷和河道中，对周围环境造成了一定的污染，有的还占用了一部分当地宝贵的土地资源，有的还因阻塞泄洪通道，从而对当地的水文和地质状况造成不利的影响。因此，如何在农村公路建设中利用这些废料，做到就地取材、废物利用，减少环境污染和土地占用，具有十分重要的经济和环境意义。

2. 矿尾砂为铁矿石经球磨机加工后选剩的产物，存在颗粒均匀，尚含有一定铁的成分等特点；在施工时存在压实困难，最佳含水量大的问题。但由于其中含有一定铁的成分，易被化学物品活化，可以产生铁的络化物。因此，在施工中如何发挥其特点，克服其存在的问题，是保证施工质量的关键。

3. 应用矿尾砂作为路面基层材料，必须严格选料，因为不同粒径组成的矿尾砂对掺加剂的要求不同。

二、一般规定

1. 适合使用石灰、粉煤灰作为无机结合料来稳定矿尾砂，作为二级及以下公路的路面基层。

2. 石灰、粉煤灰稳定矿尾砂混合料采用重量配合比计算，以石灰：粉煤灰：矿尾砂：外加剂的重量比表示。

3. 石灰、粉煤灰稳定矿尾砂施工期的日最低气温应控制在5℃以上，并应在第一次重冰冻期(−3～−5℃)到来之前1个月之内完成。

4.石灰、粉煤灰稳定矿尾砂基层施工时,应遵守下列规定:

(1)材料配比应准确。

(2)二灰应摊铺均匀。

(3)洒水、拌和应均匀。

(4)应严格控制基层厚度和高程,其横坡应与面层一致。

(5)应在混合料处于或略大于最佳含水量时进行碾压,直到达到按重型击实试验法确定的要求压实度90%;

(6)石灰、粉煤灰稳定矿尾砂应采用18～20t三轮压路机和振动压路机碾压,每层的压实厚度不宜超过18cm。

(7)必须保湿养生,不得造成石灰、粉煤灰稳定矿尾砂表面干燥。

(8)石灰、粉煤灰稳定矿尾砂基层上未铺面层时,应封闭交通,保护表层不受破坏。当施工中断,临时开放交通时,必须采取保护措施。

5.石灰、粉煤灰稳定矿尾砂基层施工时,严禁用薄层贴补的办法进行找平。

三、材料

1.石灰、粉煤灰稳定矿尾砂基层施工时石灰质量应符合《公路路面基层施工技术规范》(JTJ 034—2000)中要求的三级消石灰技术标准,应尽量缩短石灰的存放时间,若存放时间较长,应采取覆盖封存措施,妥善保管。

2.粉煤灰中SiO_2、Al_2O_3和Fe_2O_3的总含量应大于70%,粉煤灰的烧失量不应超过20%;粉煤灰的比表面积宜大于2 500cm^2/g(或90%通过0.3mm筛孔,70%通过0.075mm筛孔)。

3.矿尾砂应洁净无杂质。

4.采用洁净的可饮用水。

四、混合料拌和与摊铺

1.石灰、粉煤灰稳定矿尾砂基层施工时可采用路拌法或集中拌和法。集中拌和时,应符合下列要求:

(1)石灰、粉煤灰都应有覆盖,防止雨淋过湿;

(2)配料应准确,拌和应均匀;

(3)混合料含水量应略大于最佳含水量,使混合料运到现场摊铺后碾压时的含水量能接近最佳值。

2.石灰、粉煤灰稳定矿尾砂基层施工时集中拌和工艺流程参照图7.1.1。正式拌和混合料之前,必须先调试所用的设备,使混合料含水量达到规定的要求。

3.在雨季施工时,应采取措施,保护集料,防止雨淋。

4.应根据各种组成材料和混合料含水量的大小,及时调整加水量。

5.应尽快将混合料运送到铺筑现场。车上的混合料应该覆盖,减少水分损失。

6.应采用沥青混凝土摊铺机或稳定土摊铺机摊铺混合料。如下承层是稳定细粒土,应先将下承层顶面拉毛,再摊铺混合料。

7. 拌和机与摊铺机的生产能力应互相匹配。

8. 拌成混合料的堆放时间不宜超过 24h，宜在当天将拌成的混合料运送到铺筑现场，不应将拌成的混合料长时间堆放。

9. 采用路拌时，可先运输摊铺矿尾砂，然后在其上摊铺粉煤灰、石灰，然后用灰土拌和机拌和及洒水，整形、碾压。

10. 少量施工时，可采用人工路拌法施工，即以一定面积为一拌和单位，将需用的矿尾砂、粉煤灰、石灰(掺加剂)堆成一堆，先用人工干拌 1～2 遍，然后加水拌和，次数不宜少于 3 次，摊平。

五、整形与碾压

(一)整形

1. 平地机整形。

(1)混合料拌和均匀后，先用平地机进行初步整平和整形。在直线段及不设超高的平曲线段，平地机由两侧向路中心进行刮平；在设超高的平曲线段，平地机由内侧向外侧进行刮平。必要时，再返回重刮一遍。

(2)用拖拉机、平地机或轮胎压路机快速碾压 1～2 遍，以暴露潜在的不平整之处。

(3)再用平地机按(1)所述进行整形，并用(2)所述机械再碾压一遍。

(4)对于局部低洼处，应用齿耙将其表层 5cm 以上耙松，并用新拌的料找补平整。

(5)再用平地机整形一次。

(6)每次整形都要按照规定的坡度和路拱进行，并应特别注意接缝顺适平整。

2. 人工整形。

人工用锹和耙先将混合料摊平，用路拱板进行初步整形。用拖拉机初压 1～2 遍后，根据试验确定的松铺系数，确定纵横断面的标高，并钉桩、挂线。利用锹耙按线整形，并再用路拱板校正成型。

3. 在整形过程中，必须禁止任何车辆通行。

4. 初步整形后，检查混合料的松铺厚度，必要时应进行补料或减料。二灰土的松铺系数约为 1.5～1.7；二灰集料的松铺系数约为 1.3～1.5。用机械拌和及机械整形时，集料松铺系数约为 1.2～1.3。

(二)碾压

1. 应根据路宽、压路机的轮宽和轮距的不同来制定压实方案，应使各部分碾压到的次数尽量相同，路面的两侧应多压 2～3 遍。

整形后，当混合料的含水量为最佳含水量(+1%～+2%)时，应立即用轻型压路机并配合 12t 以上压路机在结构层全宽内进行碾压。直线和不设超高的平曲线段，由两侧路肩向路中心碾压；设超高的平曲线段，由内侧路肩向外侧路肩进行碾压。碾压时，应重叠 1/2 轮宽，后轮必须超过两段的接缝处，后轮压完路面全宽时，即为一遍。一般需碾压 6～8 遍。压路机的碾压速度，前两遍以采用 1.5～1.7km/h 为宜，以后宜采用 2.0～2.5km/h。采用人工摊铺和整形的稳定土层，宜先用拖拉机或 6～8t 两轮压路机或轮胎压路机碾压 1～2 遍，然后再用重型压路机碾压。

2. 严禁压路机在已完成的或正在碾压的路段上调头或急刹车，应保证稳定土层表面不受破坏。

3. 碾压过程中表面应始终保持湿润，若水分蒸发过快，应及时补洒少量水，但严禁洒大水碾压。

4. 碾压过程中，若有“弹簧”、松散、起皮等现象，应及时翻开重新拌和或用其他方法处理，使其达到压实质量要求。

六、养生与交通管制

1. 石灰、粉煤灰稳定矿尾砂宜采用饱水养生法，养生期应至少为7d。

2. 对于石灰、粉煤灰稳定矿尾砂基层，养生期结束后，宜先让施工车辆慢速通行7～10d，磨去表面的二灰薄层，或用带钢丝刷的机械扫刷去表面的二灰薄层，清扫后应尽早铺筑面层。

第六节　级配（天然）砾石基层施工

一、一般规定

1. 天然砂砾（级配砾石）要符合规定的级配要求，而且塑性指数在6或9以下时，可以直接用做基层。

2. 可在天然砂砾中掺加部分碎石或轧碎砾石，以提高混合料的强度和稳定性。

3. 级配砾石层施工时，应遵守下列规定：

(1)颗粒级配应符合规定；

(2)配料应准确；

(3)塑性指数应符合规定；

(4)混合料应拌和均匀，没有粗细颗粒离析现象；

(5)在最佳含水量时进行碾压，直到达到重型击实试验法确定的要求压实度；

(6)级配砾石应用12t以上三轮压路机碾压，每层的压实厚度不应超过15～18cm；用重型振动压路机和轮胎压路机碾压时，每层的压实度不应超过20cm；

(7)级配砾石基层水洒透层沥青或未铺封层时，禁止开放交通，以保护表层不受破坏。

二、材料要求

1. 级配砾石用做基层时，砾石的最大粒径不应超过37.5mm；用做底基层时，砾石的最大粒径不应超过53mm。

2. 砾石颗粒中细长及扁平颗粒的含量不应超过20%。

3. 级配砾石用做二级和二级以下公路的基层时，其颗粒组成和塑性指数应满足表7.6.1的规定，同时级配曲线应为圆滑曲线。

级配砾石的颗粒组成范围 表 7.6.1

项目		通过质量百分率(%)
筛孔尺寸(mm)	53	—
	37.5	85~100
	31.5	69~88
	19.0	40~65
	9.5	19~43
	4.75	10~30
	2.36	8~25
	0.6	6~18
	0.075	0~10
液限(%)		<28
塑性指数		<6(或 9)

级配砾石用做基层时,集料的压碎值指标应满足下列规定:

二级公路　　不大于 30%

三级和四级公路　　不大于 35%

三、施工工艺

级配砾石基层的施工工艺流程如图 7.6.1 所示。

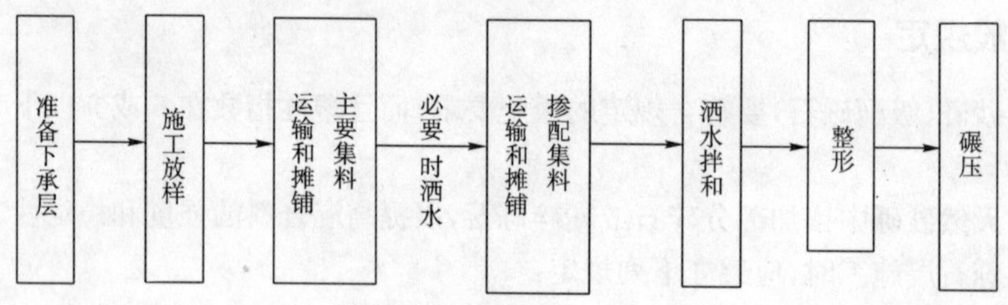

图 7.6.1 级配砾石基层施工工序流程图

1. 计算材料用量

根据各路面基层或底基层的宽度、厚度及预定的干密度,计算各段需要的集料数量。如级配砾石系用两种集料合成时,分别计算两种集料的数量;根据料场集料的含水量,以及所用运料车辆的吨位,计算每车材料的堆放距离。

2. 运输和摊铺集料

(1)集料装车时,应控制每车料的数量基本相等。

(2)应通过试验确定集料的松铺系数,并确定松铺厚度。一般人工摊铺混合料时,其松铺系数约为 1.40~1.50;平地机摊铺混合料时,其松铺系数约为 1.25~1.35。

(3)用平地机或其他合适的机具将料均匀地摊铺在预定的宽度上,表面应力求平整,并有规定的路拱,应同时摊铺路肩用料。

3. 拌和及整形

用拖拉机、平地机或轮胎压路机在已初平的路段上快速碾压一遍,以暴露潜在的不平整。

用拖拉机牵引四铧犁或五铧犁进行拌和时,每一作业段的长度宜为 100~150m。第一遍由路中心开始，将混合料向中间翻，同时机械应慢速前进；第二遍则应从两边开始，将混合料向外翻，拌和过程中，用洒水车洒足所需的水分。拌和遍数以双数为宜，一般需拌 6 遍。

拌和结束时，混合料含水量应均匀，并较最佳含水量大 1%左右，且无离析现象。

用平地机或用其他机具按规定的路拱进行整平和整形。在整形过程中，严禁任何车辆通行。

4. 碾压

整形后，当混合料的含水量等于或略大于最佳含水量时，立即用 12t 以上三轮压路机、振动压路机或轮胎压路机进行碾压。直接和不设超高的平曲线段，由两侧路肩开始向路中心碾压；在设超高的平曲线段，由内侧路肩向外侧路肩进行碾压。碾压时，后轮应重叠 1/2 轮宽；后轮必须超过两段的接缝处。后轮压完路面全宽时，即为一遍。碾压一直进行到要求的密实度为止。一般需碾压 6～8 遍，应使表面无明显轮迹。

5. 横缝的处理

两作业段的衔接处，应搭接拌和。第一段拌和后，留 5～8m 不进行碾压，第二段施工时，前段留下未压部分与第二段一起拌和整平后进行碾压。

6. 纵缝的处理

应避免纵向接缝。在必须分两幅铺筑时，纵缝应搭接拌和。前一幅全宽碾压密实，在后一幅拌和时，应将相邻的前幅边部约 30cm 搭接拌和，整平后一起碾压密实。

第七节　其他类型基层施工

我省农村公路中使用的其他类型基层还有级配碎石、钢渣和填隙碎石等，其中钢渣基层与级配碎石基层的施工基本相同，并且更为简单，只要对钢渣进行适当处理即可。下面对级配碎石和填隙碎石的施工做简要介绍。

一、级配碎石（钢渣基层可参考，但对颗粒级配不做要求）

（一）一般规定

粗、细碎石集料和石屑各占一定比例的混合料，当其颗粒组成符合密度级配要求时，称为级配碎石。级配碎石可用未筛分碎石和石屑组配而成。缺乏石屑时，可以添加细砂砾或粗砂，也可以用颗粒组成合适的含细集料较多的砂砾与未筛分碎石组配面级配碎砾石。当级配碎石用做二级和二级以下公路的基层时，其最大粒径应控制在 37.5mm 以内。级配碎石层施工时，应遵守以下规定：

1. 颗粒级配要好；

2. 配料要准确；

3. 塑性指数必须符合规定；

4. 混合料应拌和均匀，没有粗细颗粒离析的现象。

（二）材料

轧制碎石的材料可以是各种类型的岩石、圆石或矿渣。碎石中针片状颗粒的总含量应不超过20%。

级配碎石或级配碎砾石用做二级和二级以下公路的基层时，其颗粒组成和塑性指数应满足表7.7.1的规定。

级配碎石的颗粒组成范围　　表7.7.1

项　目		通过质量百分率(%)
筛孔尺寸(mm)	37.5	100
	31.5	90～100
	19.0	73～88
	9.5	49～69
	4.75	29～54
	2.36	17～37
	0.6	8～20
	0.075	0～7
液限(%)		<28
塑性指数		<6(或9)

(三)路拌法施工

级配碎石路拌法施工工艺流程如图7.7.1所示。

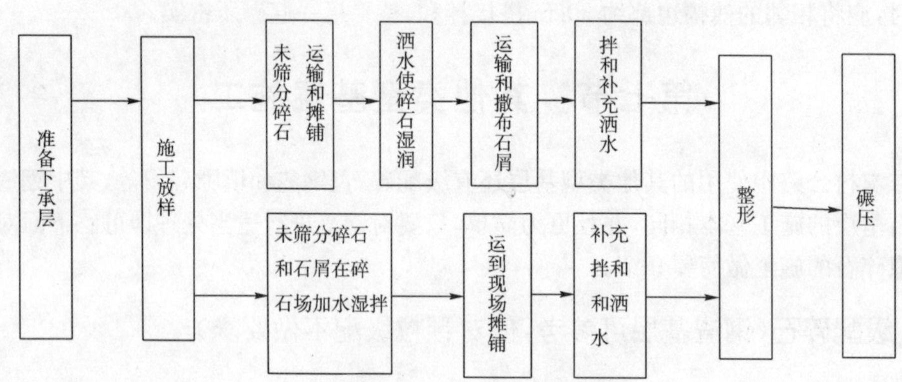

图7.7.1　级配碎石基层施工工序流程图

1.备料

(1)计算材料用量。

①采用未筛分碎石和石屑组成级配碎石时，应按级配的要求，计算未筛分碎石和石屑的配合比。

②采用不同粒级的单一尺寸碎石和石屑组成级配碎石时，应按级配要求，计算不同粒级碎石和石屑的配合比。

③根据各路段基层或底基层的宽度、厚度及规定的压实干密度，并按确定的配合比，分别计算各段需要的未筛分碎石和石屑的数量或不同粒级碎石和石屑的数量，并计算每车料的堆放距离。

(2)未筛分碎石的含水量较最佳含水量宜大1%左右。

(3)未筛分碎石和石屑可按预定比例在料场混合,同时洒水加湿,使混合料的含水量超过最佳含水量约1%。

2.运输和摊铺集料

(1)集料装车时,应控制每车料的数量基本相等。

(2)在同一料场供料的路段内,宜由远到近卸置集料。卸料距离应严格掌握,避免料不够或过多。未筛分碎石和石屑分别运送时,应先运送碎石。

(3)应事先通过试验确定集料的松铺厚度。人工摊铺混合料时,其松铺系数约为1.40~1.50;平地机摊铺混合料时,其松铺系数约为1.25~1.35。

(4)用平地机或其他合适的机具将料均匀地摊铺在预定的宽度上,表面应力求平整,并具有规定的路拱,应同时摊铺路肩用料。

(5)检查松铺材料层的厚度,必要时应进行减料或补料工作。

3.拌和及整形

应采用专用稳定土拌和机拌级配碎石。在无稳定土拌和机的情况下,可采用平地机或多铧犁与缺口圆盘耙相配合进行拌和。

(1)用稳定土拌和机应拌和两遍以上。拌和深度应直到级配碎石层底。在进行最后一遍拌和之前,必要时先用多铧犁紧贴底面翻一遍。

(2)用平地机进行拌和,宜翻拌5~6遍,使石屑均匀分布于碎石料中。拌和结束时,混合料的含水量应均均,并较最佳含水量大1%左右,同时应没有粗细颗粒离析现象。

(3)用缺口圆盘耙与多铧犁相配合拌和级配碎石时,用多铧犁在前面翻拌,圆盘耙紧跟在后面拌和,即采用边翻边耙的方法,共翻耙4~6遍。用多铧犁翻拌时,第一遍由路中心开始,将混合料向中间翻,同时机械应慢速前进;第二遍从两边开始,将混合向外翻。拌和过程中,应保持足够的水分。

用平地机将拌和均匀的混合料按规定的路拱进行整平和整形,在整形过程中,应注意消除粗细集料离析现象。

用拖拉机、平地机或轮胎压路机在已初平的路段上快速碾压一遍,以暴露潜在的不平整。再用平地机进行平和整形。

4.碾压

整形后,当混合料的含水量等于或略大于最佳含水量时,立即用12t以上三轮压路机、振动压路机或轮胎压路机进行碾压。直线和不设超高的平曲线段,由两侧路肩开始向路中心碾压;在设超高的平曲线段,由内侧路肩向外侧路肩进行碾压。碾压时,后轮应重叠1/2轮宽;后轮必须超过两段的接缝处。后轮压完路面全宽时,即为一遍。碾压一直进行到要求的密实度为止。一般需碾压6~8遍,应使表面无明显轮迹。

5.横缝的处理

两作业段的衔接处,应搭接拌和。第一段拌和后,留5~8m不进行碾压,第二段施工时,前段留下未压部分与第二段一起拌和整平后进行碾压。

6.纵缝的处理

应避免纵向接缝。在必须分两幅铺筑时,纵缝应搭接拌和。前一幅全宽碾压密实,在后一幅拌和时，应将相邻的前幅边部约 30cm 搭接拌和，整平后一起碾压密实。

二、填隙碎石

用单一尺寸的碎石作主集料，形成嵌锁作用，用石屑填满碎石间孔隙，增加密实度和稳定性，这种结构称为填隙碎石。实践证明，靠使用两种分开的不同尺寸的集料，可使堆放和运输过程中集料离析现象降到最小。填隙碎石用于干、湿法施工均可。填隙碎石压实良好时，通常约为固体体积率的 85%～90%，其强度和密实度与良好的级配碎石相同。

(一)一般规定

填隙碎石的压实厚度，通常为碎石最大粒径的 1.5～2.0 倍，即 10～12cm。填隙碎石施工时，细集料应干燥，应采用振动压路机碾压。碾压后，基层表面粗碎石间的孔隙既要填满，又不可形成填隙料自成一层，比较理想的状况是粗碎石棱角外露 3～5mm，这对填隙碎石层上铺薄沥青面层非常重要，它可保证薄沥青面层与基层黏接良好，避免薄沥青面层在基层顶面发生推移破坏。

填隙碎石基层不洒透层沥青或未铺封层时，禁止开放交通。

(二)材料

填隙碎石的主集料碎石最大料径，为基层时，不应超过 60mm。粗碎石可以用具有一定强度的各种岩石或漂石轧制，也可以用稳定的矿渣轧制，材料中扁平、长条和软弱颗粒不应超过 15%。

粗碎石的颗粒组成应符合表规范规定。

粗碎石的集料压碎值，当用作基层时不大于 26%。

(三)施工

填隙碎石施工工艺流程为：准备下承层→施工放样→备料→摊铺粗骨料→初压→撒布石屑→振动压实→第二次撒布石屑→振动压实→局部补撒石屑及扫匀→振动压实填满孔隙。①若为干法施工：洒少量水→终压；②若为湿法施工：洒水饱和→碾压滚浆→终压。

1. 准备下承层及放样

下承层的平整度和压实度应符合规定，土基不论路提或路堑，必须用 12～15t 三轮压路机或等效的碾压机械进行碾压检验，如发现土过干，表层松散，应适当洒水；如土过湿，发生“弹簧”现象，应采用挖开晾晒、换土、掺石灰或集料等措施进行处理。

在槽式断面的路段，两侧路肩上每隔一定距离应交错开挖排水沟。

下承层准备好后，恢复中线，并在两侧路肩外设指示桩，标出基层或底基层边缘的设计高。

2. 备料

根据各路段基层或底基层的宽度、厚度及松铺系数(1.2～1.3，碎石最大粒径与压实厚度之比为 0.5 左右时，松铺系数 1.3；比值较大时，系数接近 1.2)。计算各段需要的粗碎石数量，按需要逐段堆放。

填隙料的用量约为粗碎石重量的 30%～40%。

粗碎石用平地机或其他合适的机具，均匀地摊铺在预定的宽度上，表面应力求平整，并有规定的路拱。

3. 干法施工

粗碎石摊铺后用 8t 两轮压路机初压 3～4 遍，使粗碎石稳定就位。随后，用石屑撒布机或类似设备将干填隙料均匀地撒铺在已压稳的粗碎石层上，松厚 2.5～3.0cm。填隙料撒铺后用振动压路机慢速碾压，将全部填隙料振入粗碎石的孔隙中。然后再次撒布松厚 2.0～2.5cm 的填隙料，再次碾压。碾压过程中，对局部填隙料不足之处，人工进行找补；将局部多余填隙料用竹帚扫到路外或填隙料不足之外。

填隙碎石的终压用 12～15t 三轮压路机碾压 1～2 遍，终压过程中，不应有任何蠕动现象。终压之前，宜在表面少量洒水，洒水量 3kg/m^2 以上。

4. 湿法施工

湿法施工与干法施工的区别在于终压前的洒水量应达饱和用 12～15t 三轮压路机跟在洒水车后进行碾压。在碾压过程中，将湿填隙料继续扫入所出现的孔隙中。

湿法施工时，洒水和碾压应一直进行到细集料和水形成粉砂浆为止。粉砂浆应有足够的数量以填塞全部孔隙，并在压路机机轮前形成微波纹状。

第八章 路 面 施 工

第一节 沥青路面施工

沥青路面是用沥青材料作为结合料黏结矿料修筑的面层与各类基层和垫层所组成的路面结构。沥青路面具有平整、无接缝、行车舒适、耐磨、噪声低、施工期短、养护维修方便、适宜于分期修建等优点,因此得到广泛应用。

一、材料

(一)沥青材料

道路用沥青材料主要有石油沥青、乳化沥青和煤沥青。

1. 石油沥青

对于张家口、承德、唐山、秦皇岛等冬季比较寒冷的地区,宜采用 AH-90 或 AH-110 石油沥青,其他地区宜采用 AH-90 或 AH-70 石油沥青。沥青的技术要求根据农村公路的等级确定,二级公路使用石油沥青的技术要求见表 8.1.1;三级及以下等级公路使用石油沥青的技术要求见表 8.1.2。

二级公路用石油沥青技术要求 表 8.1.1

指标		单位	沥青标号			试验方法
			AH-110	AH-90	AH-70	
针入度(25℃,5s,100g)		0.1mm	100～120	80～100	60～80	T0604
针入度指数 PI		−1.8～+1.0				
软化点	不小于	℃	42	43	44	T0606
10℃延度	不小于	cm	30	20	15	T0605
15℃延度	不小于	cm	100			
含蜡量(蒸馏法)	不大于	%	3.0			T0615
闪点	不小于	℃	230	245	260	T0611
溶解度	不小于	%	99.5			T0607
密度(15℃)		g/cm³	实测记录			T0603
薄膜加热试验后						T0610
质量变化	不大于	%	±0.8			T0610
残留针入度比	不小于	%	52	54	58	T0604
残留延度(10℃)	不小于	cm	8	6	4	T0605

三级及以下等级公路用石油沥青技术要求　　表 8.1.2

指标		单位	沥青标号			试验方法
			AH-110	AH-90	AH-70	
针入度(25℃,5s,100g)		0.1mm	100～120	80～100	60～80	T0604
软化点	不小于	℃	41	42	43	T0606
15℃延度	不小于	cm	60	50	40	T0605
含蜡量(蒸馏法)	不大于	%	4.5			T0615
闪点	不小于	℃	230	245	260	T0611
溶解度	不小于	%	99.5			T0607
密度(15℃)		g/cm³	实测记录			T0603
薄膜加热试验后						T0610
质量变化	不大于	%	±0.8			T0610
残留针入度比	不小于	%	48	50	54	T0604
残留延度(15℃)	不小于	cm	30	20	15	T0605

2. 乳化沥青

乳化沥青用于沥青表面处治路面、贯入式路面、冷拌沥青混合料路面、黏层油、透层油施工,其技术标准应符合表 8.1.3 的规定。

道路用乳化沥青技术要求　　表 8.1.3

试验项目		单位	品种及代号					试验方法
			阳离子				阴离子	
			PC-1	PC-2	PC-3	BC-1	PA-2	
破乳速度			快裂	慢裂	快裂或中裂	慢裂或中裂	慢裂	T0658
粒子电荷			+				—	T0653
筛上残留物(1.18mm 筛),不大于		%	0.1				0.1	T0652
道路标准黏度 $C_{25.3}$		s	10～25	8～20	8～20	10～60	8～20	T0621
蒸发残留物	残留物含量,不小于	%	50			55	50	T0651
	溶解度,不小于	%	97.5				97.5	T0607
	针入度(25℃)	0.1mm	50～200	50～300	45～150	45～150	50～300	T0604
	延度(15℃),不小于	cm	40				40	T0605
与粗集料黏附性,裹附面积,不小于			2/3			—	2/3	T0654
与粗、细集料拌和试验			—			均匀	—	T0659
常温贮存稳定性 1d,不大于 5d,不大于		%	1 5				1 5	T0655

注:1. PC-1 乳化沥青用做表面处治、贯入式路面及下封层。

2. PC-2、PA-2 型乳化沥青用做透层油及基层养生。

3. PC-3 型乳化沥青用做黏层油。

4. BC-1 型乳化沥青用做稀浆封层或冷拌沥青混合料。

3. 煤沥青

煤沥青适用于道路透层油及表面处治、贯入式路面施工，各种型号的煤沥青技术要求见表8.1.4。

道路用煤沥青技术要求　　表8.1.4

试验项目		T-1	T-2	T-5	T-6	T-7	试验方法
黏度(s)	$C_{30.5}$	5～25	26～70				T0621
	$C_{30.10}$			51～120	121～200		
	$C_{50.10}$					10～75	
蒸馏试验馏出量(%)	170℃前　不大于	3		1.5		1.0	T0641
	270℃前　不大于	20		15		10	
	300℃前　不大于	15～35		25		20	
300℃蒸馏残留物软化点(环球法)		30～45		35～65		40～70	T0606
水分	不大于(%)	1.0		1.0	0.5	0.5	T0612
甲苯不溶物	不大于(%)	20					T0646
萘含量	不大于(%)	5		4	3.5	3	T0645
焦油酸含量	不大于(%)	4		2.5	2.5	1.5	T0642

注：1. T-1、T-2级煤沥青适于用作公路基层的透层油。

2. T-5、T-6、T-7级煤沥青适于用作表面处治及贯入式路面。

(二)粗集料

1. 粗集料应该干净、干燥、无风化、无杂质，表面粗糙，接近正方体，其技术指标应该满足表8.1.5的要求。

沥青混合料用粗集料质量技术要求　　表8.1.5

指标		二级及以下等级公路	试验方法
石料压碎值	不大于(%)	30	T0316
洛杉矶磨耗损失	不大于(%)	35	T0317
视密度	不小于(%)	2.45	T0304
吸水率	不大于(%)	3.0	T0304
对沥青的粘附性	不小于	4级	T0663
针片状颗粒含量	不大于(%)	20	T0312
水洗法<0.075mm颗粒含量	不大于(%)	1	T0310
软石含量	不大于(%)	5	T0320
破碎砾石的破碎面积	不小于(%)		T0346
拌和的沥青混合料路面表面层		60	
中下面层		50	
贯入式路面		60	

2. 对于某种单一粒径的集料，若其某项指标达不到表 8.1.5 的技术要求，而按照沥青混合料中各种规格料的比例计算的质量指标满足要求时，在工程中也可以使用。

3. 当集料的粘附性达不到 4 级时，可以采用掺加水泥或者消石灰的方法，但水泥或者消石灰的掺量不宜超过 2%。

4. 对于 3～5mm 石料针片状含量不做要求。

5. 石料厂破碎的粗集料应该满足一定的规格，沥青路面用粗集料规格见表 8.1.6。

沥青混合料用粗集料规格

表 8.1.6

规格	公称粒径(mm)	通过下列筛孔(mm)的质量百分率(%)											
		75.0	63.0	53.0	37.5	31.5	26.5	19.0	13.2	9.5	4.75	2.36	0.6
S3	30～60	100	90～100	—	—	0～15	—	0～5					
S4	25～50		100	90～100	—	—	0～15	—	0～5				
S5	20～40			100	90～100	—	—	0～15	—	0～5			
S6	15～30				100	90～100	—	—	0～15	—	0～5		
S7	10～30				100	90～100	—	—	—	0～15	0～5		
S8	10～25					100	90～100	—	0～15	—	0～5		
S9	10～20						100	90～100	—	0～15	0～5		
S10	10～15							100	90～100	0～15	0～5		
S11	5～15							100	90～100	40～70	0～15	0～5	
S12	5～10								100	90～100	0～15	0～5	
S13	3～10								100	90～100	40～70	0～20	0～5
S14	3～5									100	90～100	0～15	0～3

(三)细集料

1. 细集料应洁净、干燥、无风化、无杂质，其技术指标应满足表 8.1.7 的规定。

沥青混合料用细集料质量要求

表 8.1.7

项　目		二级及以下等级公路	试 验 方 法
表观密度	不小于(t/m^3)	2.45	T0328
含泥量(<0.075mm 颗粒含量)	不小于(%)	5	T0333
砂当量	不小于(%)	50	T0334

2. 细集料可采用天然砂、机制砂或石屑，其规格应满足表 8.1.8、表 8.1.9 的规定。

沥青混合料用天然砂规格

表 8.1.8

筛孔尺寸(mm)	通过各筛孔的质量百分率(%)		
	粗砂	中砂	细砂
9.5	100	100	100
4.75	90～100	90～100	90～100

续上表

筛孔尺寸(mm)	通过各筛孔的质量百分率(%)		
	粗砂	中砂	细砂
2.36	65～95	75～90	85～100
1.18	35～65	50～90	75～100
0.6	15～30	30～60	60～84
0.3	5～20	8～30	15～45
0.15	0～10	0～10	0～10
0.075	0～5	0～5	0～5
细度模数 M_x	3.7～3.1	3.0～2.3	2.2～1.6

沥青混合料用机制砂或石屑规格 表 8.1.9

规格	公称粒径(mm)	水洗法通过各筛孔的质量百分率(%)							
		9.5	4.75	2.36	1.18	0.6	0.3	0.15	0.075
S15	0～5	100	90～100	60～90	40～75	20～55	7～40	2～20	0～10
S16	0～3	—	100	80～100	50～80	25～60	8～45	0～25	0～15

3.石屑是采石厂的下脚料，土和细粉的含量较多、砂当量不满足要求、薄片颗粒含量过多的石屑不得采用。

4.加工石屑和机制砂宜采用石灰岩。

(四)填料

沥青混合料中的填料必须采用石灰岩或岩浆岩中的强基性岩石等憎水性材料经磨细得到的矿粉，其技术指标满足表 8.1.10 的要求。

沥青混合料用矿粉质量要求 表 8.1.10

项目		二级及以下等级公路	试验方法
表观密度	不小于(t/m³)	2.45	T0352
含水量	不大于(%)	1	T0103
粒度范围	小于 0.6mm(%)	100	T0351
	小于 0.15mm(%)	90～100	
	小于 0.075mm(%)	70～100	

二、热拌沥青混合料组成设计

(一)热拌沥青混合料的级配范围

热拌沥青混合料包括密级配沥青混凝土、沥青碎石。沥青混凝土可用于所有等级公路，沥青碎石只能用于三级及以下等级公路，热拌沥青混合料的矿料级配范围见表 8.1.11。

热拌沥青混合料级配范围 表 8.1.11

级配类型		通过下列筛孔(mm)的质量百分率(%)												
		31.5	26.5	19.0	16.0	13.2	9.5	4.75	2.36	1.18	0.6	0.3	0.15	0.075
密级配沥青混凝土混合料														
粗粒式	AC-25	100	90～100	75～90	65～83	57～76	45～65	24～52	16～42	12～33	8～24	5～17	4～13	3～7
中粒式	AC-20		100	90～100	78～92	62～80	50～72	26～56	16～44	12～33	8～24	5～17	4～13	3～7
	AC-16			100	90～100	76～92	60～80	34～62	20～48	13～36	9～26	7～18	5～14	4～8
细粒式	AC-13				100	90～100	68～85	38～68	24～50	15～38	10～28	7～20	5～15	4～8
	AC-10					100	90～100	45～75	30～58	20～44	13～32	9～23	6～16	4～8
砂粒式	AC-5						100	90～100	55～75	35～55	20～40	12～28	7～18	5～10
半开级配沥青稳定碎石(沥青碎石)混合料														
中粒式	AM-20		100	90～100	60～85	50～75	40～65	15～40	5～22	2～16	1～12	0～10	0～8	0～5
	AM-16			100	90～100	60～85	45～68	18～40	6～25	3～18	1～14	0～10	0～8	0～5
细粒式	AM-13				100	90～100	50～80	20～45	8～28	4～20	2～16	0～10	0～8	0～6
	AM-10					100	90～100	35～65	10～35	5～22	2～16	0～12	0～9	0～6

(二)沥青混凝土设计级配调整

1.选定级配类型后,根据表 8.1.11 确定矿料的级配范围。在确定级配范围时,不能死板地按照按照表 8.1.11 规定的中值掺配,而应在曲线范围内进行调整。在调整矿料级配时,应从以下几方面考虑:

(1)使矿料中的粗集料形成稳定的骨架;

(2)使混合料具有良好的体积性能;

(3)减少混合料在施工中的离析。

2.矿料级配对沥青混合料的使用性能的影响,具体到每个粒径的集料对沥青混合料的影响,分别介绍如下:

(1)0.075mm 以下填料。对沥青用量、沥青膜厚度、沥青混合料的体积指标、路面抗泛油能力的影响比较大。

(2)0.075～0.6mm 集料。如果含量较高,则属于驼峰级配,沥青含量稍多就会造成沥青混合料的不稳定。

(3)0.15～2.36mm 集料。如果含量过低,就会造成混合料空隙过大,缺乏抗拉强度。

(4)2.36mm、4.75 mm 的通过率对混合料的构造纹理深度、骨架结构、混合料的抗车辙能力、混合料的压实特性、混合料的压实不稳定区的影响比较大。

(5)最粗部分的集料含量过多,级配曲线在最大粒径筛孔附近过于陡直,则混合料容易产生离析;级配曲线在最大筛孔附近比较平缓,粗集料相对较少,则表面均匀且易于修整。

在实际的沥青混合料配合比设计过程中,最粗部分的集料应该介于级配中值和上限之间;4.75mm 尽量接近规范的中值;2.36mm、1.18mm、0.6mm、0.3mm 等筛孔应该偏离中值线以下，以避免矿料过细导致混合料软弱，使绘出的级配曲线成"S"形。

(三)最佳沥青用量确定

1. 沥青混合料设计指标

沥青用量通过马歇尔击实试验来确定，一般取五种沥青用量制作马歇尔试件，按照0.5%间隔的沥青用量变化，根据不同沥青用量与沥青混合料空隙率、饱和度、稳定度、流值、密度及矿料间隙率的关系来综合确定，再根据道路等级和使用条件等进行调整。确定最佳沥青用量的技术指标见表8.1.12和表8.1.13。

沥青混凝土马歇尔技术指标　　表8.1.12

试验指标＼公路等级		二级公路			三级及三级以下公路		
击实次数(双面)		75			50		
试件尺寸(mm)		ϕ101.6mm×63.5mm			ϕ101.6mm×63.5mm		
空隙率VV(%)		3～5			3～6		
稳定度MS(kN)不小于		8			5		
流值FL(mm)		2～4			2～4.5		
沥青饱和度(%)		65～75			70～85		
矿料间隙率VMA(%)不小于	设计空隙率(%)	相应于以下公称最大粒径(mm)的最小VMA技术要求(%)					
		26.5	19	16	13.2	9.5	4.75
	2	10	11	11.5	12	13	15
	3	11	12	12.5	13	14	16
	4	12	13	13.5	14	15	17
	5	13	14	14.5	15	16	18
	6	14	15	15.5	16	17	19

沥青碎石马歇尔试验配合比设计技术标准　　表8.1.13

试验指标	公称最大粒径(mm)	马歇尔试件尺寸(mm)	击实次数(双面)	稳定度(kN)不小于	流值(mm)	空隙率VV(%)	沥青饱和度VFA(%)	VMA(%)
半开级配面层(AM)	≤26.5	ϕ101.6mm×63.5mm	50	3.5	—	6～10	40～70	—

2. 配合比设计试验过程中应注意的事项

(1)确定击实温度。击实温度应该采用沥青的运动黏度来确定。但是由于大多数农村公路施工单位都没有这种试验设备，因此在农村公路沥青路面配合比设计中可以参考以下击实温度：AH-70沥青的击实温度一般在137～144℃；AH-90沥青的击实温度一般在132～140℃；AH-110沥青的击实温度一般在125～138℃。

(2)混合料的拌和。应该采用机械拌和，沥青加热不宜用明火加热，一般采用砂浴或油浴加热，如果采用液化气或电炉加热，应该加石棉网。试模应该在100℃的烘箱中加热备用。

(3)天然砂的用量一般不宜超过集料总量的20%。

(4)试件密度的测定。试件密度是马歇尔试验中最为关键的一个指标，但是它又是一个很难准确测定的指标，它直接影响到孔隙率、饱和度、矿料间隙率等指标。常用表干法和蜡封法，表干法适用于沥青混凝土试件，在测试的过程中应严格按照试验规程的规定操作；蜡封法适用于沥青混凝土和沥青碎石，在测试过程中应注意以下事项：

①试件蜡封前应在4～5℃条件下冷却5min，这一步非常重要却往往被忽略。沥青混凝土试件孔隙包括开口孔隙和闭口孔隙两部分，对试件预先冷却，可使蜡较快冷却，不致浸到试件里面。根据经验，石蜡加热应该控制在75℃左右，如果加热温度太高，要晾至该温度。

②对于沥青碎石等表面有大孔隙的试件，用冷冻蜡封法测出的结果不尽合理，这里介绍一种改进冷冻蜡封法。称取试件的空气中质量m，先用蜡塞平大空隙后称重m'，再用冷冻蜡封法测密度。试件密度按下式计算：

$$\rho=(m\times\rho_w)/[m_p-m_c-(m_p-m')/\gamma_p] \tag{8.1.1}$$

式中：ρ——试件密度(g/cm^3)；

m——试件空中重(g)；

m'——用蜡塞平大空隙后试件空中重(g)；

m_p——封蜡后试件空中重(g)；

m_c——封蜡后试件水中重(g)；

γ_p——常温下石蜡与水的相对密度(g/cm^3)；

ρ_w——常温水的密度(g/cm^3)。

3. 马歇尔配合比设计试验数据处理过程中出现的问题及分析

(1)空隙率低且稳定度也低。针对这种情况，一种方法是在容许的级配范围内增加粗集料用量，减少细集料用量；另一种是，如果沥青混合料的油石比高于正常量，油石比可以适当降低以增加孔隙率，但使用这种方法应该慎重。因为减少沥青用量，虽然可以增加孔隙率，但会减少沥青膜厚度，使混凝土耐久性降低。如果两种方法均行不通时，可考虑改变材料比例，通常可以增加碎石粒料用量，减少细集料用量，尤其要减少天然砂的用量。

(2)空隙率低，但稳定度满足要求。对矿料级配进行调整，增加粗集料用量，减少细集料用量，同时减少沥青用量。

(3)空隙率满足要求但稳定度低。矿料的空隙率能满足要求，但稳定度低，说明集料的压碎值和针片状含量过高，或者需要更换某种材料，提高集料与沥青的粘附性，直至满足规范要求为止。同时，也可以考虑采用标号较低的沥青。

(4)空隙率高但稳定度能满足规范要求。空隙率高有较高的渗透性，会导致沥青老化，发生水损坏。可以通过增加矿粉用量达到要求，也可以将粗矿粉换成细矿粉使细集料增加，或者通过级配调整。

(四)生产配合比设计

1. 在拌和站冷料仓按照目标配合比比例把集料送入烘干桶加温烘干，经筛分后进入各热料仓，为了保证供料均匀、配料准确，应做到以下几点：

(1)冷料仓上料时,应防止不同规格石料混掺。

(2)应严格控制各种规格料含水量变化,尤其是细集料含水量变化,使其保持相对稳定。

(3)对冷料仓应进行流量调试,找准流量与集料规格、出料口开启程度与小皮带转速的关系,以控制冷料进料的准确性。

冷料仓的流量,根据拌和机的生产能力和目标配合比计算得到。例如,某拌和机的生产能力为100t/h,1号仓装有天然砂,在目标配合比中天然砂的用量为20%,所拌沥青混合料的沥青含量为5%,则1号仓的固定流量为100×0.95×0.2= 19t/h。现以皮带式为例,详细介绍标定步骤:

(1)各冷料仓分别装满不同规格的集料。

(2)移走水平皮带运输机接头的提升运输机,将装载机置于该处,准备接料。

(3)启动大型水平皮带运输机。

(4)选择某一低速,启动1号仓的小皮带,并开始计时。装载机料斗内落满料后开走装载机称料重,直至接料总重超过10t为止,并记录时间。

(5)根据称料总重及延续时间,计算1号仓在该皮带转速下的流量。

(6)改变小皮带4～5种转速,分别测定1号仓相应小皮带转速下的流量。

(7)同种方法测定其他冷料仓不同皮带转速下的流量。

(8)绘制各冷料仓小皮带转速与流量关系曲线。

在实际生产中,料场进料规格会有变化,含水量也不断变化。这时,尚须根据实际情况对冷料仓作适当调整,以达到与热料仓供料相匹配,满足标准级配要求。

2.在热料仓取料,分别进行筛分,设计热料仓的级配,使级配曲线尽量接近目标配合比的设计曲线。

3.使用热料仓的集料配合比设计,按照目标配合比设计确定的最佳沥青沥青用量±0.3%进行马歇尔设计,确定最佳沥青用量。

(五)试拌试铺

在正式施工之前应先铺筑200～300m的试验段,通过试拌试铺为正式施工提供经验和控制参数。

三、热拌沥青混合料施工

(一)沥青混合料的拌和

1.在拌和沥青混合料时宜采用间歇式拌和机,当没有间歇式拌和机时也可采用连续式拌和机。

2.拌和厂不同的规格的集料应该分别堆放,应有可靠的隔离措施,避免不同规格的料堆交错,避免人为失误造成材料的变异性。

3.各种细集料应该搭篷保护,防止雨淋。如果没有条件的话,应该对第二天使用的细集料用塑料布覆盖。防止细料雨淋,对于保证沥青混凝土的颗粒组成级配曲线十分重要。因为细集料雨淋以后,单位时间内流出料口的数量减少,造成细集料在输送带上继续分布时,每小块的分布量不同。在一些拌和厂,由于细集料含水量过大不能自流通过冷料斗的出料口时,只能靠两个工人站在料斗的边框上用长棍往下捅料，当然这样不能保证按照一定的数量将材料送上输送带，这样容易造成沥青混凝土颗粒变异、空隙率变大、沥青用量偏多，成为开放交通后产生水破坏和泛油的重要原因。再者，如果材料的含水量大，在通过滚筒时，材料不容易烘干，就是增加干拌时间，水蒸气在滚筒中不能跑出，这样增加了水破坏的因素，并且由于混合料中含有水分，在施工碾压过程中，出现推移现象，不容易压实。

4. 拌和温度。拌和时，AH-70 沥青和 AH-90 沥青的加热温度应控制在 150～165℃，AH-110 沥青的加热温度应控制在 145～155℃。由于常温的矿粉是与其他集料同时加入的，为保证矿料的拌和温度，矿料的进料温度应控制在 160～180℃。混合料出厂温度应该以能够摊铺和压实为度，以 140～165℃为宜。沥青混合料的出厂温度并不是越高越好，出厂温度越高，不仅耗费燃料，增加成本，更主要的是影响沥青混凝土的质量。拌和时，一般不能将沥青的温度加热的太高，防止沥青的老化，在拌和沥青混合料时，主要通过调节集料的温度来调节。

5. 拌和料收粉尘的使用量不能超过填料的 25%，并且要均匀加到每盘中。用于生产沥青混凝土的矿粉必须存放于拌和机石粉罐中，保持干燥，呈自由流动状态。我国规范规定可以使用回收矿粉，主要是在考虑一个环保的问题。其实，无论采用多少回收矿粉，或多或少对沥青混合料有一定的影响。根据一些研究，回收矿粉可以使用，但是一定要控制用量，一般不能超过添加矿粉的 25%，并且必须要均匀的加到每一盘中。

6. 混合料应均匀一致，无花白、结团成块或严重的粗细集料离析现象，严禁不合格的产品出场。

7. 沥青混合料拌制过程中容易出现的一些问题及处理措施：

(1)第一盘沥青混合料容易出现废料。主要原因是加热温度没有达到，解决办法是适当减少进料的数量或者适当提高拌和温度。

(2)出现花白料。主要原因是加热温度没有达到，拌和时间偏短或者吸尘不理想，解决办法是提高加热温度或者增加拌和时间或者减少矿粉用量。

(3)出现枯料。原因是细集料含水量过大，细集料达到加热温度后，使粗集料的温度大大超过规定值，造成枯料。细集料的含水量大于 5%不能使用。

(4)混合料没有光泽。原因是沥青混合料加热温度太高，沥青出现老化，或者是回收粉用量太大，应该降低沥青的加热温度或者减少回收粉的用量。

(5)矿料级配发生变化。主要由于冷料发生了变化，或者热料筛中矿料太多，来不及进行正常筛分就进入到热料仓中。

(二)沥青混合料的运输

热拌沥青混合料应采用自卸汽车运输，但对自卸汽车的吨位应加以限制，以满载时不对基层造成破坏为度。运输车的数量应根据生产能力、车速、运距等情况综合考虑、合理配置，并留有适量富余的备用。在运输过程中，应注意做好以下几点：

1. 为确保摊铺温度，并防止漏料造成污染和防雨，所有沥青混合料的运输车辆都应用苫布覆盖。

2. 运输车装料前必须将车厢清理干净，车厢底板及周壁要涂一薄层油水混合液(柴油：水<1：3)，以防止混合料粘连。

3. 拌和机向运料车卸料时，应每卸一斗混合料挪动一下汽车位置，以减少离析现象。

4. 自卸车车厢后挡板卡扣必须保持清洁，易于卡紧、开启，以防车辆在运输途中漏料，造成材料浪费和路面污染。

5. 倒车卸料时，要避免汽车撞击摊铺机，应指定专人指挥车辆，在摊铺机前 10～30cm 处停车，在卸料过程中应挂空挡靠摊铺机推动前进。

6. 沥青混合料运到现场的温度不得低于 130～150℃，已经结团或受雨淋的混合料不得摊铺。

7. 运输车在返回途中，料斗要落下，以免发生事故和余料泄漏污染路面。

8. 料车中残余混合料运离摊铺现场，在指定地点集中清除，当天施工产生的废料当天运出工地。

(三)沥青混合料摊铺

1. 施工段采用整幅摊铺或者半幅摊铺均可。加宽段宜采用摊铺机梯队作业，其纵向接缝的处理，应在前面已摊铺混合料部分留下 10～20cm 宽暂不碾压，作为后面摊铺的高程基准面，并有 5～10cm 左右的摊铺层重叠，以热接缝形式最后做跨接缝碾压以消除缝迹。上下层纵缝应错开 15cm 以上。

2. 为保证沥青混凝土路面平整度、厚度达到设计要求，上面层摊铺宜采用走雪橇方式控制摊铺层厚度和平整度。

3. 为减少施工横缝，应保证每层每天至少摊铺 1.0km。

4. 在摊铺过程中，摊铺机以试铺确定的摊铺速度、振动、振捣频率匀速前进，严禁中途变速，并尽量减少停顿次数。

5. 每天开始摊铺前，熨平板必须预热，预热温度不得低于 70℃。

6. 机械摊铺过程中，不得用人工反复修整。但在下列情况下，可用人工局部找补、更换混合料或人工摊铺。

(1)横断面不符合要求或摊铺带边缘局部缺料；

(2)构造物接头部位缺料。

人工修整必须在现场主管人员专门指导下进行，认真调整，局部换料，仔细修补，同已铺混合料接顺，不留明显印迹和差异。如遇摊铺机本身原因导致严重缺陷，应立即停止摊铺。人工修整时，不允许站在热混合料上操作。

7. 摊铺好的沥青混合料在未经压实前，施工人员不得踩踏。

8. 摊铺遇雨时，应立即停止施工，并在雨后清除未压实成型的混合料。

(四)沥青混合料的压实及成型

1. 沥青混合料压实以试铺段确定的碾压组合和速度，紧接摊铺后进行，分为初压、复压、终压三个阶段进行。

2. 压路机启动、停止必须减速缓慢进行，不得急刹车。

3. 压路机加水时，应行驶到已复压的沥青混凝土路面边缘停放，加水后应就地来回碾压平整后再离开原位。

4. 相邻碾压应重叠 1/3～1/2 轮宽，压路机转向角度不得大于 35°。

5. 初压后的沥青混凝土面层不得产生推移、开裂现象；复压后的沥青混凝土面层表面要求无明显轮迹；终压后要求表面平整，光洁，颜色均匀一致，无明显轮迹。

6. 对压路机无法压实的边缘及构造物接头处应采用小型压路机或振动夯压实。

7. 施工过程中禁止对路缘石及硬化土路肩造成污染，胶轮压路机碾压时需距路缘石边缘5cm左右。

8. 当天碾压的沥青混合料面层应封闭交通，不得停放任何机械设备或车辆，不得散落矿料、油料等杂物。

（五）施工遇雨的处理

沥青混合料面层雨天不得施工。如在施工过程中遇雨，采取以下措施：

1. 施工现场立即停止摊铺，用苫布等把摊铺机包括料斗部分全部覆盖。

2. 运输车及时盖上苫布，并立即通知拌和厂停止拌和。

3. 已摊铺部分加紧碾压，尽快完成。

4. 雨过后，如摊铺机前地面干燥、无积水，摊铺机料斗内的沥青混合料温度能满足最低温度要求，可以把已运到工地的混合料铺完，是否继续拌和、摊铺，应根据气候情况研究决定。若地面潮湿，或储料斗内沥青混合料温度低于最低温度要求时，则应丢弃。摊铺后未经碾压密实即遭雨淋的沥青混合料应全部清除。

四、沥青表面处治路面

沥青表面处治路面，是指用沥青和集料按层铺法或拌和法施工的厚度不大于3cm的一种薄层面层。由于处置层很薄，一般不起提高强度作用，其主要作用是抵抗行车的磨耗，增强防水性，提高平整度，改善路面的行车条件。沥青表面处治适用于三级及三级以下公路。

层铺法表面处治按照洒布沥青及铺撒矿料的层次多少，可分为单层式、双层式和三层式三种。单层式为浇洒一次沥青，撒布一次集料铺筑而成，厚度为1～1.5cm（乳化沥青表面处治为0.5cm）；双层式为浇洒两次沥青，撒布两次集料铺筑而成，厚度为1.5～2.5cm（乳化沥青表面处治为1cm）；三层式为浇洒三次沥青，撒布三次集料铺筑而成，厚度为2.5～3cm。

沥青表面处治所用的集料最大粒径应与处置层的厚度相等，其规格和用量按规定选用。当采用乳化沥青时，为减少乳液流失，可在主层集料中掺加20%以上的较小粒径的集料。当沥青面层用粗集料采用规格料时，若粗集料规格不符合规定，但确认与其他材料配合后的级配符合各类沥青面层的矿料级配范围时也可使用。

层铺法沥青表面处治施工有“先油后料”和“先料后油”两种方法，一般采用“先油后料”法，即先洒布一层沥青，再铺撒一层矿料。层铺法沥青表面处治一般有单层式、双层式和三层式。

（一）施工工序

1. 先油后料的施工工序

（1）三层式。

清扫放样→洒第一层油→撒第一层矿料→碾压→洒第二层油→撒第二层矿料→碾压→洒面层油→撒面层矿料→碾压→初期养护。

（2）双层式。

同三层式，仅减少一次洒油、撒料和碾压，材料规格和用油量有所不同。

(3)单层式。

同双层式,仅减少一次洒油、撒料和碾压,材料规格和用油量有所不同。

2.先料后油的施工工序

(1)二油三料。

清扫基层→撒第一层矿料→整理及成形→洒第一层油→撒第二层矿料→碾压→撒面层油→撒面层矿料→碾压→初期养护。

(2)一油二料。

同二油三料,仅减少一次洒油、撒料和碾压,材料规格和用油量不同。

沥青表面处治各层材料规格和用量见表8.1.14。

沥青表面处治材料规格和用量　　表8.1.14

沥青种类	类型	厚度(cm)	集料(m^3/1 000m^2)						沥青或乳液用量(kg/m^2)			
			第一层		第二层		第三层		第一次	第二次	第三次	合计用量
			规格	用量	规格	用量	规格	用量				
石油沥青	单层	1.0 1.5	S12 S10	7~9 12~14	—		—		1.0~1.2 1.4~1.6	—	—	1.0~1.2 1.4~1.6
	双层	1.5 2.0 2.5	S10 S9 S8	12~14 16~18 18~20	S12 S12 S12	7~8 7~8 7~8	—		1.4~1.6 1.6~1.8 1.8~2.0	1.0~1.2 1.0~1.2 1.0~1.2	—	2.4~2.8 2.6~3.0 2.8~3.2
	三层	2.5 3.0	S8 S6	18~20 20~22	S10 S10	12~14 12~14	S12 S12	7~8 7~8	1.6~1.8 1.8~2.0	1.2~1.4 1.2~1.4	1.0~1.2 1.0~1.2	3.8~4.4 4.0~4.6
乳化沥青	单层	0.5	S14	7~9	—		—		0.9~1.0	—	—	0.9~1.0
	双层	1.0	S12	9~11	S14	4~6	—		1.8~2.0	1.0~1.2	—	2.8~3.2
	三层	3.0	S6	20~22	S10	9~11	S12 S14	4~6 3.5~4.5	2.0~2.2	1.8~2.0	1.0~1.2	4.8~5.4

(二)施工方法

1.浇洒透层沥青

为使沥青面层与非沥青材料基层结合良好,在基层上浇洒乳化沥青、煤沥青或液体沥青而形成的透入基层表面的薄层即为透层沥青。透层沥青宜采用慢裂的洒布型乳化沥青,也可采用中、慢凝液体石油沥青或煤沥青,透层沥青的规格和质量应符合施工技术规范的要求。在无机结合料稳定半刚性基层上浇洒透层沥青后,宜立即撒布用量为(2~3m^3)/1 000m^2的石屑或粗砂,并用6~8t钢筒式压路机稳压一遍。

2.洒布沥青

在透层沥青充分渗透,或在已作透层或封层并已开放交通的基层清扫后,即可按要求洒布第一层沥青。沥青要洒布均匀,不应有空白或积聚现象。采用沥青洒布车时,应根据单位面积的沥青用量选定洒布车排档和油泵机挡。

3.撒布集料

浇洒主层沥青后(不必等全段洒完)应立即撒布第一层次集料,集料要撒布均匀,达到全部覆盖一层，厚度一致，集料不重叠，也不露出沥青的要求。

4. 碾压

撒布集料后(不必等全段铺完)，立即用 6～8t 钢筒双轮压路机碾压，碾压时每次轮迹重叠约 30cm，宜碾压 3～4 遍。碾压速度开始不宜超过 2km/h，以后可适当增加。第二层集料碾压可采用 8～10t 压路机。

5. 初期养护

碾压结束后即可开放交通，但在路面完全成形前应限速(不超过 20km/h)，要控制车辆行驶的路线，使路面全部宽度获得均匀压实，加速处置层泛油稳定成形。当发现有泛油时，应在泛油处补撒与最后一层石料规格相同的嵌缝料并扫匀，过多的浮动集料应扫出路外。如有其他破坏现象应及时进行修补。

五、沥青贯入式路面

沥青贯入式路面适用于三级及以下等级公路的面层。

在初步压实的碎石(或破碎砾石)上，分层浇洒沥青、撒布嵌缝料，或再在上部铺筑热拌沥青混合料封层，经压实而成的沥青面层称为沥青贯入式沥青路面，其厚度宜为 4～8cm，但乳化沥青贯入式路面的厚度不宜超过 5cm。当贯入式上部加铺拌和的沥青混合料封层时，总厚度宜为 6～10cm，其中拌和层的厚度宜为 2～4cm。

沥青贯入式路面具有较高的强度和稳定性，其强度的构成，主要以矿料的嵌挤为主，沥青的黏结力为辅而构成的。由于沥青贯入式路面是一种多空隙结构，为防止路表面水的浸入和增强路面的水稳定性，最上层应撒布封层料或加铺拌和层。乳化沥青贯入式路面铺筑在半刚性基层上时，应铺筑下封层。沥青贯入层作为联结层使用时，可不撒表面封层料。

沥青贯入式路面的集料应选择有棱角、嵌挤性好的坚硬石料，其规格和用量应根据贯入层厚度来选用。

沥青贯入式路面的施工程序如下：

1. 整修和清扫基层；

2. 浇洒透层或黏层沥青(黏层沥青是为了加强在路面的沥青层与沥青层之间，沥青层与水泥混凝土路面之间的黏结而洒布的沥青材料薄层)；

3. 撒布主层集料；

4. 第一次碾压；

5. 浇洒第一层沥青；

6. 撒布第一层嵌缝料；

7. 第二次碾压；

8. 浇洒第二层沥青；

9. 撒布第二次嵌缝料；

10. 第三次碾压；

11. 洒布第三层沥青；

12. 撒布封层料；

13. 最后碾压；

14. 初期养护。

沥青贯入式面层材料规格和用量见表 8.1.15。

沥青贯入式路面材料规格和用量 表 8.1.15

沥青品种	石油沥青					
厚度(cm)	4		5		6	
规格和用量	规格	用量	规格	用量	规格	用量
封层料	S14	3～5	S14	3～5	S13(S14)	4～6
第三遍沥青		1.0～1.2		1.0～1.2		1.0～1.2
第二遍嵌缝料	S12	6～7	S11(S10)	10～12	S11(S10)	10～12
第二遍沥青		1.6～1.8		1.8～2.0		2.0～2.2
第一遍嵌缝料	S10(S9)	12～14	S8	16～18	S8(S6)	16～18
第一遍沥青		1.8～2.1		2.4～2.6		2.8～3.0
主层石料	S5	45～50	S4	55～60	S3(S4)	66～76
沥青总用量	4.4～5.1		5.2～5.8		5.8～6.4	

沥青品种	石油沥青				乳化沥青			
厚度(cm)	7		8		4		5	
规格和用量	规格	用量	规格	用量	规格	用量	规格	用量
封层料	S13(S14)	4～6	S13(S14)	4～6	S13(S14)	4～6	S14	4～6
第五遍沥青								0.8～1.0
第四遍嵌缝料							S14	5～6
第四遍沥青						0.8～1.0		1.2～1.4
第三遍嵌缝料					S14	5～6	S12	7～9
第三遍沥青		1.0～1.2		1.0～1.2		1.4～1.6		1.5～1.7
第二遍嵌缝料	S10(S11)	11～13	S10(S11)	11～13	S12	7～8	S10	9～11
第二遍沥青		2.4～2.6		2.6～2.8		1.6～1.8		1.6～1.8
第一遍嵌缝料	S6(S8)	18～20	S6(S8)	20～22	S9	12～14	S8	10～12
第一遍沥青		3.3～3.5		4.0～4.2		2.2～2.4		2.6～2.8
主层石料	S3	80～90	S1(S2)	95～100	S5	40～45	S4	50～55
沥青总用量	6.7～7.3		7.6～8.2		6.0～6.8		7.4～8.5	

注:用量单位集料为 $m^3/100m^2$,沥青及沥青乳液为 kg/m^2。

六、上拌下贯式沥青路面

当下层贯入式部分厚度为 4cm 时,采用一油二料法施工;厚度为 6cm 时,采用二油三料法施工。

(一)下贯部分材料规格及用量

下贯部分材料规格及用量见表 8.1.16。

上拌下贯式路面的材料规格和用量　　表 8.1.16

沥青品种	石油沥青					
厚度(cm)	4		5		6	
规格和用量	规格	用量	规格	用量	规格	用量
第二遍嵌缝料	S12	5~6	S12(11)	7~9	S12(11)	7~9
第二遍沥青		1.4~1.6		1.6~1.8		1.6~1.8
第一遍嵌缝料	S10(9)	12~14	S8	16~18	S8(S7)	16~18
第一遍沥青		2.0~2.3		2.6~2.8		3.2~3.4
主层石料	S5	45~50	S4	55~60	S3(S2)	66~76
沥青总用量	3.4~3.9		4.2~4.6		4.8~5.2	
沥青品种	石油沥青		乳化沥青			
厚度(cm)	7		5		6	
规格和用量	规格	用量	规格	用量	规格	用量
第四遍嵌缝料					S14	4~6
第四遍沥青						1.3~1.5
第三遍嵌缝料			S14	4~6	S12	8~10
第三遍沥青				1.4~1.6		1.4~1.6
第二遍嵌缝料	S10(11)	8~10	S12	9~10	S9	8~12
第二遍沥青		1.7~1.9		1.8~2.0		1.5~1.7
第一遍嵌缝料	S6(S8)	18~20	S8	15~17	S6	24~26
第一遍沥青		4.0~4.2		2.5~2.7		2.4~2.6
主层石料	S2(S3)	80~90	S4	50~55	S3	50~55
沥青总用量	5.7~6.1		5.9~6.2		6.7~7.2	

注:用量单位集料为 $m^3/1000m^2$,沥青及沥青乳液为 kg/m^2。

(二)上拌部分材料规格及用量

表面加铺拌和层部分的材料规格及沥青(或乳化沥青)用量按热拌沥青混合料的有关规定执行。

(三)施工程序及操作工艺

下贯部分与贯入式路面相同。

上拌部分与沥青(黑色)碎石或沥青混凝土相同。

(四)注意事项

1. 在摊铺上层混合料前,应将贯入层表面清扫干净。
2. 如上下层铺筑时间相隔较长,表面浮动的矿料应全部清除,并扫净泥土后再铺上层。
3. 如泥土等不易清扫时可浇洒 $0.5kg/m^2$ 的黏层油,以便上下层结合。

4. 上拌部分摊铺应特别注意材料的级配，防止大小料分离。

5. 虚铺厚度，采用石油沥青时压实系数为1.43～1.55，采用煤沥青时在1.6以上。

6. 上下层工序应衔接紧密，随铺随压，以便结合更好。若当天不能铺筑上下层时，应保持下层清洁，以便上下两层结牢。

7. 碾压初期温度应随地区季节不同而变更，在夏、秋采用“低限”，春、冬采用“高限”，一般黑色碎石开始碾压温度为80～100℃，碾压终了温度不低于40～60℃。碾压黑色石屑开始温度为60～80℃。

8. 碾压黑色碎石采用8～10t压路机为宜。注意防止过碾，避免石子被碾碎或油膜被磨掉影响结合，一般碾压4～6遍。黑色石屑采用6t压路机碾压即可。

七、同步碎石封层

同步碎石封层是指利用同步碎石封层机将沥青结合料的喷洒及骨料的撒布同时进行，使沥青结合料与集料之间有最充分的接触，以达到它们之间最大限度的黏结度。同步碎石封层具有持久的防水性，高度的防滑性，良好的经济性。

（一）同步碎石封层的材料

1. 同步碎石封层的黏结料。同步碎石封层对适用沥青没有特别严格的要求。可以使用不同的沥青结合料，如纯沥青、聚合物改性沥青、乳化沥青、聚合物改性乳化沥青、稀释沥青等，热沥青主要用于大规模封层。

2. 石料。同步碎石对碎石的要求比较严格，几何尺寸要好，针片状石料严格控制在15%以内，不含杂质和石粉，压碎值小于15%，对石料酸碱性无特殊要求，并经过严格水洗风干。

（二）同步碎石封层设备

同步碎石封层主要是同步碎石封层车，与同步碎石封层车配套的主要机械设备有50型以上装载机1台、石料加工清洗设备1台、12～16t胶轮压路机1台、8t以上水车1台、路面除尘设备1台、25t热沥青加(保)温车1台、(乳化)沥青运输车若干台。

（三）同步碎石施工

1. 施工前准备

(1)清洁路面。封层前应清除路面上松散材料、杂物及尘土，防止喷洒的沥青被粉尘包裹而形成隔离层。

(2)确定施工幅度。根据路面的宽度和施工设备性能，合理确定碎石封层的施工幅数及每幅施工宽度。同时，选定标尺，确定参照物，使驾驶员能够按参照物行走，这样既能保持封层的线形，又可以保证在下一幅施工时前后两幅的顺利接缝。确定施工幅宽时，应尽量减少施工幅数，减少纵接缝的数量。

(3)根据工程量的大小及工程进展情况分批备料，且每批石料不得混杂堆放。施工前对石料进行筛分，以防止超粒径的石料堵塞卸料孔。如果石料粉尘超标，则要事先清洗、晾晒，以保证石料的清洁、干燥。

(4)提前封闭交通，设置安全导帽、指标牌及限速牌等交通标志。

2. 施工工艺

(1)铲装石料。装入料斗的石料应与料斗左右挡板的高度持平,防止因料过多而撒落在地上。

(2)抽取沥青。沥青泵温度达到要求时开始抽取沥青,并注意沥青罐标尺的变化,防止抽油冒罐,在抽取沥青时,应检查油管及其接头是否密封良好,严禁沥青飞溅。

(3)打开气动阀门,使其处于管路循环状态,喷洒杆沥青温度与沥青罐内温度保持一致。在沥青结合料稳控器上标定用量和行驶速度。行车速度一般设定为 60~70m/min。

(4)在摊铺过程中,随时调整左右喷洒杆,保证接缝的完整性。

(5)封层过程中,封层车要行驶平稳、匀速;沥青的洒布温度控制在 165~170℃,从左向右进行封层施工时,施工第一幅时,应在左侧石料洒布器上加上夹板,防止石料飞溅,施工最后一副时,与左侧采用同样方法;洒布中间路幅时,要保持右侧沥青喷洒宽度比石料的喷洒宽度多 8~10mm。

(6)当在洒布沥青后,发现有空白时,应及时进行人工补洒;当有沥青聚集时应刮除,防止因沥青结合料的不均匀喷撒导致的剥离、斑纹、泛油。

(7)当发现有油条时,应及时关闭喷油嘴和料门,检查喷油嘴的压力是否符合要求,料门是否被大粒径石料堵塞;当发现有泛油时,应在泛油处补撒嵌缝料。嵌缝料应与最后一层石料规格相同或略低于最后一层,并应扫匀。当有过多的浮动石料时,应扫出路面,并不得搓动已黏着在位的石料。

(8)当车内任何一种材料用完时,应立即关闭所有输送材料的阀门,并将封层车按前进方向驶出施工作业段。

(9)压实及成形。用改性沥青作为结合料进行封层时,当封层车前进约 10m 左右时,用 9~13t 压路机碾压。相邻两幅初压完成后,即可进行错轮碾压,全幅碾压遍数不少于 5 遍,碾压时,应遵循先两边后中间、先慢后快的原则,碾压时每次轮迹应重叠 30cm,碾压速度控制在 70m/min,且每次折回的位置避免在同一横断面上。

3. 接缝处理

在施工缝及构造物两端的连接处操作应仔细,接缝应紧密、平顺。

(1)横缝处理,在施工初始前的新旧路面及前后两侧喷撒时产生的接缝应搭接良好。横缝可采用对接法处理方式。在每段接缝处,用铁板或油毡纸横铺在每起撒点前及终点后,其长度 1~1.5m。浇洒第二层沥青时的搭接缝要错开。

(2)纵缝的处理,施工下一幅时,封层左侧石料的撒布应与上一幅右侧的石料对齐,保证纵缝对接良好。

4. 初期养护及开发交通

沥青及改性沥青封层结束后即可限速开放交通。在通车 2h 之内应设专人控制行车,保证车速不超过 30km/h。乳化沥青封层结束后 2h 后可开放交通。

第二节　水泥混凝土路面施工

水泥混凝土路面具有强度高、水稳定性好、耐久性好、养护费用少、经济效益高、夜间能见度好等优点,近年来在我省农村公路建设中被广泛采用。目前,农村公路中采用最广泛的是就地浇筑的素混凝土路面，简称混凝土路面。本节主要介绍这种混凝土路面的施工方法。

目前，水泥混凝土路面的施工方法主要有小型机具施工、三辊轴机组施工、轨道摊铺机施工、滑模摊铺机施工等几种，本节只介绍小型机具施工和三辊轴机组施工两种施工方法。

一、水泥混凝土路面材料组成

(一)水泥混凝土的主要技术性质

修筑水泥混凝土路面所用的混凝土拌合物，比其他结构物所使用的混凝土拌合物有更高的质量和技术要求，因为路面直接受到车辆动荷载的冲击、摩擦和反复弯曲作用，同时还受到温度和湿度反复变化的影响。所以，路面混凝土必须具有较高的弯拉强度和耐磨性，良好的耐久性(包括耐冻性)，以及尽可能低的膨胀系数和弹性模量。

1.工作性

工作性是指混凝土拌合物的性质，通常认为工作性包括流动性、可塑性、稳定性和易密性。优质的混凝土拌合物应具有的特点为：满足输送和浇筑要求的流动性；不为外力而产生脆断的可塑性；不产生分层、泌水的稳定性；易于浇筑致密的易密性。

三辊轴机组和小型机具施工时对混凝土工作性的要求见表 8.2.1。

不同施工方式对水泥混凝土坍落度的要求 表 8.2.1

摊铺方式	三辊轴机组		小型机具	
出机坍落度(mm)	30～50		10～40	
摊铺坍落度(mm)	10～30		0～20	
最大单位用水量(kg/m^3)	碎石混凝土	卵石混凝土	碎石混凝土	卵石混凝土
	153	148	150	145

2.强度

现行水泥混凝土路面设计规范中，水泥混凝土的强度以 28d 龄期的弯拉强度控制，当混凝土浇筑后 90d 内不开放交通时，可采用 90d 龄期的弯拉强度。对于农村公路，水泥混凝土路面的强度要求见表 8.2.2。弯拉强度一般采用 150mm×150mm×550mm 的小梁试件，采用三分点加载的方式测得。

水泥混凝土路面设计弯拉强度和抗压强度(单位：MPa) 表 8.2.2

公路等级	二、三级	四级
设计弯拉强度	4.5	4.0
设计抗压强度	30	25

3.耐久性

水泥混凝土路面直接受到大气温度和湿度的反复作用，在季节性冰冻地区还受到反复的冻融作用，为使混凝土具有较好的耐久性(包括耐冻性)，需要适当提高水泥用量、降低水灰比和改善混合料组成。

各级公路水泥混凝土路面满足耐久性要求的最大水灰比和最小水泥用量见表 8.2.3。

满足耐久性要求的最大水灰比和最小水泥用量 表 8.2.3

公路技术等级		二 级	三、四级
最大水灰(胶)比		0.46	0.48
抗冰冻要求最大水灰(胶)比		0.44	0.46
抗盐冻要求最大水灰(胶)比		0.42	0.44
最小单位水泥用量 (kg/m³)	42.5 级	300	290
	32.5 级	310	305
抗冻要求最小单位水泥用量(kg/m³)	42.5 级	320	315
	32.5 级	330	325
掺粉煤灰最小单位水泥用量(kg/m³)	42.5 级	260	255
	32.5 级	270	265
抗冻掺粉煤灰最小单位水泥用量(kg/m³)	42.5 级	270	265

注:1. 掺粉煤灰并有抗冻要求时,不得使用 32.5 级水泥。

2. 水灰比计算以砂石料的自然风干状态为准。

4. 耐磨性

水泥混凝土路面承受车轮荷载的反复作用,因而要求混凝土具有较高的耐磨性。作为间接反映混凝土耐磨性能的抗压强度指标,对于二、三级公路应不低于 30MPa,对于四级公路应不低于 25MPa。

(二)水泥混凝土原材料

1. 水泥

水泥是混凝土的胶结材料,混凝土的性能在很大程度上取决于水泥的质量。农村公路可采用硅酸盐水泥和普通硅酸盐水泥,也可采用矿渣硅酸盐水泥。由于火山灰质硅酸盐水泥和粉煤灰硅酸盐水泥的耐磨性较差,一般不用于水泥混凝土路面的铺筑。农村公路主要采用 42.5 级水泥,对于交通量较小的村级公路,也可采用 32.5 级水泥。

进场时每批水泥应附有齐全的化学成分、物理和力学指标都合格的检验报告,水泥出厂必须安定,且水泥的存放期不得超过 3 个月。水泥的物理性能指标等要求应符合表 8.2.4 的规定。

水泥物理指标要求 表 8.2.4

水 泥 性 能	物理指标要求	水 泥 性 能		物理指标要求
出磨安定性	蒸煮法检验必须合格	凝结时间	初凝时间	不早于 1.5h
标准稠度用水量	不宜大于 30%		终凝时间	不迟于 10h
烧失量	不得大于 5.0%	28d 干缩率		不得大于 0.10%
比表面积	宜为 300～450m²/kg	耐磨性		不得大于 3.6kg/m²
细度(80μm 筛余)	不得大于 10%			

注:水泥的 28d 干缩率和耐磨性指标试验方法采用国家标准《道路硅酸盐水泥》(GB 13693—2005)。

在选择和使用水泥时，应注意水泥的各项路用指标必须合格，并应通过混凝土配合比试验，根据其试配的弯拉强度、耐久性和工作性，确定选用水泥的品种、强度等级和生产厂家。不同品种、牌号、强度等级和生产厂家的水泥，严禁混装或混合使用。

2. 粗集料

水泥混凝土的粗集料是指粒径大于5mm的碎石、碎砾石和砾石，粗集料应质地坚硬、耐久、洁净，粗集料的技术要求应符合表8.2.5的规定。农村公路水泥混凝土路面可采用III级粗集料，对有抗冻或抗盐冻要求的混凝土应采用II级粗集料。

粗集料技术要求

表8.2.5

项目		技术要求		
		I级	II级	III级
压碎值(%)	碎石	<10	<15	<20
	砾石	<12	<14	<16
坚固性(%)		<5	<8	<12
针片状颗粒含量(%)		<5	<15	<20
含泥量(%)		<0.5	<1.0	<1.5
泥块含量(%)		0	<0.2	<0.5
有机物含量(%)		合格	合格	合格
硫化物及硫酸盐含量(%)		<0.5	<1.0	<1.0
岩石抗压强度		火成岩不应小于100MPa；变质岩不应小于80MPa；水成岩不应小于60MPa		
表观密度		>2 500kg/m^3		
松散堆积密度		>1 350kg/m^3		
孔隙率		<47%		
碱集料反应		经碱集料反应试验后，试件无裂缝、酥裂、胶体外溢等现象，在规定试验龄期的膨胀率应小于0.10%		

注：粗集料中不应含有草根、树叶、树枝、树根、塑料制品、煤块、炉渣等杂物。

粗集料的颗粒级配应符合表8.2.6的要求。不得使用不分级配的混合料，应按最大粒径的大小分为2～4个级配，且各个级配应符合表中相应最大粒径的连续级配的规定。碎石的最大粒径不宜超过31.5mm，碎砾石的最大粒径不宜超过26.5mm，砾石的最大粒径不宜超过19mm，且超径含量不得大于5%，逊径含量不得大于10%。碎石和碎砾石中粒径小于0.075mm的石粉含量不得大于1%。

粗集料级配范围

表8.2.6

级配类型 \ 粒径		方孔筛尺寸(mm)							
		2.36	4.75	9.5	16.0	19.0	26.5	31.5	37.5
		累计筛余(%)							
合成级配	4.75～16	95～100	85～100	40～60	0～10	0	—	—	—
	4.75～19	95～100	85～95	60～75	30～45	0～5	0	—	—
	碾压施工	95～100	90～100	60～75	30～40	0～5	0	—	—

续上表

级配类型 \ 粒径		方孔筛尺寸(mm)							
		2.36	4.75	9.5	16.0	19.0	26.5	31.5	37.5
		累计筛余(%)							
合成级配	4.75～26.5	95～100	90～100	70～90	50～70	25～40	0～5	0	—
	4.75～31.5	95～100	90～100	75～90	60～75	40～60	20～35	0～5	0
粒级	4.75～9.5	95～100	80～100	0～15	0	—	—	—	—
	9.5～16	—	95～100	80～100	0～15	0	—	—	—
	9.5～19	—	95～100	85～100	40～60	0～15	0	—	—
	16～26.5	—	—	95～100	55～70	25～40	0～10	0	—
	16～31.5	—	—	95～100	85～100	55～70	25～40	0～10	0

3. 细集料

水泥混凝土的细集料是指粒径小于 5mm 的天然砂或人工砂，细集料应质地坚硬、耐久、洁净，细集料的技术要求应符合表 8.2.7 的规定。农村公路水泥混凝土路面可采用 III 级砂，有抗冻或其他要求时，应采用 II 级砂。

细集料技术要求　　表 8.2.7

项　目	技术要求		
	I 级	II 级	III 级
机制砂单粒级最大压碎值(%)	<20	<25	<30
氯化物含量(%)	<0.01	<0.02	<0.06
坚固性(%)	<6	<8	<10
云母含量(%)	<1.0	<2.0	<2.0
含泥量(%)	<1.0	<2.0	<3.0
泥块含量(%)	0	<1.0	<2.0
有机物含量(比色法)	合格		
硫化物及硫酸盐含量(%)	<0.5		
轻物质含量(%)	<1.0		
机制砂母岩抗压强度	火成岩不应小于 100MPa；变质岩不应小于 80MPa；水成岩不应小于 60MPa		
表观密度	>2 500kg/m³		
松散堆积密度	>1 350kg/m³		
孔隙率	<47%		
碱集料反应	经碱集料反应试验后，由砂配制的试件无裂缝、酥裂、胶体外溢等现象，在规定试验龄期的膨胀率应小于 0.10%		

注：砂中不应含有草根、树叶、树枝、树根、塑料制品、煤块、炉渣等杂物。

砂的粗细程度通常用细度模数 M_x 来表示，细度模数是砂在各筛孔的累计筛余百分率之和除以 100 后的商，按下式求得：

$$M_x = \sum A_i/100 = (A_{2.36} + A_{1.18} + A_{0.6} + A_{0.3} + A_{0.15})/100 \tag{8.2.1}$$

式中：$A_{2.36}$、…、$A_{0.15}$——分别为砂在2.36mm、…、0.16mm方孔筛上的累计筛余(%)。

砂按其细度模数可分为粗砂、中砂和细砂，其颗粒级配应符合表8.2.8的要求。路面和桥面普通混凝土用天然砂宜为中砂，也可使用偏粗的细砂，细度模数宜在2.0～3.5之间。水泥混凝土路面同一配合比用砂的细度模数变化范围不应超过0.3，否则应重新调整配合比中的砂率；细度模数变化范围超过0.3的不同产地的砂应分别堆放，按不同砂率的配合比分别拌和使用。

细集料级配范围

表8.2.8

砂分级	细度模数范围	方孔筛尺寸(mm)						
		0.15	0.30	0.60	1.18	2.36	4.75	9.5
		累计筛余(%)						
粗砂	3.7～3.1	90～100	80～95	71～85	35～65	5～35	0～10	0
中砂	3.0～2.3	90～100	70～92	41～70	10～50	0～25	0～10	0
细砂	2.2～1.6	90～100	55～85	16～40	0～25	0～15	0～10	—

4.水

水泥混凝土的拌制和养生用水，不应含有影响水泥正常凝结和硬化的有害杂质(如油、酸、盐类等)。凡是能供人畜饮用的自来水和清洁的天然水一般都可采用。海水和污染严重的河水、湖水等不得作为水泥混凝土的拌制和养生用水。

5.外加剂

混凝土外加剂是在混凝土拌制过程中掺入的、用于改善混凝土性质的材料，其掺量一般不大于水泥质量的5%(特殊情况除外)。修建水泥混凝土路面常用的外加剂主要有以下三类：

(1)**减水剂**。可以改善混凝土拌合物的工作性。

(2)**缓凝剂、速凝剂、早强剂**。缓凝剂和速凝剂用于调节水泥的凝结时间，早强剂用于提高水泥的早期强度。

(3)**引气剂**。用于增强水泥混凝土的耐久性，以及防止冻害和盐分的影响。

混凝土外加剂的质量应符合表8.2.9的规定。

混凝土外加剂的技术性能指标

表8.2.9

项目		普通减水剂	高效减水剂	早强减水剂	缓凝高效减水剂	缓凝减水剂	引气减水剂	早强剂	缓凝剂	引气剂
减水率(%) ≥		8	15	8	15	8	12	—	—	6
泌水率比(%) ≥		95	90	95	100	100	70	100	100	70
含气量(%)		≤3.0	≤4.0	≤3.0	<4.5	<5.5	>3.0	—	—	>3.0
凝结时间(min)	初凝	−90～+120	−90～+120	−90～+90	>+90	>+90	−90～+120	−90～+90	>+90	−90～+120
	终凝				—	—			—	
抗压强度比(%) ≥	1d	—	140	140	—	—	—	135	—	—
	3d	115	130	130	125	100	115	130	100	95
	7d	115	125	115	125	110	110	110	100	95
	28d	110	120	105	120	110	100	100	100	90

续上表

项　　目	普通减水剂	高效减水剂	早强减水剂	缓凝高效减水剂	缓凝减水剂	引气减水剂	早强剂	缓凝剂	引气剂
抗冻强度等级	50	50	50	50	50	200	50	50	200
28d 收缩率比(%) ≤	120								
对钢筋锈蚀作用	无								

注:1.除含气量外,表中数据为掺外加剂的混凝土与基准混凝土的差值或比值。

2.凝结时间指标中"－"表示提前,"＋"表示延缓。

掺外加剂后会改变水泥混凝土对制备工艺的要求,使用时应特别小心,同时还要特别注意掺量准确和拌和均匀。

6.掺合料

水泥混凝土中常用的掺合料是粉煤灰。混凝土中掺入粉煤灰,不仅可以代替部分水泥,而且能够改善混凝土的一系列性能。研究认为,粉煤灰在混凝土中可以充当减水剂、释水剂、增塑剂、密实剂、抑热剂、抑胀剂等一系列复合功能的基本材料,具有明显的技术经济效益。

水泥混凝土路面工程中可掺用粉煤灰的质量指标,应符合表 8.2.10 中规定的Ⅰ、Ⅱ级干排或磨细低钙粉煤灰的要求。表中的Ⅲ级粉煤灰除非经过试验研究,否则不得使用。水泥混凝土路面工程中不得使用高钙粉煤灰。

粉煤灰等级和质量要求　　　　表 8.2.10

粉煤灰等级	细度,0.045mm 气流筛筛余量(%) ≤	烧失量(%) ≤	需水量比(%) ≤	含水量(%) ≤	Cl^- 含量(%) <	SO_3 含量(%) ≤
Ⅰ级	12	5	95	1.0	0.02	3
Ⅱ级	20	8	105	1.0	0.20	3
Ⅲ级	45	15	115	1.5	—	3

注:在没有气流筛的情况下,可使用 0.08mm 的水泥方孔筛,筛余量约为气流筛筛余量的 2.4 倍。

(三)水泥混凝土配合比设计

水泥混凝土配合比设计的目的,是根据对水泥混凝土路面的强度、耐久性、耐磨性、工作性和经济性的要求,确定混凝土中水泥、水、细集料、粗集料、外加剂、掺合料等各组成成分的配合比例,包括水泥、水、细集料、粗集料四组分的普通混凝土配合比设计,掺外加剂混凝土的配合比设计,加掺合料混凝土的配合比设计三种类型。路面水泥混凝土配合比设计以弯拉强度为设计依据。

1.普通混凝土配合比设计

由水泥、水、细集料和粗集料组成的普通混凝土配合比设计,是确定这四组分之间的配合比例,该比例可由水灰比、砂率及用水量等参数来控制。普通混凝土配合比设计可按下述步骤进行:

(1)计算初步配合比。

①确定混凝土的试配强度。

为了保证混凝土的质量,所配制的混凝土强度应具有一定的保证率。水泥混凝土路面的配制强度可按下式计算：

$$f_{\mathrm{r}} = f_{\mathrm{cm}}/(1 - tC_{\mathrm{v}}) \tag{8.2.2}$$

式中：f_{r}——水泥混凝土试配弯拉强度(MPa)；

f_{cm}——水泥混凝土 28d 龄期的弯拉强度(MPa)；

t——保证率系数，应符合表 8.2.11 的规定；

C_{v}——弯拉强度变异系数，试验组数不得小于 10 组。

水泥混凝土路面的配制弯拉强度　　表 8.2.11

公路等级	二、三级	四级
配制弯拉强度保证率(%)	90	85
弯拉强度保证率系数 t	1.28	1.04
弯拉强度变异系数 C_{v}	≤0.15	≤0.20
最大允许变异系数的配制弯拉强度(MPa)	5.569	5.536
最小可取统计变异系数 C_{v}	0.09	0.09
最小配制弯拉强度(MPa)	5.09	4.96

弯拉强度变异系数在无统计数据或试验组数不足 10 组时，应按公路等级从表 8.2.11 中查取最大允许弯拉强度变异系数 C_{v}。当统计值 C_{v} 小于表 8.2.11 中规定的最大允许值时，可采用该值，但最小不得小于 0.09。

②确定水灰比(W/C)。

根据实践经验，对于二、三级公路可采用 0.45 左右的水灰比，对于四级公路可采用 0.50 左右的水灰比。

对于不同的地区、施工条件及材料供应等情况，根据实际需要可以适当调整水灰比，但试配强度必须达到要求。

③计算单位用水量。

混凝土拌合物每立方米的用水量(m_{w0})，按下式确定。

对于碎石混凝土：

$$m_{\mathrm{w0}} = 104.97 + 0.309H + 11.27C/W + 0.61\beta_{\mathrm{s}} \tag{8.2.3}$$

对于卵石混凝土：

$$m_{\mathrm{w0}} = 86.89 + 0.370H + 11.24C/W + 1.00\beta_{\mathrm{s}} \tag{8.2.4}$$

式中：H——混凝土拌合物的坍落度(mm)；

β_{s}——砂率(%)，其取值应按砂的细度模数和粗集料的种类，查表 8.2.12 选用；

C/W——灰水比。

水泥混凝土拌合物的砂率范围　　表 8.2.12

砂的细度模数		2.2～2.5	2.5～2.8	2.8～3.1	3.1～3.4	3.4～3.7
砂率 β_{s} (%)	碎石混凝土	30～34	32～36	34～38	36～40	38～42
	卵石混凝土	28～32	30～34	32～36	34～38	36～40

注：本表的使用条件为：①水灰比在 0.35～0.48 之间，使用外加剂；②碎石的最大粒径为 31.5mm，砾石的最大粒径为 19.0mm，且级配良好；③碎砾石可在碎石和砾石之间内插取值。

按式(8.2.3)或式(8.2.4)计算得出的用水量，是假定集料在饱和面干状态下计算得出的用水量。若砂为粗砂或细砂，用水量应酌情减少或增加 5kg。

④计算单位水泥用量。

混凝土拌合物每立方米的水泥用量 m_{c0} 按下式计算：

$$m_{c0} = m_{w0}/(W/C) \tag{8.2.5}$$

式中：W/C——水灰比。

按式(8.2.5)计算得出的水泥用量与表 8.2.3 中满足耐久性要求的水泥用量比较，取其较大的值。此外，根据水泥路面工程施工经验，42.5 级道路硅酸盐水泥或普通硅酸盐水泥的用量宜控制在 320～370kg/m^3，32.5 级道路硅酸盐水泥、普通硅酸盐水泥或矿渣硅酸盐水泥的用量宜控制在 340～400kg/m^3。

⑤确定粗、细集料的单位用量。

在已知砂率、单位用水量和水泥用量的情况下，可以采用假定表观密度法或绝对体积法来确定粗、细集料的用量。

a. 假定表观密度法。

该方法假定混凝土拌合物的表观密度为一个固定值，混凝土拌合物中各种组成材料的单位用量之和即为其表观密度。在砂率已知的条件下，粗、细集料的单位用量可由下式求得：

$$m_{s0}/(m_{s0} + m_{G0}) \times 100 = \beta_s \tag{8.2.6}$$

$$m_{c0} + m_{w0} + m_{s0} + m_{G0} = \rho_{cp} \tag{8.2.7}$$

由式(8.2.7)可得：

$$m_{s0} = (\rho_{cp} - m_{c0} - m_{w0}) \times \beta_s/100 \tag{8.2.8}$$

$$m_{G0} = \rho_{cp} - m_{c0} - m_{w0} - m_{s0} \tag{8.2.9}$$

以上式中：m_{s0}——每立方米水泥混凝土中细集料的用量(kg/m^3)；

m_{G0}——每立方米水泥混凝土中粗集料的用量(kg/m^3)；

ρ_{cp}——混凝土拌合物的湿表观密度(kg/m^3)；

其余符号的意义同前。

b. 绝对体积法。

该方法假定混凝土拌合物的体积，等于混凝土拌合物中各种组成材料的绝对体积与所含空气体积之和。在砂率已知的条件下，粗、细集料的单位用量可由下式求得：

$$m_{c0}/\rho_c + m_{w0}/\rho_w + m_{s0}/\rho'_s + m_{G0}/\rho'_G = 1\,000 \tag{8.2.10}$$

$$m_{s0}/(m_{s0} + m_{G0}) \times 100 = \beta_s \tag{8.2.11}$$

以上式中：ρ_c——水的密度，可取 1000kg/m^3；

ρ_w——水泥的密度，可取 2900～3100kg/m^3；

ρ'_s——细集料的表观密度(kg/m^3)；

ρ'_G——粗集料的表观密度(kg/m^3)；

其余符号的意义同前。

(2)试拌调整，提出基准配合比。

通过上述各式计算得出的配合比，是参照规范推荐和经验参数而确定的初步配合比，它同材料的实际情况存在着一定的差异，必须通过试验来调整配合比。

①试拌。

按得出的初步配合比，配制约 0.03m³ 的混凝土拌合物。试配用的原材料要与实际工程中所用的原材料相同，粗、细集料的称量均以干燥状态为准，即细集料的含水率要小于0.5%，粗集料的含水率要小于0.2%。若不是用干燥的集料进行配制，则应在用水量中扣除集料中的含水量，同时集料的称量也应相应的增加。

②测定工作性。

测定混凝土拌合物的坍落度，并观察其黏聚性和饱水性。

③调整配合比。

若测得的工作性低于设计要求，则可保持水灰比不变，适当增加水泥浆的用量；若测得的工作性超过设计要求，则可保持水灰比不变，适当减少水泥浆的用量，或者保持砂率不变，适当增加集料的用量。当砂浆过多时可酌情增加石子用量，当砂浆过少时可酌情增加砂浆用量。每次调整时应加入少量的材料重复进行试验，直到符合设计要求为止，注意每两次试验的时间间隔不得超过 20min。

④提出基准配合比。

(3)强度测定，确定试验室配合比。

①制备试件、检验强度。

按照基准配合比，适当增加和减少水泥用量，分别配制三种配合比的混凝土拌合物，并浇制立方体混凝土试件。每组至少三个试件，经过 28d 标准养生，进行强度测试。有条件的每种配合比可同时制作几组试件，供快速检验或进行较早龄期(3d 或 7d)的强度测试，以便尽早提出混凝土配合比供施工使用，但必须以标准养生 28d 的强度为依据来调整配合比。

②确定试验室配合比。

通过调整而得到的符合工作性和强度要求的配合比，还应按混凝土试件的实测密度校正其计算密度。混凝土的计算密度为经试拌调整后每立方米混凝土中各种材料用量之和，即：

$$\rho'_{cp} = m'_{cb} + m_{sb} + m_{Gb} + m_{wb} \tag{8.2.12}$$

式中：ρ'_{cp}——混凝土的计算密度(kg/m³)；

m'_{cb}——调整后每立方米混凝土中水泥的用量(kg/m³)；

m_{sb}——调整后每立方米混凝土中细集料的用量(kg/m³)；

m_{Gb}——调整后每立方米混凝土中粗集料的用量(kg/m³)；

m_{wb}——调整后每立方米混凝土中水的用量(kg/m³)。

校正系数 δ 为实测密度与计算密度的比值，各种材料用量均乘以校正系数，即可定出试验室配合比，或称为设计配合比。

(4)换算成施工配合比。

试验室配合比是按干燥状态的集料计算的，而施工现场集料的含水量经常变化，因此必须根据拌制混凝土时集料的实际含水量，对试验室配合比进行调整。集料中所含的水分应在用水量中扣除，而在集料的用量中应补足相应的数值，由此而得到施工配合比。

2.掺外加剂混凝土配合比设计

(1)确定试配强度和水灰比。

与普通混凝土配合比的设计方法相同，按式(8.2.3)确定混凝土的试配强度，按公路等级选取水灰比。

(2)计算单位用水量。

根据集料的品种和规格、外加剂的类型和掺量及工作性的要求,按下式计算掺外加剂混凝土的单位用水量:

$$m_{w,ad} = m_w \times (1 - \beta_{ad}) \tag{8.2.13}$$

式中:$m_{w,ad}$——每立方米掺外加剂混凝土的用水量(kg/m³);

m_w——每立方米未掺外加剂基准混凝土的用水量(kg/m³);

β_{ad}——外加剂的减水率,无减水作用的外加剂该值为0。

(3)计算掺外加剂混凝土的单位水泥用量。

$$m_{c,ad} = m_{w,ad} \times (C/W) \tag{8.2.14}$$

式中:$m_{c,ad}$——每立方米掺外加剂混凝土的水泥用量(kg/m³);

$m_{w,ad}$——每立方米掺外加剂混凝土的用水量(kg/m³)。

其余符号的意义同前。

(4)计算粗、细集料的单位用量。

根据表8.2.12选定砂率,用假定表观密度法或绝对体积法确定粗、细集料的单位用量。

(5)试拌调整

根据计算所得各种材料的用量进行试拌,若不满足设计要求则应对材料用量进行调整,重新进行计算和试拌,直到达到设计要求为止。

3.加掺合料混凝土配合比设计

在水泥混凝土中掺加粉煤灰的配合比设计方法中,对于粉煤灰的使用可以采用等量取代法、超量取代法和外加法,目前应用最广泛的方法是超量取代法。

(1)配合比设计原则。

掺粉煤灰混凝土的配合比设计,是以未掺粉煤灰的基准混凝土的配合比为基础,按照等稠度、等强度等级的原则,用超量取代法对基准混凝土配合比进行调整。

所谓"等稠度"和"等强度等级",是指配制成的粉煤灰混凝土拌合物与基准混凝土拌合物相比较,具有相同的稠度和硬化后相同指定龄期具有相等的强度等级。

所谓"超量取代法"是指在粉煤灰的总掺量中,一部分用于取代水泥,而超量部分则用于取代砂。

(2)设计步骤。

①计算基准混凝土配合比。根据普通混凝土配合比的设计方法,计算基准混凝土的配合比 m_{c0}、m_{s0}、m_{G0} 和 m_{w0}。

②选定粉煤灰掺量和超量取代系数。粉煤灰取代水泥的掺量百分率 f(%),对于Ⅰ型硅酸盐水泥最大不得超过30%;对于Ⅱ型硅酸盐水泥最大不得超过25%;对于道路硅酸盐水泥最大不得超过20%;对于普通硅酸盐水泥最大不得超过15%;对于矿渣硅酸盐水泥不得掺加粉煤灰。

粉煤灰超量取代系数 δ_f 可根据粉煤灰的等级按表8.2.13选用。

粉煤灰超量取代系数 表 8.2.13

粉煤灰等级	Ⅰ 级	Ⅱ 级	Ⅲ 级
超量取代系数	1.1～1.4	1.3～1.7	1.5～2.0

③计算粉煤灰取代水泥的用量、超量部分用量和总掺量。

粉煤灰取代水泥的用量为：

$$m_{f1} = m_{c0} \times f/100 \tag{8.2.15}$$

粉煤灰超量部分的用量为：

$$m_{f2} = m_{f1} \times (\delta_f - 1) \tag{8.2.16}$$

粉煤灰的总掺量为：

$$m_f = m_{f1} + m_{f2} \tag{8.2.17}$$

④计算掺粉煤灰混凝土的单位水泥用量。

单位水泥用量为：

$$m_{cf} = m_{c0} - m_{f1} \tag{8.2.18}$$

⑤计算掺粉煤灰混凝土的单位用砂量。

单位用砂量为：

$$m_{sf} = m_{s0} - m_{f2} \times \rho_s/\rho_f \tag{8.2.19}$$

⑥计算掺粉煤灰混凝土中各种材料的用量。

由于前面已经计算得到 m_f、m_{cf} 和 m_{sf}，取 $m_{Gf}=m_{G0}$、$m_{wf}=m_{w0}$，可得掺粉煤灰混凝土中各种材料的用量分别为 m_f、m_{cf}、m_{wf}、m_{sf}、m_{Gf}。

⑦试拌调整提出试验室配合比。

二、小型机具施工

水泥混凝土路面小型机具施工主要包括以下工序：

测量放样与模板安装→架设传力杆和拉杆→混凝土拌合物的拌和与运输→摊铺与成形→表面修整→抗滑构造的施工→接缝施工→养生→填缝。

(一)机具选型与配套

1.搅拌机

应采用配有自动计量设备的间歇式强制式搅拌机，有双卧轴式、单卧轴式和立轴式三种类型，优先选用双卧轴式。若不具备此项条件，四级公路也可采用自落式搅拌机，但要严格控制加水量。为了降低不同搅拌机造成的混凝土拌合物的不均匀性，一般同一工地同时使用的搅拌机不宜超过两台，最多不得超过四台，并且搅拌机的品牌和规格型号尽可能一致。单车道施工时搅拌机的拌和能力应不小于 $25m^3/h$，双车道施工时搅拌机的拌和能力应不小于 $50m^3/h$。

2.运输车辆

宜采用翻斗自卸汽车来运输混凝土拌合物，汽车车厢应平整、光滑、不漏浆。有条件时可采用混凝土搅拌车进行运输，坍落度大于 5cm 的混凝土拌合物及长距离运输宜采用搅拌车。运输车辆的数量应能满足连续生产的需要，装载质量应不小于 5t。

当进行低等级道路小规模施工时，若不具备上述条件也可采用手推车来运输混凝土拌合物。各种运输设备的技术参数如表 8.2.14 所示。

运输设备技术参数　　表 8.2.14

设备类型	容积范围(m^3)	运输距离(m)	通道宽度(m)	适用场合
手推车	0.10～0.16	30～50	1.6～1.8	低等级道路小规模施工,修补作业
机动翻斗车	0.40～1.20	100～500	2.0～3.0	中、小规模施工
自卸汽车	2.0～4.0	500～2 000	3.5～4.0	大、中、小规模施工
搅拌车	4.9～11.8	500～5 000	2.5～3.5	大、中、小规模施工

3. 振捣机具

需要配备插入式振捣棒、平板振动器和振动梁。插入式振捣棒的直径为 50～70mm,振动频率为 150～200Hz,功率应不小于 1.1kW。平板振动器的振动频率为 50～60Hz,功率应不小于 2.2kW。振动梁的振动频率为 50～100Hz,振动器功率应不小于 1.1kW,并应具有足够的刚度。

4. 整平饰面机具

应配有提浆滚杠、叶片式或圆盘式抹面机、3m 刮尺和抹刀等,若无抹面机则需配备一定数量的大木抹或大铁抹。提浆滚杠的主体为一根直径 100～150mm 的无缝钢管,表面应光滑,壁厚不小于 3mm,长度应比摊铺宽度略大。

5. 抗滑构造施工设备

可采用拉毛器、滚筒纹理机、压槽机或硬刻槽机。硬刻槽机的功率应不小于 7.5kW,质量宜重不宜轻,一次刻槽的作业宽度应不小于 50cm。

6. 辅助设备及用具

除了上述设备以外,还应配备:钢筋加工用具,如钢筋切断机、折弯机、电焊机等;测量仪器,包括水准仪、经纬仪等;搅拌机的配套机具,包括装载机、供水泵等;以及切缝机、灌缝机、洒水车、人行工作桥和发电设备等。

此外,当雨季施工时,还应备有足够数量的防雨塑料布,遇雨时应对全部未硬化的新铺路面进行覆盖保护。

水泥混凝土路面小型机具施工设备选型与配套可参照表 8.2.15 执行。

小型机具配套推荐表　　表 8.2.15

工作内容	所需机具名称及规格	配备数量及生产能力
钢筋加工	钢筋切断机、折弯机、电焊机	根据实际需要确定规格和数量
测量	水准仪、经纬仪	根据实际需要确定规格和数量
架设模板	与路面厚度等高的 3m 长槽钢模板、钢钎	数量不少于 3d 的摊铺用量
搅拌	强制式搅拌机,拌和能力: 单车道≥25m^3/h,双车道≥50m^3/h	总拌和能力与搅拌机数量根据施工规模和进度来计算确定
	装载机	2～3m^3
	发电机	≥120kW
	供水泵和蓄水池	单车道≥100m^3,双车道≥200m^3

续上表

工 作 内 容	所需机具名称及规格	配备数量及生产能力
运输	5～10t 自卸汽车	数量根据匹配计算确定
振实	插入式振捣棒，功率≥1.1kW	每 2m 宽路面不少于 1 根
	平板振动器，功率≥2.2kW	每车道路面不少于 1 个
	振动整平梁，振动器功率≥1.1kW	每车道路面不少于 1 根振动梁和 1 个振动器
	发电机，功率≥30kW	不少于 2 台
提浆整平	提浆滚杠，表面光滑无缝钢管，直径 15～20mm，壁厚≥3mm	长度适应于摊铺宽度，一次摊铺单车道路面 1 根，双车道路面 2 根
	叶片式或圆盘式抹面机	每车道路面不少于 1 台
	3m 刮尺	每车道路面不少于 2 根
	手工抹刀	每 1 米宽路面不少于 1 把
真空脱水	真空脱水机，有效抽速≥15L/s	每车道路面不少于 1 台
	真空吸垫尺寸不小于 1 块面板	每台吸水机应配备 3 块吸垫
抗滑构造	人行工作桥	不少于 3 个
	拉毛器、滚筒纹理机、压槽机或刻槽机	根据实际需要确定规格和数量
磨平	水磨石磨机	需要处理不平整部位时使用
切缝	软锯缝机	根据实际需要确定规格和数量
	手推锯缝机	根据进度需要确定规格和数量
灌缝	灌缝机具	根据实际需要确定规格和数量
养生	4.5～8.0t 洒水车	根据实际需要确定数量
	压力式喷洒机和喷雾器	根据实际需要确定规格和数量
	4～6t 工地运水车	根据实际需要确定数量

(二)施工准备

1. 施工组织计划编制

根据设计文件、施工条件和有关规范，确定施工方案并编制详细的施工组织计划，包括施工工艺、材料使用计划、劳动力组织安排、现场组织管理计划、安全措施、临时设施等。材料供应、模板数量、混凝土的搅拌能力和运输能力必须和施工技术方案相适应，施工前还应做好技术准备工作，对全体有关人员进行认真的培训。

2. 拆迁及辅助设施准备

妨碍施工的建筑物、灌溉渠道、地下管线等，应在施工之前拆迁完毕。施工前要解决好水电供应、交通运输、搅拌和堆料场地、办公和生活用房、工棚、仓库和消防设施等问题。拌和场地的选择要考虑到使运距最短，同时还要接近水源和电源，而且方便原材料的运进和拌合物的运出，一般应选在施工路段的中间位置。此外，拌和场地还应有足够的面积，以供堆放砂石材料和搭建水泥库房。

3. 原材料准备和性能检验

原材料进场后，不同规格的集料要分别堆放，并保证排水良好，雨雪和风沙天气时要加以覆盖保护。水泥和外加剂应存放在仓库内，水泥要注意防潮，并应在出厂 1 个月内使用，最长不得超过 3 个月；外加剂的储存期应符合产品说明书的要求，液体外加剂应注意防止沉淀，粉状外加剂应当天溶解当天使用。施工现场应建立工地试验室，并按照试验规程和规定的检测频率对各种原材料进行检验，若发现原材料的某些指标不符合规定的要求，要立即采取相应的补救措施。

施工前应通过试拌来检验按照设计配合比配制的混凝土拌合物的工作性，并根据检验结果对设计配合比加以调整。按照工作性符合设计要求的配合比，成形混凝土弯拉及抗压试件，并检验标养 28d 的强度，或者压蒸 3h 快速测定强度后推算 28d 的强度，检验强度是否满足设计要求。若强度不满足设计要求，可通过提高水泥标号、降低水灰比、改善集料级配等措施来调整配合比。另外，施工现场集料的含水量是经常变化的，必须逐班测定，以正确地确定施工配合比。

4. 基层准备

施工前应对基层的压实度、平整度、宽度、厚度、高程、横坡、轴向偏位等各项指标进行检查，对于局部松散、不平整、开裂等缺陷必须进行处理。面层施工前应把基层表面清理干净，并洒水润湿。

5. 模板安装

安装模板前应先根据设计图纸放样，定出路面中心线和路边线。

模板应当平直，拆装方便，并有足够的刚度和强度，且其高度应与混凝土板厚相同。模板的拼接必须平顺、紧密。模板宜优先选用钢模，这样不仅可节约木材，而且可保证施工质量。当采用木模时，板厚应为 5cm 以上，弯道上的木模板可适当薄些，以利于制作成弧形。

应严格控制模板的安装质量，保证其稳固、顺直、平整，桩间无起伏。模板顶面应使用水准仪检查其标高，作为路面的标高，不符合时应予以调整。若相邻模板的高差大于 3mm、有错位或不平整，应拆除后重新安装。模板的支撑必须牢固，应采用钢钎打入基层进行固定，不能有任何变位。应提前 24h 安装好模板，并按要求检查调整好，与地面的接触之处若出现缝隙则用砂浆封好。安装完毕后，应在模板的内侧面涂刷一层肥皂液、废机油或沥青等以利于拆模。

模板的数量应根据施工进度配备充足，必须保证施工能连续进行，至少不少于 3d 的摊铺用量。

6. 传力杆安设

对于交通量较大的道路，为保证混凝土面板之间能有效地传递荷载，防止形成错台，可在胀缝、横向缩缝和横向施工缝处位于板厚的中央位置设置传力杆。传力杆宜采用光圆钢筋，端头端口应垂直，宜采用锯断方法进行加工，并用砂轮打磨掉毛刺。传力杆一般为长 0.4～0.6m、直径 20～25mm 的光圆钢筋，每隔 0.3～0.5m 设置一根。传力杆的一半固定在混凝土面板内，另外一半涂以沥青，套上长约 8～10cm 的铁皮或塑料套筒，筒底与杆端之间留出宽约 3～4cm 的空隙，并用木屑或弹性材料填充，以利于面板的自由伸缩。在同一条接缝上设置的传力杆，设有套筒的活动端应在接缝的两边交错布置。

当模板安装好以后，即在需要设置传力杆的胀缝、横向缩缝或横向施工缝位置上安设传力杆。

当混凝土面板连续浇筑时，可采用钢筋支架法安设传力杆，即在嵌缝板上预留圆孔，以便传力杆穿过；嵌缝板上面设木制或铁制压缝板条，其旁再放一块模板；按传力杆位置和间距，在接缝模板下部做成倒 U 形槽，使传力杆由此通过；传力杆的两端固定在钢筋支架上，支架脚插入基层内。

当混凝土面板不连续浇筑时，可采用顶头木模固定法安设传力杆，即在端模板外侧增加一块定位模板，板上按照传力杆的间距及杆径钻孔眼，将传力杆穿过端模板孔眼，直至外侧定位模板孔眼。两模板之间可用传力杆一半长度的横木固定。继续浇筑纵向邻板混凝土时，拆除挡板、横木及定位模板，设置接缝板、木制压缝板条和传力杆套管。

7. 拉杆安设

在纵向施工缝处一般应在板厚的中央位置设置拉杆。拉杆宜采用螺纹钢筋，其中部 10cm 范围内应做防锈处理。拉杆一般为长 0.4～0.8m、直径 14～16mm 的螺纹钢筋，每隔 0.30～0.75m 设置一根。一般全部锚固在混凝土面板内，以保证接缝下部凹凸面的荷载传递作用。

当侧模安装完毕后，即在需要安装拉杆的位置上安装拉杆，可采用两侧木模固定法安设拉杆，即根据需要在侧模板外侧增加一排定位模板，板上按照拉杆的间距及杆径钻孔眼，将拉杆穿过侧模板孔眼，直至外侧定位模板孔眼。两模板之间可用拉杆一半长度的横木固定。

（三）混凝土拌合物的拌和与运输

混凝土拌合物应拌和均匀、充分，拌和时间根据搅拌机的型号、转速、拌合物的种类和投料顺序决定，一般根据拌合物的粘聚性、均质性及强度稳定性经试拌来确定。一般情况下，单立轴式搅拌机总拌和时间宜为 80～120s，原材料全部投入后的纯拌和时间不宜短于 35s；行星立轴式和双卧轴式搅拌机总拌和时间宜为 60～90s，纯拌和时间不宜短于 30s；连续双卧轴式搅拌楼的最短拌和时间不宜短于 40s，最长总拌和时间不宜超过其高限值的 2 倍。

为了得到合格的混凝土拌合物，必须对其各种组成材料进行准确的计量。各种组成材料的计量精度为：水泥、水、外加剂、掺合料±2%；粗集料、细集料±3%。

拌和好的混凝土拌合物应尽快运送到摊铺现场，拌合物的运输时间要保证施工现场有足够的摊铺时间。根据施工时气温的不同，混凝土拌合物最长运输时间可参照表 8.2.16 执行。掺加缓凝剂后，经试验确定后可适当延长运输时间。在运输过程中，应尽量避免混凝土拌合物的污染和离析。自卸车的车厢应清洗干净，并洒水润湿。在运输过程中应尽量匀速行驶，保持平稳，减少颠簸。在高温、低温、大风、雨天施工时，运输时应对混凝土拌合物进行遮盖。给自卸车装料时，搅拌楼的卸料落差不得超过 2m。

最长允许运输时间 表 8.2.16

气温（℃）	无搅拌设备运输（min）	有搅拌设备运输（min）	气温（℃）	无搅拌设备运输（min）	有搅拌设备运输（min）
5～9	90	90	20～29	45	60
10～19	60	75	30～35	30	45

在高温季节施工时，可采取下列措施：对砂石料堆加盖遮阳篷；抽用地下冷水进行拌和；在拌合物中加缓凝剂、保塑剂或加大缓凝减水剂的用量等。当夏季气温高于 30℃时，施工应避开中午时间，选择在早晨、傍晚或夜间施工。遇雨时应对砂石料堆加以覆盖保护。

(四)摊铺与成形

1.摊铺

混凝土拌合物摊铺前,应做好检查准备工作,确认模板的位置、标高、润滑、支撑稳固等情况符合要求,模板底面与基层之间应密实无缝隙;传力杆、拉杆等已经正确安设;基层表面应平整、干净,若有破损应进行修复,摊铺前应清扫干净并洒水润湿;并已经修建好拌合物的运输道路等。

施工现场应有专人指挥卸料,一般直接卸在安装好模板的基层上,并使卸下的混凝土拌合物分成几个分布均匀的小堆,以方便摊铺。若运到施工现场的拌合物有离析现象,应使用铁锹翻拌均匀,但严禁再次加水。用铁锹送料时应反扣,严禁抛掷和搂耙。在模板附近,应使用铁锹插捣几下,以防止出现孔洞和蜂窝现象。人工摊铺混凝土拌合物的坍落度应控制在5~20mm之间,拌合物松铺系数应通过现场试验确定,宜控制在1.10~1.25之间。拌合物偏干、坍落度较小时,松铺系数应取偏小值;反之,应取偏大值。

2.钢筋加工与设置

水泥混凝土路面所用的各种钢筋均应符合有关技术标准和规范的要求,钢筋应顺直,没有损伤,表面无锈蚀和油污。钢筋网及骨架可采用绑扎或焊接成形,绑扎时搭接长度应为一个网格或20cm;焊接时可采用点焊,焊接的尺寸、焊点外形及压入深度、焊点的抗剪强度均应符合有关规范要求。

当水泥混凝土面板中按照设计要求需要设置钢筋时,应配合混凝土拌合物的摊铺一起进行。

(1)钢筋网的设置。

安装单层钢筋网片时,宜采用支架预先安装;也可先摊铺一层混凝土拌合物,其高度按钢筋网片的设计高度预加一定的沉降量,等安放钢筋网片后再继续浇筑。安装双层钢筋网片时,当面板厚度不大于25cm时,可预先将两层钢筋网片用立筋扎成骨架一次就位;当面板厚度大于25cm时,按照单层钢筋网片的安装方法,分两层安装。

(2)角隅钢筋的设置。

安装角隅钢筋时,宜采用焊接支腿;也可先在角隅处摊铺一层混凝土拌合物,其高度按角隅钢筋的设计高度预加一定的沉降量,等安放钢筋后用拌合物压住,然后再继续浇筑。

(3)边缘钢筋的设置。

安放边缘钢筋时,先在边缘处铺筑一层混凝土拌合物,拍实至钢筋设计高度,再安放边缘钢筋。钢筋两端弯起处用混凝土拌合物压住,以防止钢筋位移。

3.振捣

位置应重叠10~20cm。振动板在每一位置的振动时间以振动板底部和边缘泛浆厚度3~5mm为限,混凝土拌合物摊铺均匀后,应采用插入式振捣棒、平板振动器和振动梁配合进行振捣成形。每2m宽的断面应配备2根振捣棒,先用振捣棒对拌合物进行振捣,振捣位置应呈梅花状交错分布。每次振捣之间不宜少于30s,以拌合物停止下沉,表面不再冒出气泡和泛出水泥浆为止,不应过振。振捣棒的移动间距不宜大于其作用半径的1.5倍;距模板边缘的距离不应大于其作用半径的0.5倍,并应避免碰撞模板、钢筋、传力杆和拉杆;对边角位置应特别注意要仔细加以振捣。振捣棒插入角度宜为30°~45°,插入深度宜为距基层3~5cm。振捣棒应轻插慢提，不得猛插快拔，严禁在已摊铺好的拌合物中推行和拖拉进行振捣。

用插入式振捣棒振捣过后，再用平板式振动器再混凝土表面进行全面振捣。每 4m 宽的断面应配备 1 块振动板，纵横方向应各振捣一遍，振捣并不宜少于 15s。振动板应由两人拉起振捣和移位，并注意不能过振。振捣过程中，应随时对缺料的部位人工进行找平。

用平板式振动器振捣完后，再用振动梁进一步振实并整平提浆。振动梁放在侧模上，沿混凝土表面拖拉振实，移动速度应缓慢均匀，一般需往返 2～3 遍，最终使混凝土表面泛出的砂浆均匀平整。随后再用一根直径 75～100mm 的长无缝钢管，两端放在侧模上，沿纵向滚压一遍。振动梁应具有足够的刚度和质量，底面应平直，并焊接或安装上深度为 4mm 左右的粗集料压实齿，每 4m 宽的断面应配备 1 根有 2 个振动器的振动梁。

在振捣过程中，对缺料的部位应人工进行找平，而对多余的料应人工适当铲除。人工找平时应使用同批的混凝土拌合物，严禁使用纯砂浆。施工过程中应随时检查模板、钢筋、传力杆和拉杆的位移、变形、松动、露浆等情况，并及时予以纠正。

4. 整平饰面

振实作业完成后，应进行整平工作。首先使用滚杠提浆整平，每 4m 宽的路面应配备 1 根滚杠。整平时，第一遍应短距离缓慢一进一退地拖滚或推滚，以后应较长距离匀速地拖滚 2 遍，并将水泥浆始终赶在滚杠前方。对因泌水而产生的水灰比过大、过稀的多余水泥浆宜进行铲除，也可等稀水泥浆的水分蒸发到适宜拖滚时，再进行拖滚。

用滚杠进行整平后，应使用抹面机进行压浆整平饰面。抹面机分叶片式和圆盘式两种，抹面机应往返 2～3 遍进行压浆并整平饰面。若不配备抹面机，则应在滚杠整平后，用大木抹进行抹面 2～3 遍，直到表面无泌水为止，修整时前后两次刮痕应重叠一半。两次抹面之间的时间间隔可参考表 8.2.17。

抹面间隔时间

表 8.2.17

施工时气温(℃)	5～9	10～19	20～29	30～35
间隔时间(min)	35～45	30～35	15～25	10～15

抹面完成后，最后用抹刀和刮尺进行精平饰面。首先应做好人工清边整缝，清除粘浆，修补缺边、掉角。先用抹刀将抹面留下的痕迹抹平，再用 3m 刮尺纵横各 1 遍进行精平饰面。作业时操作人员应站在工作桥上，不要随便踏在混凝土上。精平饰面后的面板表面应无任何抹面痕迹，平整度应达到规定要求。

混凝土拌合物运输、铺筑的完成时间应不超过表 8.2.18 的要求。

铺筑完毕允许最长时间

表 8.2.18

施工时气温(℃)	5～9	10～19	20～29	30～35
铺筑完毕允许最长时间(h)	2.0	1.5	1.25	1.0

5. 真空脱水

小型机具用于三、四级公路水泥混凝土路面施工时，应优先采用在拌合物中掺加外加剂；未掺加外加剂时，应采用真空脱水工艺，该工艺适用于面板厚度不大于 24cm 的水泥混凝土路面施工。

采用真空脱水工艺时，混凝土拌合物的最大单位用水量可比不掺加外加剂时增大 3～

12kg/m³;混凝土拌合物适宜的坍落度:高温天气为30～50mm,低温天气为20～30mm。

(1)真空脱水机具。

①真空度稳定、有自动脱水计量装置、有效抽速不小于15L/s的脱水机。

②真空度均匀、密封性能良好、脱水效率高、操作简便、铺放容易、清洗方便的真空吸垫。每台真空脱水机应配备不少于3块吸垫。

(2)真空脱水作业。

①脱水前,应检查真空泵空载真空度不小于0.08MPa,并检查吸管、吸垫连接后的密封性,同时应检查随机工具和修补材料是否齐备。

②吸垫铺放应采用卷放,避免产生折皱;边缘应重叠已脱水的面板5～10cm。

③开机脱水,真空度应逐渐升高,最大真空度不宜超过0.085MPa。脱水量应经脱水试验确定,但剩余单位用水量和水灰比不得大于表8.2.3规定的最大值。

④最短脱水时间不宜早于表8.2.19的规定。当脱水达到规定时间和脱水量要求后(双控),应先将吸垫四周微微掀起1～2cm,继续抽吸15s,以便吸尽作业表面和吸管中剩余的水分。

最短脱水时间(min) 表8.2.19

面板厚度 h(cm)	昼夜平均气温 T(℃)					
	3～5	6～10	11～15	16～19	20～25	>25
18	26	24	22	20	18	17
22	30	28	26	24	22	21
25	35	32	30	27	25	24

真空脱水后,应采用振动梁、滚杠或叶片、圆盘式抹面机重新压实精平1～2遍。

真空脱水整平后的路面,应采用硬刻槽方式制作抗滑构造。

真空脱水水泥混凝土路面的切缝时间可比规定的时间适当提前。

6.抗滑构造施工

为保证行车安全,水泥混凝土路面应具有粗糙抗滑的表面。抗滑构造的施工宜优先选用硬刻槽。二级及以下公路的构造深度,一般路段为0.5～0.9mm,变速车道、弯道等特殊路段为0.6～1.0mm。路面摊铺7d以后,或抗压强度达到设计抗压强度的40%以后方可刻槽,并宜在两周内完成。刻槽机应匀速行走,中途不得抬起或改变方向,面板的边缘应设有托架,使刻槽机能行走到板边,制作的纹理应贯通整个板宽。刻槽深度应为3～5mm,槽宽为2～3mm,槽间距为15～25mm。刻槽后应及时把路面冲洗干净,并恢复养生。

另外,也可采用拉毛与拉槽结合的方法制作抗滑构造,并应在整平饰面后及时进行。拉槽的几何尺寸与刻槽相同。

7.养生与交通管制

整平饰面完成后,应及时进行养生。常用的养生方法包括湿法养生、塑料薄膜养生和喷洒养生剂养生,不宜采用围水养生方式。

在雨季或养生用水充足的条件下,可采用湿法养生。在混凝土表面全面覆盖保湿养生膜、土工毡、土工布、麻袋、草袋或草帘等，并每天均匀洒水数次，使覆盖物底部始终保持潮湿状态。

采用覆盖保湿养生膜、塑料薄膜养生时，应在混凝土表面不见浮水、用手指按压没有痕迹时进行。养生期间应保持薄膜的完整，若有破裂应立即补盖。薄膜厚度应适宜，宽度大于覆盖面约 60cm。两条薄膜对接时，重叠部分宽度不宜小于 40cm。

采用喷洒养生剂方法养生时，应在混凝土表面不见泌水时进行。喷洒的剂量、成膜厚度、喷洒时间等应通过现场试验确定。喷洒厚度应以足以形成完全封闭路面表面的薄膜为准，喷洒应尽量均匀，保证成膜厚度一致，喷洒后的表面不应有颜色的差异。喷洒高度宜控制在 0.5～1m，单独采用一种养生剂时，有效保水率应大于 90%，喷洒剂量为原液含量不应少于 0.3kg/m²。当采用一种养生剂按上述剂量喷洒达不到要求的保水率时，可使用两种养生剂喷洒两层，或采用喷洒一层养生剂并加以保湿覆盖的方法。

在昼夜温差大于 10℃的地区，或在日平均气温低于 5℃时施工，应采取保温保湿养生方式，即先将路面洒水湿透，再覆盖塑料薄膜保湿，并覆盖泡沫塑料垫或干厚草帘保温。

养生时间应根据水泥混凝土强度增长情况而定，在达到设计弯拉强度的 80%以上时可结束养生。一般为 14～21d，热天不少于 14d，冷天不宜少于 21d。由于前 7d 水泥混凝土的强度增长最快，应特别注意加强养生，严禁出现水泥混凝土路面发白的现象。

在养生期间和填缝以前严禁车辆和行人通行，当混凝土强度达到设计强度的 40%以上后（约为 3d），方可允许行人通行；在养生和填缝完毕后，待混凝土强度达到设计强度的 90%以上时，方可全面开放交通。

8. 拆模

当水泥混凝土立方体试件的抗压强度达到 8MPa 以上时，应及时拆模。水泥混凝土成形后至拆模的时间称为允许拆模时间，可参考表 8.2.20 确定。拆模时，注意不得损伤混凝土面板的边角，拆下的模板不得压在刚拆完模的路面上。

允许拆模时间（单位：h） 表 8.2.20

昼夜平均气温（℃）	−5	0	5	10	15	20	25	≥30
硅酸盐水泥、R 型水泥	240	120	60	36	34	28	24	18
道路、普通硅酸盐水泥	360	168	72	48	36	30	24	18
矿渣硅酸盐水泥	—	—	120	60	50	45	36	24

9. 接缝施工

水泥混凝土面板一般采用矩形，其纵向和横向接缝应垂直相交，纵缝两侧的横缝不得互相错位。纵向缩缝间距（即板宽）可按路面宽度确定，其最大宽度不得大于 4.5m。横缝可分为横向缩缝、胀缝和横向施工缝。横向缩缝间距（即板长）应根据当地气候条件、板厚确定，一般采用 4～6m，缝宽 5～10mm，缝深 4～6cm。

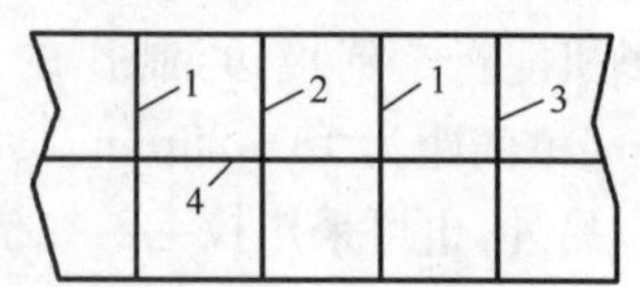

图 8.2.1 面板的分块与接缝位置简图
1-横向缩缝；2-横向施工缝；3-胀缝；4-纵向施工缝

水泥混凝土面板的分块简图与接缝位置如图 8.2.1 所示。

(1)横向缩缝。

对于小型机具施工，由于每次只能铺筑一条车道，所以一般没有纵向缩缝，只有纵向施工缝。水泥混凝土面板的横向缩缝构造如图 8.2.2 所示。图 8.2.2a)为假缝型，图 8.2.2b)为假缝加传力杆型。

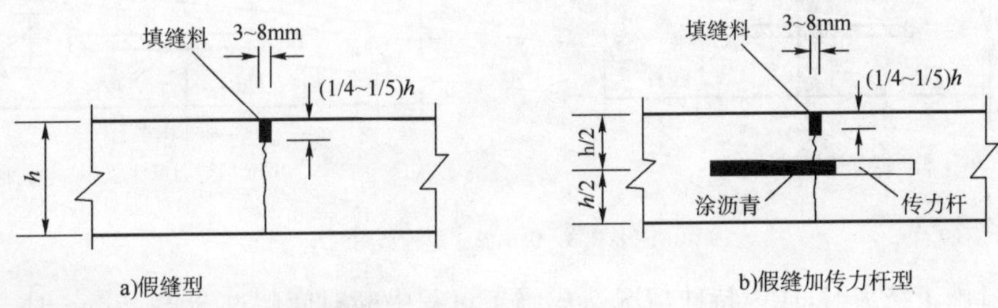

图 8.2.2　横向缩缝构造图

缩缝施工一般有切缝和压缝两种方法。

①切缝法。

缩缝施工优先采用切缝的方法。当水泥混凝土立方体试件的抗压强度达到 8MPa 以上时，应及时进行硬切缝。工地现场可参考表 8.2.21 进行试锯来确定切缝时间，以锯片磨损小、缝边不发生碎裂或崩边为准。为防止混凝土面板在切缝前出现温度胀缩应力而破坏，一般可每隔 25m 左右设一条压缝。

参考切缝时间　　表 8.2.21

昼夜平均气温(℃)	5	10	15	20	25	30
切缝时间(h)	45～50	30～45	22～26	18～21	15～18	13～15

②压缝法。

切缝时间控制不好容易产生早期裂缝，为了防止早期裂缝，可每隔 3～4 条切缝做一条压缝。在路面成形以后，立即用振捣梁的"T"形压缝刀准确地在预定缩缝位置压出一条槽，至规定深度后提出压缝刀，用原浆修平缝槽，然后放入嵌缝条，再次用原浆修平缝槽。在混凝土拌合物初凝前泌水后，轻轻取出嵌缝条，最后用抹缝瓦刀修整好缝槽。

(2)纵向施工缝。

当一次铺筑宽度小于路面总宽度时，应设置纵向施工缝，位置宜与车道线一致，一般按 3～4.5m设置。纵向施工缝构造一般采用平缝加拉杆型，拉杆应采用螺纹钢筋。当面板厚度大于 26cm 时，纵向施工缝也可采用企口缝加拉杆型。施工时，应注意在振实过程中从侧模预留孔扶正插入的拉杆。在路面硬切缝前，拉杆应禁止碰撞和松动。在施工过程中，若发现拉杆松动或未插入，应在横向连接的路面摊铺以前，在相应位置钻孔重新植入拉杆，并用环氧砂浆粘接牢固。

当先施工一幅的水泥混凝土路面达到设计强度以后，方可进行另一幅的路面施工。另一幅路面施工时，宜在先施工一幅的路面上垫一条橡胶，以防止纵向施工缝崩边。

水泥混凝土面板的纵向施工缝构造见图 8.2.3。图 8.2.3a)为平缝加拉杆型，图 8.2.3b)为企口缝加拉杆型。

(3)横向施工缝。

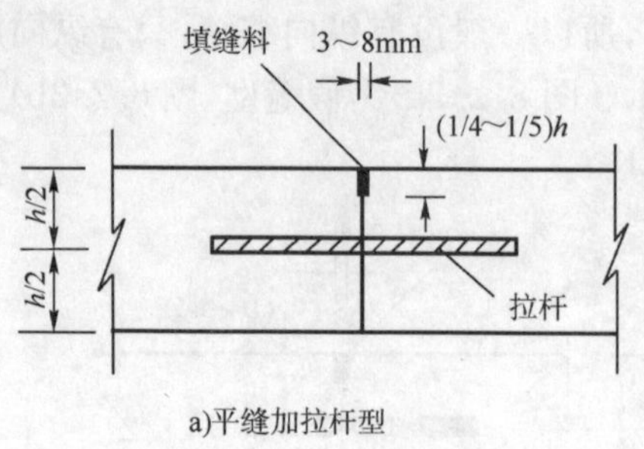

a)平缝加拉杆型

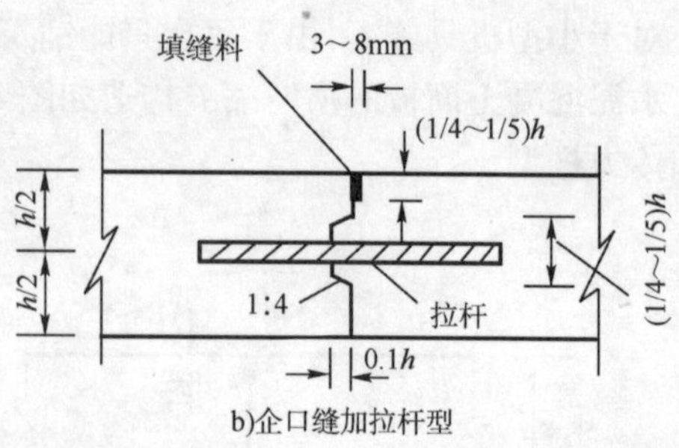

b)企口缝加拉杆型

图 8.2.3　纵向施工缝构造图

当每日施工结束时，或因特殊情况造成施工过程中断时间超过 30～45min 时，应设置横向施工缝，横向施工缝采用平缝加传力杆型。横向施工缝应尽量做到胀缝处，若不可能也应做到横向缩缝处。

当浇筑施工缝一端的混凝土拌合物时，先浇筑一层到传力杆高度以上，安放传力杆并固定牢靠，检查传力杆的安放位置符合要求以后，再浇筑上一层，并用振捣棒仔细捣实。当先施工一端的水泥混凝土强度达到拆模要求以后，方可进行另一端的施工。从施工缝开始浇筑时，振捣棒不得碰撞传力杆。

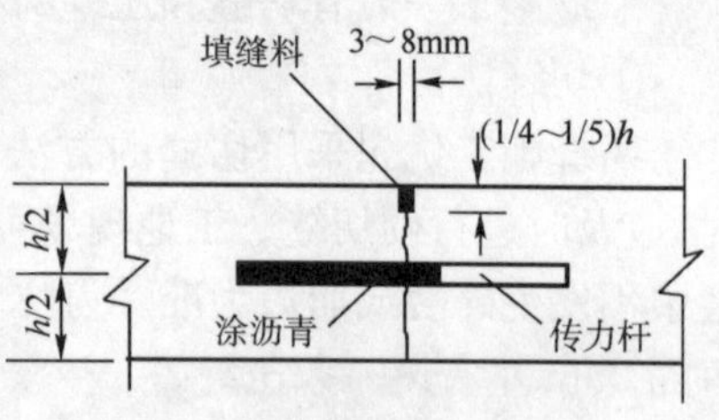

图 8.2.4　横向施工缝构造图

水泥混凝土面板的横向施工缝构造如图 8.2.4 所示。

(4)胀缝。

胀缝应尽量少设或不设，但在邻近桥梁或建筑物处、在小半径曲线和纵坡变换处，应设置胀缝。胀缝宽 18～25mm，上部约为板厚的 1/4 或 5cm 深度并浇灌填缝料，下部则设置富有弹性的嵌缝板。

水泥混凝土面板的胀缝构造见图 8.2.5。图 8.2.5a)为传力杆型，图 8.2.5b)为边缘钢筋型，图 8.2.5c)为厚边型。

当摊铺至胀缝位置前方约 1～2m 处时，先将胀缝支架准确定位并锚固，摊铺混凝土拌合物并用振捣棒把胀缝两侧振实。胀缝板应连续贯通整个路面宽度，钢筋支架两侧应比摊铺宽度各短 3cm 左右，胀缝板的高度应保证密封槽的尺寸符合要求。密封槽先采用木条嵌填，嵌入的木条与胀缝板暂时连成一体，在混凝土振捣后先抽动一下，最迟在混凝土终凝前将压缝木条抽出。当胀缝与施工缝重合时，混凝土拌合物的浇筑与施工缝相同。

(5)填缝。

水泥混凝土面板养生期满后，应及时填缝，填缝工作宜在混凝土初步硬结后进行。先用切缝机将密封槽加工成规定的尺寸，当加工胀缝密封槽时，先取出胀缝上部的木条，将缝边做成圆弧或 45°角。应使用铁钩和压力水枪把密封槽彻底清洗干净，并用热空气烘干，确保缝壁及内部清洁、干燥，缝壁以擦不出灰尘为准。使用专用工具将衬垫材料嵌入到规定的深度，嵌入衬垫材料以后，缩缝和施工缝密封槽的深宽比为 1～2，胀缝密封槽的深宽比为 1。

然后浇灌填缝料，填缝料可采用聚氯乙烯类或沥青玛蹄脂等。加热型填缝料的加热温度应符合规定要求，加热过程中应搅拌均匀，填缝料融化后应保温使用。常温填缝料应按 1h 的使用量拌和均匀,并随拌随用。灌缝深度宜为2cm,最浅不小于1.5cm。灌缝顶面,热天宜与路面齐平,冷天应为凹面,中心凹入1~2mm。填缝必须饱满、均匀,深度一致并连续贯通,填缝料不得缺失、开裂或渗水。常温型填缝料的养生期,冷天宜为24h,热天宜为12h。加热型填缝料的养生期,冷天宜为12h,热天宜为6h。养生期间,应封闭交通。

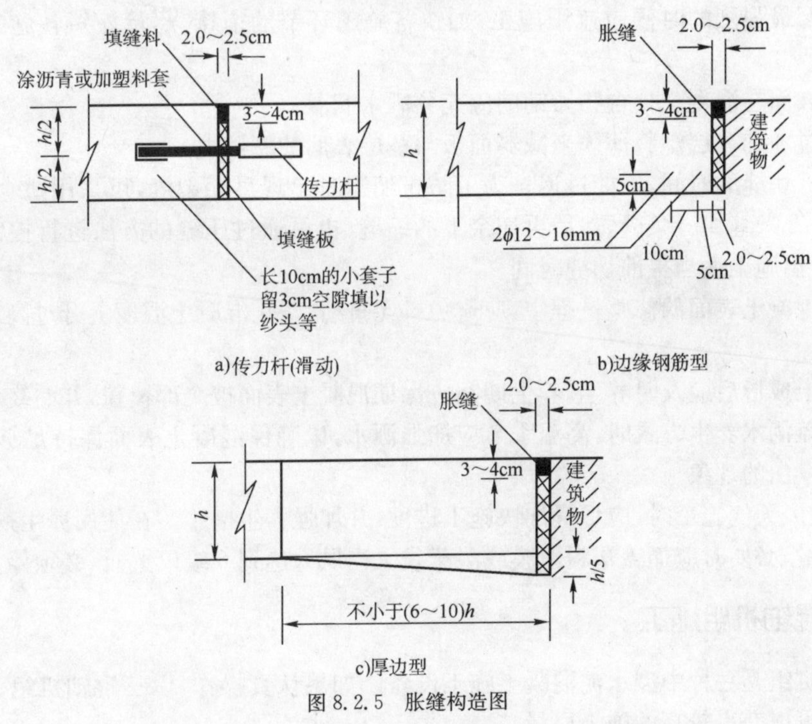

图8.2.5 胀缝构造图

切缝时,对已经出现啃边、掉角、边角不规则的密封槽,均应使用填缝料灌填,不得使用预制嵌缝条。

使用预制嵌缝条时,黏接剂应均匀连续地涂在缝壁上部,厚约1mm,并保证黏接紧密。使用专用工具嵌入嵌缝条,在长度方向既不得拉伸也不得压缩,使其保持自然状态。在宽度方向应压缩40%~60%后再嵌入。嵌缝条高度不宜小于2.5cm。在嵌缝条施工期间和黏接剂固化以前,应封闭交通。

(五)防止早期裂缝

水泥混凝土面板浇筑完毕后几天内出现的裂缝,称为早期裂缝。早期裂缝的出现,主要是因为水分蒸发过快或气温降低过快,或者由于水泥混凝土本身的水化反应造成混凝土产生较大的收缩,从而导致混凝土的早期强度过低,因此产生裂缝。

如果施工工艺不当,或者在气候恶劣、昼夜温差较大、风速较大的地区施工,早期裂缝出现的概率比较高,必须在施工过程中采取相应的措施加以预防。

1.尽量减少单位水泥用量,并使用发热量和收缩性小的水泥,不使用高温水泥(70℃以上)。

2.适当减少混凝土的单位用水量,可通过在拌合物中掺加缓凝剂、保塑剂,或加大缓凝减水剂的用量及改善集料级配的方法来实现。

3. 水泥混凝土浇筑时的气温一般宜在30℃以下，当夏季气温高于30℃时，宜避开中午时间，选择在早晨、傍晚或夜间进行施工。

4. 在高温施工时，应对混凝土拌合物采取下列降温措施：对沙石料堆加遮阳篷；抽用地下冷水或冰水进行拌和；使用长时间在太阳下暴晒的干燥集料时，应先充分洒水润湿；在每日气温最高和日照最强烈的时候应遮阳施工；加快各施工环节的衔接，尽量缩短各施工环节所用时间。

5. 基层表面在混凝土拌合物摊铺前应充分洒水润湿。

6. 可通过加铺一层塑料薄膜来减弱面板与基层表面的摩擦力。

7. 控制好切缝的时间，不能过迟。为了防止切缝时出现早期裂缝，可采用跳仓切的方法，即先每隔1～2条缝切一条缝，然后再切余下的缩缝；也可通过压缝的方法进行控制。高温施工时，应比常温施工适当提前切缝时间。

8. 在对混凝土表面的修整过程中，应避免日光直射，防止混凝土温度上升过高或造成表面干燥。

9. 混凝土成形后应及时养生，养生期间应保证混凝土表面被全部覆盖，并始终保持潮湿状态。采用覆盖洒水养生方式时，高温季节应加强洒水，以确保混凝土表面保持足够的湿度，严禁出现表面发白的现象。

10. 在大风天气施工时，应尽量加快施工进度，并加强养生措施。在使用养生剂养生时，应加大喷洒剂量，必要时应加盖塑料薄膜或湿草袋。当风力达到6级以上时，必须停止施工。

三、三辊轴机组施工

三辊轴机组是一种中型水泥混凝土施工设备。如果认真操作，以三辊轴机组为主导设备的施工方法可以获得较高的施工质量。

三辊轴机组施工的工艺流程及机械的布置顺序为：混凝土拌合物的拌和与运输→布料机具布料→排式振捣机振捣→拉杆插入机插入拉杆→人工找补→三辊轴整平机摊铺整平→精平饰面→抗滑构造的施工→接缝施工→养生→填缝。

（一）机具选型与配套

1. 三辊轴整平机

(1)工作原理。

三辊轴整平机为三辊轴机组的主导设备，具有振密、摊铺、提浆和整平功能，其主体部分为一根起振密、摊铺、提浆作用的偏心振动轴和两根起驱动整平作用的圆心轴。振动轴始终向后旋转，面其他两轴则可以向前旋转。三轴机工作时，机械向前运动，振动轴向后旋转，同时通过偏心振动，使拌合物液化，振动轴在自重和动力作用下切入液化的拌合物，并向前推挤甩出拌合物，从面实现摊铺、振密、提浆的功能。由于振动轴的偏心振动，会在拌合物表面形成有规律的波浪。同时，当混凝土拌合物的坍落度较小或布料高度过高时，振动轴前会有较多的拌合物堆积，三轴机向前移动时会因受阻面产生“爬坡”现象，导致拌合物表面的不平整。后面的两根轴在模板上平滚，消除这种不平整，实现整平功能。

三轴机向前移动时，振动过后形成的波浪会马上由后面的两根整平轴消除。但向后移动时，振动形成的波浪只能当三轴机掉头向前移动时才能消除，如果三轴机不能及时掉头，形成的波浪会留在拌合物表面上，从而影响路面质量。因此，施工时必须采用前进振动、后退静滚的方式。

(2)机具选型。

三轴机的型号以轴的直径表示，规格以轴的长度表示。目前，市场上的三轴机的轴直径有16.8cm、21.9cm和24cm三种。直径在的机型有较强的摊铺功能，施工效率较高，平整较好，但提出的表面浆体比较薄且容易离析，可以达到的振实深度也较小。但三轴机施工一般配套有内部振动式振捣机，所以不存在振实深度问题。采用小直径可实现较好的提浆效果，但轴容易变形，需注意较正。

要根据摊铺厚度和宽度合理选择三轴机的型号和规格。厚度20cm以上的混凝土面层宜采用较小的直径，桥面铺装和厚度较小的面层宜采用较大直径；轴长宜比路面宽度大60～100cm。振动轴的转速不宜过大，以保证有效的振实和提浆，通常有300rpm和380rpm两种，宜选用低值。振动功率宜大于5.5kW，驱动轴的行驶速度不宜大于13.5m/min，驱动功率不宜小于6.0kW。表8.2.22是两种主要型号三轴机的技术参数。

两种三轴机的主要技术参数 表8.2.22

型号	轴直径 (mm)	轴速 (rpm)	轴长 (m)	轴质量 (kg/m)	行走机构质量 (kg)	行走速度 (m/min)	整平轴距 (mm)	振动功率 (kW)	驱动功率 (kW)
5001	168	300	1.8～9	65±0.5	340	13.5	504	7.5	6.0
6001	219	300	5.1～12	77±0.7	568	13.5	657	17.0	9.0

2.搅拌站

宜采用具有自动称量、电脑控制的拌和楼，应配有2个以上容量为80～200t的水泥钢筒仓，1～2个细集料仓，2个粗集料仓和不少于3个1～2t的水箱。各料仓出料口尺寸应保证材料能顺利流出，对选定的出料口尺寸，应按生产能力进行校核。各组成材料的计量精度为：水泥±1%；水±1%；细集料±1%；粗集料±2%；外加剂±2%；掺合料±1%。应采用间歇式搅拌的强制式搅拌机，可以是卧式或单卧式搅拌机。为减少不同搅拌机造成的拌和物的不均匀性，一般同时使用的搅拌机不宜超过两台，并且搅拌机的品牌和规格型号尽可能一致，每台搅拌机的生产能力不宜低于30m^3/h。单车道施工时搅拌机的拌和能力应不小于50m^3/h，双车道施工时搅拌机的拌和能力应不小于100m^3/h。搅拌站的位置宜设在摊铺路段的中央，最大运输距离不宜超过15km。

3.振捣机

采用由一排插入式振捣棒通过横梁组成的排式振捣机。振捣棒的直径宜为50～70mm间距不大于其有效作用半径的1.5倍，并不大于50cm。插入式振捣棒组的振动频率宜为50～200Hz。排式振捣机宜同时配备螺旋布料器和松方控制刮板，并具备自动行走功能。

当桥面铺装施工和路面厚度较薄时，也可采用梁式振捣器，振捣频率宜为50～100Hz，振动加速度为40～50m/s^2。

4.拉杆插入机

三轴机的最大摊铺宽度不宜超过9m，当一次摊铺宽度达到两块板，即同时摊铺两个车道宽度时,必须配备纵缝拉杆插入机。拉杆插入机应设有振捣器和插入深度限位装置,以及拉杆间距调整装置。插入机的行驶速度应适应三轴机的施工速度。

5. 饰面工具

饰面工具有刮尺和刮板,应按需要数量配备。密实饰面时应采用质量轻、刚度大,长度为3～5m的铝合金刮尺,精平饰面时可采用具有较大接触面的轻质金属刮板或铝合金板,刮尺与刮板的手柄和连接头采用铰接,以调节刮尺和刮板饰面时移动的方向角度和路表面的接触角度。

6. 运输车辆

对于拌合物的运输宜采用搅拌车,也可采用自卸汽车运输,车厢应平整光滑,不露浆。坍落度大于5cm的拌合物宜采用搅拌车运输。运输车辆的数量应满足连续生产的需要,装载质量不小于5t。大吨位车卸料的料堆大,布料宜采用布料机进行。

除了上述设备以外,还应配备一定数量的刻槽机、切缝机、灌缝机、洒水车、人行工作桥和发电设备等。可参考小型机具施工机具配套进行配置。

(二)三辊轴机组施工

1. 施工准备

施工组织设计编制、拆迁及辅助设施准备、原材料准备和性能检验、基层的准备等施工准备工作均于小型机具施工的要求相同,但模板安装要求较高。必须采用钢模板,长度为3～5m,高度与路面厚度相同。模板要有足够的刚度和强度,接头处连接钢板应在外侧,相邻模板平头相接。必须严格控制模板的安装质量,保证稳固、顺直、平整,桩间无起伏。模板的质量指标和安装质量指标须满足表8.2.23和表8.2.24的要求。

模板的质量指标 表8.2.23

施工方式	高度偏差(mm)	局部变形(mm)	垂直边夹角(°)	顶面平整度(3m直尺,mm)	侧面平整度(3m直尺,mm)	纵向变形(mm)
小型机具	±2	±3	90±3	±2	±3	±3
三辊轴机组	±1	±2	90±2	±1	±2	±2

模板的安装质量指标 表8.2.24

施工方式	平面偏位(mm)	摊铺宽度(mm)	顶面高程(mm)	横坡(%)	相邻模板高差(mm)	顶面平整度(3m直尺,mm)	接缝宽度(mm)	侧向垂直度(mm)	纵向顺直度(mm)
小型机具	≤15	≤15	±10	±0.20	≤2	≤2	≤3	≤4	≤4
三辊轴机组	≤10	≤10	±5	±0.10	≤1	≤1.5	≤3	≤3	≤3

注:纵向顺直度采用20m拉线检查。

2. 路面铺筑

(1)拌合物的拌和与运输。

三辊轴整平机的整平能力很强,但摊铺和振密能力较弱,适合于摊铺流动性较大、工作性良好的混凝土拌合物，坍落度宜为10～40mm。拌合物应拌和均匀、充分，搅拌时间根据搅拌机的类型、转速、拌合物的种类和投料顺序决定，从原料全部投入到开始出料为止的搅拌时间不应少于30～60s，最长不宜超过120s。为了改善拌合物的工作性能，一般要掺加一定的外加剂。

拌合物的运输要求及运输时间与小型机具施工相同。

(2)布料。

要特别注意布料的均匀性，准确控制布料高度。铺料之前，基层应清扫干净，并洒水润湿。要有专人指挥车辆均匀卸料，分多堆卸料。可用人工布料，也可用装载机或挖掘机布料。人工布料宜使用排式振捣机前方的螺旋布料器辅助控制松铺高度。

坍落度为10～40mm的拌合物，松铺系数为1.12～1.25。坍落度大时取低值；坍落度小时取高值。由于路面横坡的影响，在摊铺和振密过程中，拌合物会由高侧向低侧流动，因此布料时应在较高的一侧适当增大布料高度，路面较低的一侧适当减低布料高度，以补偿拌合物的流动，保持路面的平整和均匀性。同样，超高路段，横坡高侧取高值，横坡低侧取低值，但不得低于模板顶面。

(3)密排振实。

摊铺混凝土拌合物后，立即进行振捣密实作业。布料长度不宜小于10m。密排振捣棒间歇插入振实时，每次移动距离不宜超过振捣棒有效作用半径的1.5倍，并不得大于60cm，振捣时间宜为15～30s，以保证有效振实。

振捣密实以拌合物中粗集料停止下沉，表面不再冒气泡，并泛出水泥浆为准，注意不能过振。排式振捣机应匀速缓慢、不间断地进行。

桥面铺装或面层铺筑厚度较小时，可采用梁式振捣机和平板振动器进行振捣。

(4)拉杆安装。

面板振实后，应趁拌合物刚液化时，立即安装拉杆。单车道摊铺的混凝土路面，应在边缘模孔中按设计要求在面板厚度中间插入拉杆钢筋。一次摊铺双车道路面，除了在侧模板中插入拉杆外，还要在中间纵缝部位使用拉杆插入机插入拉杆钢筋，拉杆插入机的限位开关应调整到适当的位置，以便按设计要求将拉杆安装在面板厚度中间。插入拉杆后振捣混凝土拌合物，以使拌合物充分包裹拉杆。插入机每次移动的距离应与拉杆间距相同。

(5)人工找补。

三轴机施工时，拌合物不能低于模板，否则三轴机振动提浆后，表面浆不均匀，水灰比大的稀浆会去填补凹处，在混凝土凝固后，这些部位的强度、抗滑性和耐磨性都较差，且容易产生收缩裂缝纹。但如果振密后混凝土拌合物高出模板顶面过多，会给三轴机的施工造成困难，容易偏斜。因此，三轴机施工时拌合物应高于模板顶面5～20mm。安装拉杆后，要立即检查混凝土的平整情况，进行人工找补。对于高处要适当铲除，低处要用同一批拌合物进行填补。在操作时工作人员不能踏入拌合物中，要站在人行工作桥上进行找补，不能留下脚窝，也不能将尘土带入拌合物中。

(6)三辊轴整平机作业。

三辊轴整平机的作业单元长度应合适，宜为20～30m。应在布料长度够一个作业单位长度时才开始振实，并紧跟开动三轴机进行施工。振实与整平两道工序之间的间隔宜不大于15min。

三辊轴整平机在一个作业长度内，应采用前进时振动、后退时静滚的作业方式，宜分别进行 2～3 遍，不宜超过 3 遍。振动时，调整好振动轴的高度，与模板顶面留 2mm 的间隙，要求振动轴只能打击削平拌合物表面，不能和模板接角。在三辊轴整平机作业时，要注意观察混凝土拌合物表面的高低情况，积料过多时，应辅以人工铲除，轴下有间隙时，应采用同一作业单元内的拌合物找平补。注意随时刮去模板顶上留下的余浆，以保证两根整平轴始终接触模板顶面。由于三轴机自重较大，其振动作用可能使模板松动，因此应随时注意观察模板的情况，如有松动、变形，应随时校正。

振动滚压后，将振动辊轴抬离模板，用整平轴前后静滚整平，静滚遍数要足够多，一般为 4～8遍，直到平整度符合要求，表面砂浆厚度和水灰比均匀为止。最后达到的表面平均砂浆厚度宜不大于 4mm，最厚不应超过 6mm，三辊轴整平机前方表面过厚的大水灰比砂浆必须刮除废弃，以改善表面的抗滑性及耐磨性，刮除的水泥浆不能再用于路面内。

三辊轴整平机作业期间，恰好处在混凝土向上泌水过程中，表面砂浆水灰比及流动性增大，容易影响路面质量。为了增强表面耐磨性，改善平整度，也可采用 2 台三辊轴整平机联合作业，中间增加真空脱水作业。

(7)精平饰面。

三轴机基本整平路面后，表面砂浆沿纵向的厚度和水灰比都已达到均匀，但沿横向可能尚不均匀，应采用 3～5m 刮尺进行饰面。将刮尺纵向摆放，横向推拉，推拉应速度均匀，每次推拉一次完成，中间不停顿，并调整好刮尺底面与路面的接触角度，刮尺前缘应离开路面，使刮出的浆始终被赶到刮尺前面。刮平过程中要注意刮尺和混凝土表面全面接触，如果刮尺底面与拌合物之间有空隙，说明混凝土表面有低洼处，应随时补浆。刮尺饰面应在三轴机完成整平作业后尽快进行，否则饰面效果较差。

等表面泌水蒸发消失，再使用刮板或抹刀进行 1～2 遍收浆饰面或抹光，也可采用旋转抹面机进行 2 遍密实精平饰面。掌握好收浆饰面的时间，刮尺、刮板、抹刀、抹面机饰面的最迟时间不得迟于表 8.2.18 中铺筑完毕允许最长时间。表中施工气温指施工时间内的平均气温，使用缓凝剂后，表中数值可增大 0.25～0.5h。

三辊轴机组织施工的其他工序与小型机具相同。

四、水泥混凝土路面早期破坏的原因分析及预防措施

近年来，在我省农村公路建设和改造工程中发现，有的水泥混凝土路面刚建成通车不久，就出现了比较严重的病害，如开裂、断板、沉陷、错台等破坏。下面对这些早期破坏的产生原因进行简要分析并提出相应的预防措施。

(一)水泥混凝土面板早期破坏的原因分析

当温度应力超过水泥混凝土的抗拉强度，水泥混凝土路面就会产生断裂并发展成为断板。在这些断裂中，有的是由于水泥混凝土的初始收缩受到阻碍而产生横向裂缝；有的是由于板块尺寸过大所产生的温度翘曲变形而引起了横向裂缝；有的是由于地基的不均匀沉降或地基受侵蚀而使板底出现脱空后，致使应力增加而引起的纵向、横向或角隅断裂和错台等。

1. 路基施工方面的原因

(1)路基填筑使用了不适宜的材料。

公路路基施工规范规定，在通常情况下，不能被压实到规定的密实度和不能形成稳定填方

的材料不能用于路基填筑。例如:淤泥、沼泽土、冻土、有机土及含有树根、杂草、生活垃圾和易腐烂物质的材料;液限大于50%、塑限大于26%的材料;有机质含量大于3%的材料;压实含水量和最佳含水量之差大于2%的材料等。如果施工单位在路基填筑材料方面控制不严,使用了不适宜的填筑材料从而造成路基沉陷,则会使水泥混凝土面板遭到破坏。

(2)软基处理不当。

在软土地段路基填筑前,应首先调查地基承载力,然后采取合理的软基处理方案和施工工艺,软基处理方案一般有:置换土、抛石挤淤、袋装砂井、塑料排水板、土工布、土工格栅或上述两种方案的组合等。但往往是由于施工单位采取的软基处理方案或施工工艺不合理,或施工时未严格按照规范要求进行处理或处理不完善等,这便给路基的稳定性造成了隐患,使成形的路基沉陷或滑移,最终影响到水泥混凝土面板。

(3)路基土石方填筑方面的原因。

在路基施工过程中,由于以下施工方面的原因,会对路基的稳定性造成一定的影响,直至影响到水泥混凝土面板。

①施工单位往往未严格按照规范要求的每层填料松铺厚度进行控制,这样路基填方的密实度很难达到规范的要求。

②路基填筑的有效宽度和超宽填筑不够。有的部分在路基填筑完成时才发现填筑宽度不够,为达到路基的有效宽度,施工单位往往没有按照规范要求挖台阶分层填筑压实至路基要求的宽度,而是将一些松散的土倾倒在边坡上,用人工摊铺拍实。这样,修补的路基部分远未达到密实度的要求,造成路基滑坡、层层冲刷。

③每层路基填筑的填料未用平地机或其他平整机械进行整平或整平效果不好,致使低凹处达不到密实度要求,而且容易大量积水浸泡路基。

④路基没有按要求做成一定的横坡度,未做施工临时排水系统或不畅通,从而使大量的积水渗入下层路基,严重影响路基质量。

⑤路基石方或土石混合料填筑时,石块直径过大,使填石路堤或填土石混合料路堤密实度达不到规范要求。

(4)填挖交界处未按规范要求进行施工。

当路堤在斜坡上,或在填挖交界处,或在原有路堤上,或路堤处在垂直路中线测得的坡度大于1∶5的坡地时,应把原地面挖成台阶,台阶宽度应不小于1m,用小型机具进行夯实,并向内侧倾斜2%,台阶上不能有积水,然后再分层填筑、压实,这样才能保证路堤的稳定和达到规定的密实度。而施工单位在施工时,遇到以上情况,多数未将施工地段挖成台阶后分层填筑压实,以致影响了路堤的填筑质量,形成隐患从而造成水泥混凝土面板破坏。

(5)构造物台背的回填不符合要求。

从目前建成通车的公路来看,构造物台背跳车是通病,而最明显的是台背沉陷或错台,主要原因是台背回填质量差。台背回填要求每层松铺厚度不得大于20cm,密实度必须达到95%,回填材料最大粒径不大于5cm,且应具有良好的级配和透水性。然而,施工单位在进行台背回填时松铺厚度未严格控制,回填材料没有认真地选取,压实时仅用人工夯实,有时虽使用小型机具进行压实,也只不过是走走形式,敷衍了事。台背回填尺寸未按规范要求开挖,使得回填材料无法压实达到规定的密实度。现在,台背回填中最易被人忽视的是台背中部填筑符合要求，但边缘为不透水性填料，没有进行更换，所以路面渗入的水积存在台背，这样时间一长便影响了路基的稳定性，造成台背沉陷，以致水泥混凝土面板遭到破坏。

2. 路面施工方面的原因

(1)路面基层施工质量不符合要求。

①底基层施工。

a. 底基层开始施工前应将路槽清理干净，标高应严格控制，否则会影响基层的设计厚度(基层厚度增加会提高成本，厚度减小则会影响基层的稳定)；

b. 底基层粗集料针片状颗粒含量不得超过20%，且不得含有黏土块、腐殖质等有害杂质；

c. 底基层集料必须有良好的级配；

d. 粒径在0.5mm以下的集料其塑性指数应小于4%，液限应小于25%；

e. 松铺好的集料在压实时，其含水量应比最佳含水量稍高。

②基层施工。

水泥稳定粒料类基层在铺筑前，应将底基层表面上的所有浮土、杂物全部清除并严格整形和压实，将底基层上的车辙或松软部分和压实不足的地方，以及任何不符合规范要求的表面都重新翻松、清除并用同类材料或上层材料进行整形，并压实到符合规范要求的密实度和规定的坡度、标高。水泥质量要求稳定，用量应严格按试验配合比加入，拌和要均匀。水泥稳定集料的级配要求良好，有机质含量不得大于2%，集料中不得含有黏土块、腐殖质等有害杂质。而施工单位在施工时往往容易忽视的就是使用级配不好、含有黏土块及有害杂质的材料来铺筑基层。另外，下列原因都会严重影响基层的质量，导致水泥混凝土面板遭到破坏。

a. 水泥稳定粒料含水量控制不准、水泥用量不足等，导致基层强度不足、承载能力下降；

b. 路基、底基层、基层的标高控制不严，造成路面厚度不一致，过薄处或厚薄交界处将成为薄弱断面，在水泥混凝土收缩时，厚度薄的断面容易开裂；

c. 基层平整度差会大大增加与水泥混凝土界面的磨阻力，易在路面较薄弱的部位开裂；

d. 基层干燥会吸收水泥混凝土中的水分，使底部水泥混凝土失水甚至脱水，从而导致强度降低，引起开裂。

(2)面板施工方面的原因。

①原材料质量不合格。

a. 所用水泥安定性差，强度不足。水泥强度不足会影响水泥混凝土的初期强度，使开裂断板的几率大大增加。水泥的水化热高、收缩率大，也容易导致开裂。

b. 集料的含泥量和有机质含量超标。水泥混凝土中的水泥与骨料的界面黏结不良，往往是产生初期开裂的薄弱部位。集料的含泥量和有机质含量超过规范要求，必然造成界面缺陷，降低混合料的黏结度，容易导致开裂。

c. 粗集料不具有良好的级配，针片状颗粒含量超标。

②水泥混凝土配合比不当。

a. 单位用水量偏大，必然会导致水泥混凝土较大的收缩率，若养护不及时则易产生裂缝。

b. 水泥混凝土水灰比波动大，造成路面强度高低不一，往往在强度低处首先收缩开裂。

c. 施工中计量不准确，尤其是未根据集料中的含水量及时调整用水量，会影响水泥混凝土配合比的准确性，从而造成强度不均匀。

③施工工艺和养生方法不当。

a. 水泥混凝土搅拌时间短，则均匀性差，水泥分布不均匀，造成强度不足或不均匀，导致干缩裂纹。

b. 水泥混凝土浇筑期间，因停电、停水、停料、机械故障、运输不畅、气候突变等原因使水泥混凝土浇筑作业中断，再重新浇筑时未按施工缝处理，新旧水泥混凝土由于结合不良和收缩不一致会形成一条不规则的接缝。

c. 水泥混凝土在浇筑过程中未完全振捣密实，蜂窝和麻面现象较严重，这样势必影响面板本身的质量，容易造成破坏。

d. 由于人为因素，使水泥混凝土路面在施工中布料或实施其他操作时，不注意而引起的裂缝。

e. 由于机具故障或操作人员切缝时间掌握不准确或切缝深度不足，起不到诱导作用，造成面板内应力集中，在面板薄弱处形成不规则的贯穿裂缝。

f. 养生不及时或养生方法不当，尤其是在气温高、湿度小、风速大的情况下，会使水泥混凝土表面水分蒸发过快，从而形成干缩裂缝。

(3)路面结构层未采取有效的防、排水措施。

面板遭到破坏，人们想到的总是路基、路面基层施工质量或台背回填质量或水泥混凝土面板本身的浇筑质量等，而没有足够重视结构表面渗入到路基中的水对路基的侵害。目前，虽然对混凝土面板的伸缩缝、施工缝(纵向和横向)都采取了特制的材料对水进行封锁，使水从路面排走，但仍然效果不佳。据了解，面板遭破坏的原因有相当部分是由于路表水渗入路基，从而影响路基的稳定而造成的。

(二)水泥混凝土面板早期破坏的预防措施

针对水泥混凝土路面破坏的产生原因，采取有效的预防措施，可减少破坏现象的发生，延长水泥混凝土路面的使用寿命，提高行车的舒适性和安全性。

1. 路基施工方面

路基的质量是非常关键的，由于面板遭到破坏后，要对有质量问题的路基进行返工是不可能的，而且水泥混凝土面板也难以修补。故在路基施工时应注意以下几点。

(1)清表要彻底。不适宜的材料应全部清除，并且严格按照规范要求压实基底。

(2)软基处理要慎重。应采用合理的处理方案和施工工艺。

(3)路基填筑过程中，要严格按照规范要求选好填料，控制松铺厚度和粒径，控制压实含水量与最佳含水量之差在规定的范围内，每层填筑要用平地机等机械整平后再压实，形成横向路拱，采取临时排水措施以保证路基干燥等。

(4)台背回填施工，应选用监理工程师或设计图纸要求的回填材料，保证每层填筑厚度及压实度，回填时可考虑做排水管和土工格栅。排水管间距不得大于 2m，土工格栅层间距宜为 50～80cm。

2. 路面施工方面

(1)选用合格的原材料。

①对于安定性差、游离氧化钙超标及强度不足的水泥禁止使用；不同标号、不同种类、不同厂家、不同批号的水泥严禁混合使用；尽量使用发热量少、收缩率小的道路用硅酸盐水泥或普通硅酸盐水泥。

②集料的含泥量和有机质含量超标时应更换料源，选用合格的集料，或将含泥量超标的集料冲洗干净达到要求方可使用。

③集料的级配应符合规范要求。

(2)严格控制基层压实度、标高和平整度。

①必须保证基层压实度达到规范要求和设计要求，防止基层局部承载力不足；

②基层施工时应当跟踪测量，严格控制基层标高，以确保水泥混凝土路面厚度均匀一致；

③严格控制基层平整度，以减少水泥混凝土路面与基层的摩阻力；

④水泥混凝土路面施工时应将基层表面清扫干净，并用洒水车均匀洒水润湿，确保基层有一定的含水量。

(3)严格控制水泥混凝土配合比。

①室内水泥混凝土配合比应准确，单位水泥用量应精确；

②集料的实际含水量要随时测量，并根据测量结果及时调整用水量，以保持水灰比准确；若集料温度过高，要考虑因此造成的水分损失。

(4)严格控制施工工艺及养生措施。

①水泥混凝土的拌和时间要根据机械性能准确掌握，并确保水泥混凝土拌和均匀。

②水泥混凝土路面施工开始前要仔细检查机械设备，确保其技术性能完好，配料、拌和、运输、摊铺、振捣作业有序配合。

③克服人为因素，避免因施工操作时不注意而引起的裂缝。

④正确安装传力杆，防止上下翘动，确保传力杆垂直于水泥混凝土铺筑层的横截面。

⑤做好施工缝、伸缩缝的处理，防止路表水渗入路基。

⑥重视水泥混凝土路面的养生。根据当时的气温情况，采用洒水或养护剂并遮盖等方法使水泥混凝土路面经常保持湿润状态，特别要注意水泥混凝土路面边界部位的养生。

⑦及时切缝，并确保切缝深度满足设计要求。应根据施工现场气温及水泥品种等具体情况经过试验来确定最早切缝时间，切缝深度一般为板厚的1/3～1/4。有资料表明，软切缝工艺可提前切缝时间，有效预防水泥混凝土路面断板。

⑧注意应尽早将后浇筑的水泥混凝土面板切缝。如果水泥混凝土路面浇筑前基层已经发生裂缝，那么在水泥混凝土面板浇筑后，应在面板相应位置及早切缝。

⑨在昼夜温差较大的季节，水泥混凝土路面修整完成后应采用覆盖养生，以保持其内部温度变化不致太大，防止水泥混凝土路面因温差引起的断板开裂。

⑩做好交通管制，避免在水泥混凝土强度不足的情况下过早开放交通，也应尽量避免养生车辆直接在处于养生期内的水泥混凝土面板上通行。

第九章　桥涵及构造物施工

第一节　总　　则

本章内容主要依据交通部颁布的《公路桥涵施工技术规范》(JTJ 041—2000)编写，供河北省农村公路桥涵及构造物施工时参考。

一、施工准备和施工测量

(一)施工准备

1.应根据招、投标文件，施工合同，设计文件及有关规范编报施工组织计划。

2.应做好施工现场准备，修建施工临时设施，安装调试施工机具及标定实验机具，进行施工测量及复核测量资料，做好材料的储存和堆放，做好开工前的试验检测工作。

3.施工单位必须建立健全完善的质量方针、质量目标、质量保证机构质量保证程序和质量保证措施等质量保证体系。

4.熟悉审查施工图纸和有关的设计资料，进一步了解和分析设计文件。

(二)施工测量

施工测量的内容和要求如下：

1.根据桥梁结构形式、跨径及设计要求的施工精度，确定施工坐标系统，利用或布设控制网点。

2.补充施工需要的水准点，桥涵轴线、墩台控制桩。

3.桥涵放样测量及要求。

(1)当有良好的丈量条件时，可采用直接丈量法进行墩台施工定位。丈量时，应对尺长、温度、拉力、垂度和倾斜度进行修正计算。

(2)大、中桥的水中墩、台和基础的位置，宜用校验过的电磁波测距仪测量。桥墩中心线在桥轴线上的位置误差不应大于±15mm。

(3)曲线上的桥梁施工测量，应按照设计文件并参照公路曲线测定方法处理。

(4)涵洞测量放样时，应注意核对涵洞纵横轴线的地形剖面图是否与设计图相符，应注意涵洞长度、涵底标高的正确性。对斜交和位于曲线和陡坡上的涵洞应考虑交角、加宽、超高和纵坡对涵洞尺寸的影响，并注意锥坡、翼墙、一字墙和涵洞墙身与上下游调治构造物的位置、方向、长度、高度、坡度，使之符合技术要求。

4.桥梁施工过程中的测量和竣工测量。

(1)施工过程中，应测定并经常检查桥涵结构浇砌和安装部分的位置和标高，并作出测量记录和结论，若超过允许偏差，应分析原因，并予以补救和改正。

(2)桥梁竣工后应进行竣工测量。

(3)为防止差错,施工测量必须由两人以上相互检查核对并作出测量和检查核对记录。

二、钢筋

(一)一般规定

1.钢筋混凝土中的钢筋和预应力混凝土中的非预应力钢筋必须符合现行《钢筋混凝土用热轧光圆钢筋》(GB 13013—1991)、《钢筋混凝土用热轧带肋钢筋》(GB 1499—1998)、《冷轧带肋钢筋》(GB 13788—2000)、《低碳钢热轧圆盘条》(GB/T 701—1997)的规定。

2.钢筋必须按不同钢种、等级、牌号、规格及生产厂家分批验收,分别堆放,不得混杂,且应设立识别标志。钢筋在运输、储存过程中,应避免锈蚀和污染。

3.钢筋应具有出厂质量证明书和试验报告单。对无出厂质量证明书的钢筋,原则上不能使用。必须使用时,应按现行《公路工程金属试验规程》(JTJ 055—83)进行各项力学试验,视其符合 GB 1499—1998 的何种等级,再视其试验结果选用,并且不得用于承重结构的重要部位上。

4.由于钢筋的供应问题,以另一种强度、牌号或直径的钢筋代替设计中所规定的钢筋时,除应了解设计意图和代用材料性能,并符合现行《公路钢筋混凝土及预应力混凝土桥涵设计规范》(JTG D62—2004)的有关规定外,还应注意以下几点:

(1)重要部位的主钢筋在代用时,应由原设计单位做变更设计。

(2)应将两者的计算强度进行换算,并对钢筋截面作相应的改变。

(3)其直径变化范围最好不超过 4～5mm,变更后的钢筋总截面面积差值不小于 2%、不大于+5%。

(4)钢筋强度等级的变换不宜超过Ⅰ级。当用高一等级的钢筋代替低一等级的钢筋时,宜根据钢筋标准强度与钢筋直径进行换算。

(5)以粗钢筋代替细钢筋时,应校核握裹力。

(6)当代用钢筋的排数比原来增多,截面有效高度减小或弯起筋位置改变时,应复核其截面的抵抗力矩或斜截面的抗剪配筋。

(二)钢筋的加工

1.钢筋调直和清除污锈应符合下列要求:

(1)钢筋表面应洁净,使用前应将表面油渍、鳞锈等清除干净。

(2)钢筋应平直,无局部弯折,弯折的钢筋应调直。

(3)采用冷拉方法调直钢筋时,R235 钢筋的冷拉率不宜大于 2%,HRB335、HRB400 钢筋的冷拉率不宜大于1%。

2.钢筋的弯制和末端的弯钩应符合设计要求。

(三)钢筋的连接

钢筋的焊接与绑扎接头应符合如下要求:

1.轴心受拉和小偏心受拉杆件中的钢筋接头,应进行焊接。

2.钢筋焊接前,必须根据施工条件进行试焊,合格后方可正式焊接。焊工必须持证上岗。

3.钢筋采用搭接焊接时,钢筋端部应折向一侧,使钢筋轴线一致。接头双面焊时,焊缝长度不应小于 5 倍钢筋直径;单面焊时,焊缝长度不应小于 10 倍钢筋直径。

4.各种焊接材料的性能应符合《钢筋焊接及验收规程》(GB 18—2003)的规定。各种焊接材料应妥善保管,并应注意防潮。

5.电焊接头和绑扎接头与钢筋弯曲处的距离不应小于10倍钢筋直径,也不宜位于构件的最大弯矩处。

6.受力钢筋焊接或绑扎应设置在内力较小处,并错开布置。对于绑扎钢筋,绑扎接头中心至搭接长度1.3倍长度区段内;对于焊接钢筋,焊接接头中心至35倍钢筋直径长度且不小于50cm的区段内;同一根钢筋不得有两个接头,配置在接头长度区段内的受力钢筋,其接头的截面面积占总截面面积的百分率应符合表9.1.1的规定。对于绑扎接头,其接头的截面面积占总截面面积的百分率亦应符合表9.1.1的规定。

接头长度区段内受力钢筋接头面积的最大百分率 表9.1.1

接头形式	接头面积最大百分率(%)	
	受拉区	受压区
主钢筋绑扎接头	25	50
主钢筋焊接接头	50	不限制

注:1.在同一根钢筋上少设接头。
2.装配式构件连接处的受力钢筋焊接接头可不受此限制。

7.绑扎钢筋的搭接长度应符合表9.1.2的规定;受压钢筋绑扎接头的搭接长度,应取受拉钢筋绑扎接头搭接长度的0.7倍。

受拉钢筋绑扎接头的搭接长度 表9.1.2

钢筋类型		混凝土强度等级		
		C20	C25	＞C25
R235钢筋		35d	30d	25d
月牙纹	HRB335	45d	40d	35d
	HRB400	55d	50d	45d

注:1.当带肋钢筋直径大于25mm时,其受拉钢筋的搭接长度应按表列数值增加5d;当带肋钢筋直径小于25mm时,其受拉钢筋的搭接长度可按表列数值减少5d采用。
2.在任何情况下,受拉钢筋的搭接长度不应小于300mm;受压钢筋的搭接长度不应小于200mm。
3.在受拉区段内,R235钢筋绑扎接头的末端应做成弯钩,HRB335、HRB400、KL400钢筋绑扎接头的末端可不做成弯钩。

(四)钢筋锚固最小长度

钢筋锚固最小长度应满足表9.1.3的规定。

钢筋的最小锚固长度LA 表9.1.3

钢筋种类 / 混凝土强度 / 项目		R235				HRB335				HRB400、KL400			
		C20	C25	C30	≥C40	C20	C25	C30	≥C40	C20	C25	C30	≥C40
受压钢筋(直端)		40d	35d	30d	25d	35d	30d	25d	20d	40d	35d	30d	25d
受拉钢筋	直端	—	—	—	—	40d	35d	30d	25d	45d	40d	35d	30d
	弯钩端	35d	30d	25d	20d	30d	25d	25d	20d	35d	30d	30d	25d

注:1.d为钢筋直径。
2.当混凝土在凝固过程中易受扰动时,锚固长度应增加25%。

(五)钢筋骨架和钢筋网的组成及安装

1. 对于预制钢筋骨架或钢筋网必须具有足够的刚度和稳定性。

2. 钢筋骨架的焊接拼装应在坚固的工作台上进行,操作时应符合下列要求。

(1)拼装时应按设计图纸放大样,放样时应考虑焊接变形和预留拱度。

(2)骨架焊接时,不同直径的钢筋的中心线应在同一平面上。为此,较小直径的钢筋在焊接时,下面宜垫以厚度适当的钢板。

(3)施焊顺序宜由中间向两边对称进行,先焊骨架下部,后焊骨架上部,相邻的焊缝采用分区对称跳焊,不得顺方向依次成焊。

3. 钢筋网焊点应符合设计要求。

4. 在现场绑扎钢筋网时,应遵守下列规定:

(1)钢筋的交叉点应用铁丝绑扎结实,必要时,可用点焊焊牢。

(2)除设计有特殊规定者外,柱和梁中的箍筋应与主筋垂直。

5. 浇筑混凝土时,应在钢筋与模板间设置垫块,垫块应与钢筋绑紧,并相互错开。非焊接钢筋骨架的多层钢筋之间,应用短钢筋支垫,并保证位置准确。钢筋保护层厚度应符合设计要求。

6. 在浇筑混凝土前,应对已安装好的钢筋及预埋件(钢板、锚固筋等)进行检查。

三、混凝土和钢筋混凝土工程

(一)一般规定

1. 本条适用于公路桥涵混凝土施工及预应力混凝土施工。水下混凝土及预应力混凝土的施工还应符合本规范相关规定。

2. 在进行混凝土强度试配和质量评定时,混凝土的抗压强度试件边长为150mm的立方体。试件以同龄期三块为一组,在同等条件下制作和养生,每组试件的抗压强度以三个试件测值的算术平均值作为测定值。如有一个测值与中间值的差值超过中间值的15%时,则取中间值为测定值;如有两个测值与中间值的差值超过15%时,则该组试件无效。

3. 混凝土抗压强度应为标准尺寸试件在温度为20±3℃,相对湿度不低于90%的环境下养生28d时,做抗压试验时所测得的抗压强度值(单位MPa),在进行混凝土强度试配和质量评定时,取其保证率为95%。

(二)配制混凝土用的材料

1. 水泥

(1)选用水泥时,应注意其特性是否与混凝土结构的强度、耐久性和使用条件相适应。应以配制的混凝土强度达到要求、收缩小、和易性好和节约水泥为原则。

(2)水泥应符合现行国家标准,并附有制造厂的水泥品质试验报告等合格证明文件。水泥进场后,应按品种、强度、出厂时间等分批检查验收和堆放。

(3)袋装水泥在运输和储存过程中应防止受潮,堆垛高度不宜超过10袋。

(4)散装水泥的储存,应尽可能采用水泥罐或散装水泥仓库。

(5)水泥若存放时间超过3个月,应重新取样检验,并按其复验结果使用。

2. 细集料

(1)桥涵混凝土的细集料,应采用级配良好、质地坚硬、颗粒洁净、粒径小于5mm的河砂、山砂或机制砂。

(2)砂的筛分应符合下列规定:

①砂的分类见表9.1.4。

砂的分类 表9.1.4

砂组	粗砂	中砂	细砂
细度模数	3.7~3.1	3.0~2.3	2.2~1.6

注:细度模数主要反映全部颗粒的粗细程度,不完全反映颗粒的级配情况,混凝土配制时应同时考虑砂的细度模数和级配情况。

②砂的级配应符合表9.1.5所规定的级配范围。

砂的分区及级配范围 表9.1.5

标准筛筛孔尺寸(mm)	级配区			标准筛筛孔尺寸(mm)	级配区		
	Ⅰ区	Ⅱ区	Ⅲ区		Ⅰ区	Ⅱ区	Ⅲ区
	累计筛余(%)				累计筛余(%)		
10.0	0	0	0	0.63	85~71	70~41	40~16
5.0	10~0	10~0	10~0	0.315	95~80	92~70	85~55
2.5	35~5	25~0	15~0	0.16	100~90	100~90	100~90
1.25	65~35	50~10	25~0	—	—	—	—

注:Ⅰ区砂宜提高砂率配制低流动性混凝土;Ⅱ区砂宜优先选用可配制不同等级的混凝土;Ⅲ区砂宜适当降低砂率以保证混凝土强度。

(3)当对河砂、海砂或机制砂的坚固性有怀疑时,应用硫酸钠进行坚固性试验,试验循环5次,砂的总质量损失应不超过12%。

(4)砂中杂质的含量应通过试验测定,其最大含量不宜超过表9.1.6的规定。

砂中杂质的最大含量 表9.1.6

项目	混凝土强度等级	
	≥C30	<C30
含泥量	≤3	≤5
其中泥块含量	≤1	≤2
云母含量	<2	
轻物质含量	<1	
硫化物及硫酸钠折算为SO_3(%)	<1	
有机质含量(比色法)	颜色不应深于标准色;若深于标准色,应以水泥砂浆进行抗压强度对比试验,加以复核	

注:杂质含量均为质量比。

3.粗集料

(1)桥涵混凝土的粗集料,应采用坚硬的卵石或碎石,应按产地、类别、加工方法和规格等不同情况,分批进行检验。粗集料试验参照现行《公路工程集料试验规程》(JTJ 058—2000)执行。

(2)粗集料的级配,可采用连续级配或连续级配与颗粒级配混合使用。

(3)粗集料最大粒径按混凝土结构情况及施工方法选用,但最大粒径不得超过结构最小尺寸的1/4和钢筋最小净距的3/4;在多层密布钢筋网中,不得超过钢筋最小净距的1/2,同时最大粒径不得超过100mm。

(4)粗集料的技术质量指标要求及有害物质含量的规定见表9.1.7。

粗集料的技术要求

表9.1.7

项　目	混凝土强度等级			
	C55～C40	≤C35	≥C30	<C30
压碎值指标(%)	≤12	≤16	—	—
针片状颗粒含量(%)	—	—	≤15	≤25
含泥量(按质量计)(%)	—	—	≤1.0	≤2.0
泥块含量(按质量计)(%)	—	—	≤0.5	≤0.7
小于2.5mm的颗粒含量(按质量计)(%)	≤5	≤5	≤5	≤5

(5)施工前应对粗集料进行碱活性试验,在条件许可时尽量避免使用碱活性反应的石料。

(6)粗集料在生产、运输与储存过程中,严禁混入影响混凝土强度的有害物质。应按品种规格分别堆放,不得混杂。

4.拌和用水

拌制混凝土的水,应符合下列要求:

(1)日常饮用水,可满足拌和混凝土的要求,使用时可不经试验。

(2)不得用海水拌制水泥混凝土。

(3)水中不应含有油脂、糖类等影响混凝土的有害物质。

(4)PH值小于5的酸性水不得使用。

5.外加剂

(1)应根据外加剂的特点,结合使用目的,通过技术、经济比较来确定外加剂的使用品种。若使用一种以上的外加剂,必须经过配合比设计。

(2)所使用的外加剂,必须经过有关部门检验,必须有产品合格证明。

6.掺合料

(1)包括粉煤灰、火山灰质材料、粒化高炉矿渣等,应进行产品检验并出具产品合格证书,其技术指标符合相关规定。

(2)混合材料在运输与存储过程中,应有明显标志,严禁与水泥等其他材料混淆。

(三)混凝土的配合比

1.混凝土的配合比以质量比计,依据现行《普通混凝土配合比设计规程》(JGJ/T 55—2000),通过设计和试配确定。试配时的材料应使用时即采用的材料,配制的混凝土应满足和易性、凝结速度、强度等施工技术要求。

2.混凝土的坍落度应根据结构情况和施工条件确定,具体入模时的坍落度可参照表9.1.8执行。

混凝土浇筑入模时的坍落度 表 9.1.8

结构类别	坍落度(振动器振动)(mm)
小型预制块既便于浇注振动的结构	0～20
桥涵基础、墩台等无筋或少筋的结构	10～30
普通配筋率的钢筋混凝土结构	30～50
配筋较密、断面较小的钢筋混凝土结构	50～70
配筋极密、断面高而窄的钢筋混凝土结构	70～90

注:1.水下混凝土、泵送混凝土的坍落度,相关规范另有规定。

2.用人工振捣时,坍落度另有规定。

当工程需要较大的坍落度时,可在不改变混凝土水灰比、不改变混凝土质量的情况下,适当掺加外加剂。

3.混凝土的最大水泥用量(包括代替部分水泥的混合材料)不宜超过 $500kg/m^3$,大体积混凝土不宜超过 $350kg/m^3$。混凝土的最大水灰比和最小水泥用量按有关规定执行。

4.在混凝土中掺入外加剂时,应符合下列规定:

(1)在钢筋混凝土中不得使用氯化钙、氯化镁等钠盐。

(2)无筋混凝土的氯化钙、氯化钠掺量,以干质量计,不得超过水泥用量的3%。

(3)对由外加剂带入混凝土的碱含量应按有关规定进行控制。

(四)混凝土的拌制

1.拌制混凝土配料时,各种衡器应保持准确。对集料的含水率应经常进行检测,雨天应增加检测次数,据此调整集料和水的用量。

2.施工现场拌制的混凝土应满足下列要求:

(1)混凝土拌合物应拌和均匀,颜色一致,不得有离析和泌水现象。

(2)混凝土拌合物均匀性的检测方法应按现行国家标准《混凝土搅拌机技术条件》(GB 9142—88)的规定进行。

3.混凝土搅拌完毕后,应检测混凝土的坍落度,混凝土的坍落度应在搅拌地点和浇筑地点分别取样检测,每一工作班或每一单元结构不少于两次。评定时以浇筑地点的实测值为准。

4.掺用高效减水剂或速凝剂且混凝土运距较远时,可运至浇筑地点再掺入重拌。

(五)混凝土的运输

1.混凝土的运输能力应适应混凝土凝结速度和浇筑速度的需要,使浇筑工作不间断并使混凝土运到浇筑地点时仍保持均匀性和规定的坍落度。当拌合物运距较近时,可使用无搅拌器的运输工具;当运距较远时,应使用搅拌运输车运输。运输时间不宜超过表9.1.9的规定。

混凝土拌合物运输时间限制 表 9.1.9

气温(℃)	无搅拌设备运输(min)	有搅拌设备运输(min)
20～30	30	60
10～19	45	75
5～9	60	90

注:表中所列时间指从加水搅拌到入模时间。

2.用无搅拌运输工具运送混凝土时，应采用不漏浆、不吸水、有顶盖且能直接将混凝土倾入浇筑部位的工具。

3.用搅拌运输车运输混凝土时，途中应以2～4转/min慢速搅拌，混凝土的装载量约为搅拌筒体积的2/3。

4.混凝土运至浇筑地点后若发生离析、严重泌水、坍落度不符合要求时，应进行第二次搅拌。搅拌时不得任意加水，确需加水时，应同时加水和水泥以保持原水灰比不变。若第二次搅拌仍不符合要求，则不得使用。

（六）混凝土的浇筑

1.一般要求

（1）浇筑混凝土前应对支架、模板、钢筋和预埋件进行检查，并做好记录，符合设计要求后方可浇筑。模板内的杂物、积水和钢筋上的污垢应清理干净。模板若有裂缝，应填塞严密，模板内应涂刷脱模剂。浇筑前，应检查混凝土的均匀性和坍落度。

（2）自高处向模板内倾斜混凝土时，为防止混凝土发生离析，应符合下列规定：

①从高处直接倾斜时，其自由倾落高度不宜超过2m，不能发生离析。

②当倾落高度超过2m时，应通过串筒、溜管等设施下落；当倾落高度超过10m时，应设置减速装置。

③在串筒出料口下面，混凝土堆积高度不宜超过1m。

（3）混凝土应按一定的厚度、顺序和方向分层浇筑，应在下层混凝土初凝或能重塑前浇筑完成上层混凝土。上下层同时浇筑时，两层间浇筑距离应保持在1.5m以上。混凝土分层浇筑厚度不宜超过表9.1.10的规定。

混凝土分层浇筑厚度　　表9.1.10

<table>
<tr><th colspan="2">捣实方法</th><th>浇筑层厚度(mm)</th></tr>
<tr><td colspan="2">用插入式振动器</td><td>300</td></tr>
<tr><td colspan="2">用附着式振动器</td><td>300</td></tr>
<tr><td rowspan="2">用表面振动器</td><td>无筋或配筋稀疏时</td><td>250</td></tr>
<tr><td>配筋较密时</td><td>150</td></tr>
<tr><td rowspan="2">人工捣实</td><td>无筋或配筋稀疏时</td><td>200</td></tr>
<tr><td>配筋较密时</td><td>150</td></tr>
</table>

注：表列规定可根据结构物和振动器型号等情况适当调整。

（4）浇筑混凝土时，除少量混凝土可用人工捣实外，其余应使用振动器捣实。用振动器振捣时，应符合下列规定：

①使用振捣器振捣时，移动间距不应超过振动器作用半径的1.5倍；与测模应保持50～100mm的距离；每一处振动完毕后应边振动边徐徐提出振动棒；应避免振动棒碰撞模板、钢筋及其他预埋件。

②表面振动器的移动间距，应以使振动器平板能覆盖以振实部分100mm左右为宜。

③附着式振动器的振动间距，应根据试验确定。

④对每一部位的振动，必须振动到该部分混凝土密实为止。密实的标志是混凝土停止下

沉，不再冒出气泡，表面平坦、泛浆。

(5)混凝土的浇筑应连续进行，若因故必须中断时，其间断时间应小于前层混凝土的初凝时间或能重塑时间。

(6)施工缝的位置应在混凝土浇筑之前确定，宜留置在结构受剪力和弯矩较小且便于施工的部位，并按下列要求进行处理：

①应凿除处理层混凝土表面的水泥砂浆和松弱层。

②经凿除的工作面，应用水冲洗干净，在浇筑下层混凝土前，应对表面扫浆。

③混凝土结构或钢筋稀疏的结构物，应在施工缝处插补锚固钢筋。

④施工缝为斜面时，应浇筑成台阶状。

(7)在浇筑过程中或完成时，若混凝土表面泌水较多，须在不扰动已浇筑混凝土的条件下，采取措施将水排除。

(8)浇筑混凝土期间，应设专人检查支架、模板、钢筋和预埋件等的稳固情况，当发现有松动、变形、移位时，应及时处理。

(9)浇筑混凝土时，应及时填写施工记录。

2. 墩台混凝土的浇筑

(1)对墩台基底的处理，除应符合本章第二节桥涵基础施工的有关规定外，尚应符合下列规定：

①基底为非黏性土或干土时，应做一层厚 30cm 的 8%石灰土垫层。

②基面为岩石时，应加以湿润，铺一层水泥砂浆，然后在水泥砂浆凝结前浇筑第一层混凝土。

(2)一般墩台及基础混凝土，应在整个平截面范围内水平分层进行浇筑。

(3)体积较大的混凝土墩台及其基础，在混凝土中埋放石块时，应符合下列规定：

①可埋放厚度大于 15mm 的石块，埋放石块的数量不宜超过混凝土结构体积的 20%。

②石块的抗压强度应高于 30MPa 或混凝土的强度等级。

③石块应清洗干净，应在捣实的混凝土中埋入一半。

④石块应均匀分布，间距不小于 100mm，距结构侧面和顶面的间距不小于 150mm，石块不得接触钢筋和预埋件。

⑤受拉区混凝土在当地气温低于 0℃时，不得埋放石块。

(4)大体积墩台基础混凝土，当平面过大，不能在前层混凝土初凝或重塑前，完成此层混凝土时，可分块进行浇筑。分块进行浇筑应符合下列规定：

①分块以合理布置，各分块平均面积不宜小于 $50m^2$。

②每块高度不宜超过 2m。

③上下相邻层混凝土间的竖向接缝，应错开位置做成企口，并按施工缝处理。

④大体积混凝土的浇筑应在一天中气温较低时进行。

(七)混凝土的养生

混凝土的养生应符合如下要求：

1. 对于在施工现场集中养生的混凝土，应根据施工实际情况，提出具体的养生方案，执行严格的养生制度。

2. 一般混凝土浇筑完成后，应在收浆后尽快予以覆盖和洒水养生。对于硬性混凝土、炎热天气浇筑的混凝土，以及桥面等大面积裸露的混凝土，有条件的可在浇筑完成后立即加设棚罩，待收浆后在予以覆盖和洒水养生。混凝土由模板覆盖时，应在养生期间使模板保持湿润。

3. 当气温低于5℃时，应覆盖保温，不得向混凝土表面洒水。

4. 混凝土的洒水养生时间一般为7d，可根据空气湿度、温度和水泥品种及外加剂使用情况，酌情延长或缩短。每天洒水次数亦能保持混凝土表面经常处于湿润状态为度。用加压成形、真空吸水等方法施工的混凝土，其养生时间可酌情缩短。采用塑料薄膜或化学浆剂等养生时，可不洒水养生。

5. 当混凝土与地表水或地下水接触时，应采取防水措施，保证混凝土在养生期间内，不受冲刷侵蚀。当水有腐蚀作用时，应保证混凝土在10d内，且强度达到设计强度的70%时，不受水的侵袭。

6. 对于大体积混凝土的养生，应采取控温措施。

7. 混凝土在强度达到2.5MPa前，禁止行人、车辆等通行。

四、砌体工程

(一)一般规定

1. 本条适用于用砌石及混凝土预制块砌筑的公路桥涵基础、墩台、挡土墙及其附属工程等的施工。

2. 天然地基上的基础砌体，施工前按本章第二节桥涵基础施工的有关规定，对基坑进行检查和处理。

3. 砌体沉降缝、伸缩缝、泄水孔及防水层的设置，应符合设计和有关规定。

(二)材料

1. 石料的技术要求

(1)石料应符合设计规定的类别和强度，石质应均匀、不易风化、无裂纹。石料强度、试件规格及换算应符合设计要求，石料强度的测定应按现行《公路工程石料试验规程》(JTJ 054—94)执行。

(2)**片石**。一般指用爆破或楔劈法开采的石块，厚度不应小于150mm(卵形和薄片者不得采用)。用做镶面的片石，应选择表面较平整，尺寸较大者，并应稍加修饰。

(3)**块石**。形状应大致方正，上下面大致平整，厚度为200～300mm，宽度约为厚度的1.0～1.5倍，长度约为厚度的1.5～3.0倍(若有突出棱角，应敲掉)。块石用做镶面时，应由外露面四周向内稍加修凿，后部可不修凿，但应稍小于修凿部分。

(4)**粗料石**。是由岩层或大块石料开辟并经粗略修凿而成，外形应方正，成六面体，厚度为200～300mm，宽度约为厚度的1.0～1.5倍，长度约为厚度的2.5～4.0倍，表面凹陷深度不大于20mm。加工镶面粗料石时，丁石长度应比相邻顺石宽度至少大150mm，修凿面每100mm长须有嵌路约4～5条，侧面修凿面应与外露面垂直，正面凹陷深度不应超过15mm。

(5)**拱石**。可根据设计采用粗料石、块石、或片石；拱石应力纹破料，岩层面应与拱轴垂直，各排拱石沿拱圈内弧的厚度应一致。

2. 混凝土预制块的要求

混凝土预制块砌体、尺寸应统一，其规格应与粗料石相同，砌体表面应整洁美观。

3. 砂浆的技术要求

(1)砌筑用砂浆的类别和强度等级应符合设计规定。砂浆强度等级以 M 表示，为 70.7×70.7×70.7(mm)试件标准养生 28d 的抗压强度(单位为 MPa)。砂浆养生条件为：温度 20±3℃，相对湿度 90%以上。常用的砂浆强度等级为 M20、M15、M10、M7.5、M5 五个等级。

(2)砂浆中所用水泥、砂、水等材料的质量标准宜符合混凝土工程相应材料的质量标准。砂浆中所用砂，宜采用中砂或粗砂，当其缺乏时，在适当增加水泥用量的基础上，也可采用细砂。砂的最大粒径，当用于砌筑工程时，不宜超过 5mm；当用于砌筑块石、粗料石时，不宜超过 2.5mm。若砂的含泥量指标达不到混凝土用砂的标准，当砂浆强度等级大于或等于 M5 时，含泥量可不超过 5%。

(3)砂浆的配合比应通过试验确定，可采用质量比或体积比，并应满足规范中技术条件的要求。

(4)砂浆必须具有良好的和易性(工作性)，其稠度以标准锥体沉入度表示。用于石砌体时为 50～70mm，当气温较高时可适当增大。零星工程所用砂浆的稠度，也可用直观法进行检查，即用手能将砂浆捏成小团，松手后即不松散、又不从灰铲上流下为度。

(5)砂浆应随拌随用，保持适宜的稠度，一般宜在 3～4h 内使用完毕；当气温超过 30℃时，宜在 2～3h 内使用完毕。运输或存储过程中发生离析、泌水的砂浆，砌筑前应重新拌和；已凝结的砂浆不得使用。

4. 小石子混凝土的技术要求

(1)小石子混凝土的配合比设计、材料规格和质量检验标准，应符合第一节总则第三部分的有关规定。

(2)小石子混凝土的粗集料可采用细卵石或碎石，最大粒径不宜超过 20mm。

(3)小石子混凝土的应具有良好的和易性，坍落度宜为 50～70mm(片石砌体)或 70～100mm(块石砌体)。

(三)浆砌石块及混凝土预制块墩台、挡土墙

1. 一般要求

(1)砌块在使用前必须浇水湿润，表面无泥土、水锈等。

(2)砌筑基础的第一层砌块时，若基础为岩基或混凝土基础，应将基底清洗，再坐浆砌筑；若基底为土基，可直接作浆砌筑。

(3)砌体应分层砌筑，砌体较长可分段分层砌筑；分段位置宜尽量设在沉降缝或伸缩缝处。

(4)砌体外露面应进行勾缝，并应在砌筑时靠外露面预留深约 20mm 的空缝作勾缝之用；砌体隐蔽面可随砌随抹平，不另勾缝。

(5)各砌层的砌块应安放稳固，砌块间砂浆应饱满，黏结牢固，不得直接黏靠或脱空。砌筑时，底浆应坐满，竖缝砂浆应先在以砌石块侧面铺放一部分，然后于石块放好后填满捣实。

(6)砌筑上层时，应避免振动下层砌块。砌筑工作中断后恢复砌筑时，已砌筑的砌层表面应加以清扫和湿润。

2. 浆砌片石的技术要求

(1)片石应分层砌筑，宜以 2～3 层砌块组成一工作层，每一工作层的水平缝应大致找平。各工作层竖缝应相互错开，不得贯通。

(2)外圈定位行列和转角石，应选择形状较为方正及尺寸较大的石块，并长短相间地与里层砌块咬接。砌缝宽度一般不应大于 40mm，用小石子混凝土砌筑时，可为 30～70mm。

(3)较大的砌块应用于下层，砌筑时应选择形状及尺寸较为合适的砌块，尖锐突出部分应敲掉。竖缝较宽时，应在砂浆中塞以小石块，不得在石块下面用高于砂浆砌缝的小石片支垫。

3. 浆砌块石的技术要求

石块应平砌，每层石料高度应大致相同。外圈定位行和镶面石块，应丁顺相间或两顺一丁排列，砌缝宽度不大于 30mm。上、下层竖缝错开距离不小于 80mm。

4. 浆砌粗料石及混凝土预制块的技术要求

(1)砌筑前，应先计算层数，选好料，砌筑时应严格控制平面位置和高度。镶面石应一顺一丁排列，砌缝应横平竖直。砌缝宽度，当为粗料石不应大于 20mm，当为混凝土砌块石不应大于 10mm。

(2)桥墩破冰体镶面的砌筑应符合下列要求：

①破冰体镶面的砌筑层次应与墩身一致；

②砌缝宽度为 10～12mm；

③不得在破冰棱镶面体上设置砌缝。

(四)浆砌石块及混凝土预制块拱圈

1. 一般要求

(1)拱圈和拱上结构所用砌块的规格应符合设计规定，施工时应按设计留置施工预拱度。

(2)砌筑拱圈工作开始前，应先详细检查拱架和模板，在质量和安全等方面均符合要求后方可开始砌筑。

(3)拱圈的辐射缝应垂直于拱轴线，辐射缝两侧相邻两行拱石的砌缝应相互错开，错开间距不应小于 100mm。

(4)浆砌粗料石和混凝土预制块拱圈的砌缝宽度应为 10～20mm，块石拱圈的砌缝宽应小于 30mm，片石拱圈的砌缝宽度应小于 40mm。

(5)砌筑各类浆砌拱圈时，对于较缓的辐射缝，应先在侧面以砌好的拱石上铺浆，在行砌筑。辐射缝较陡时，可先嵌入木条，在分层填塞、捣实。

2. 砌筑程序

(1)砌筑拱圈前，应根据拱圈跨径、矢高、厚度及拱架的情况，设计拱圈砌筑程序，砌筑时，需设置变形观测缝，随时注意观测拱架的变形情况，必要时对砌筑程序进行调整，以控制拱圈的变形。

(2)跨径小于或等于 10m 的拱圈，当用满布式拱架砌筑时，可从两端拱脚起向拱顶方向对称、均衡地砌筑，最后砌拱顶石。当用拱式拱架砌筑时，宜分段、对称地先砌拱脚和拱顶段，后砌 1/4 跨径段。

(3)跨径为 13～20m 的拱圈，不论何种拱架，砌筑顺序均为：拱脚→拱顶→1/4 跨径段。两半跨应同时砌筑。

(4)跨径大于或等于 25m 的拱圈，砌筑程序应符合设计规定。当采用分环砌筑时，应待下环砌筑合拢，砌缝砂浆强度达到设计强度的 75%以上后再砌筑上环。

(5)多孔连续拱桥的拱圈，应考虑连拱的影响，设计砌筑程序。

3. 空缝设置和填塞的技术要求

(1)砌筑拱圈时，应在拱脚、拱顶石两侧等部位临时设置空缝。

(2)设置填塞空缝时，应注意下列事项：

①空缝的宽度在拱圈外露面应与相应类别砌块的一般砌缝相同。当拱圈跨径大于或等于16m时，拱脚位置的空缝，应用铸铁垫隔；跨径小于16m时，填塞空缝可用1∶2水泥砂浆预制块作为垫块。

②空缝的填塞，应在砌缝砂浆强度达到设计强度的70%后，拱架卸落前进行。

③填塞空缝可用M5以上或体积比为1∶1的半干性砂浆，砂子宜为中砂或细砂。

4. 拱上结构砌筑的要求

(1)拱上结构在拱架卸架前砌筑时，应在拱圈合拢砂浆强度达到设计强度的30%以上时进行；在卸架后砌筑时，应在合拢砂浆强度达到设计强度的70%以上时进行。

(2)拱上结构一般应由拱脚至拱顶对称、均衡地砌筑。

(五)桥涵附属工程

1. 砌体工程的技术要求

(1)石砌锥坡、护坡和河床铺砌等工程，必须在坡面或基面夯实、整平后，方可铺砌。

(2)片石护坡的外露面和坡顶、边口，应选择较大、较平整、稍加修凿的石块。

(3)浆砌片石护坡及护底，石块应相互咬合，砌缝砂浆饱满，砌缝宽度为40～70mm。

(4)干砌片石护坡，铺砌应紧密、稳定、表面平顺，铺砌时不得用小石块塞垫或找平。

(5)石笼防护笼内试块硬塞紧、装满，笼网应锁口牢固，石块尺寸应大于网眼尺寸。

2. 填土工程的技术要求

(1)桥涵填料，宜采用透水性材料。

(2)台后填土顺路线方向长度，应自台身起，顶面不小于桥台高度加2m，底面不小于2m。

(3)拱桥台背填土宜在拱圈砌筑以前完成，轻型台台背填土应在具体支撑梁安装完成以后，在两侧平衡地进行；拉式桥台，宜在控制对称、平衡地进行。

(六)砌体勾缝及养生

1. 砌体勾缝，一般采用凸缝或平缝。

2. 勾缝砂浆强度不应低于砌体砂浆强度，一般不宜低于M10。流冰和冲刷严重的部位应使用高标号水泥砂浆。

3. 石砌体勾缝应嵌入砌缝内约20mm深。缝槽深度不足时，应凿沟深度在勾缝。干砌片石勾缝时，应嵌入砌缝深度20mm以上。

4. 干砌片石护坡、锥坡的勾缝，宜待土方稳定后进行，除设计另有规定外，一般可作平缝。

5. 浆砌砌体，应在砂浆初凝后，洒水养生7d。养生期间应避免碰撞、振动或承重。

五、模板、支架和拱架

(一)一般规定

1. 本条适用于公路桥涵就地浇筑和工地、工厂预制构件的混凝土、钢筋混凝土、预应力混凝土和砌石圬工所用模板、支架及拱架的设计和施工。

2. 模板、支架和拱架的设计原则。

(1)宜优先使用钢模板，其次为胶合板。

(2)在计算荷载作用下，对模板、支架和拱架结构按受力程序分别验算其强度、刚度及稳定性。

(3)模板板面之间应平整，接缝严密，不漏浆，保证结构物外露面美观，线条流畅，可设倒角。

(4)模板、支架和拱架的结构应简单，拆装方便。

3. 模板、支架和拱架可采用钢材、胶合板、塑料和其他符合设计要求的材料制作。

4. 浇筑混凝土前，模板应刷脱模剂，外露混凝土模板的脱模剂应采用同一品种。不得使用废机油等油料，且不得污染钢筋及混凝土的施工缝。

5. 重复使用的模板、支架和拱架应经常检查维修。

(二)模板、支架和拱架的设计

1. 设计的一般要求

(1)模板、支架和拱架的设计，应根据结构形式、设计跨径、施工组织计划、荷载大小、地基土类别及有关的设计、施工规范进行。

(2)绘制模板、支架和拱架总装图、细部构造图。

(3)制定模板、支架和拱架结构的安装、使用、拆卸、保养等有关技术安全措施和注意事项。

(4)编制模板、支架和拱架材料数量表和设计说明书。

2. 设计荷载

(1)模板、支架和拱架的设计及荷载，可按《公路钢筋混凝土及预应力混凝土桥涵设计规范》(JTG D62—2004)的有关规定执行。

(2)计算模板、支架和拱架的刚度和稳定性时，应考虑作用在模板、支架和拱架的风力。设于水中的支架，应考虑水流作用和漂浮物的冲击力。

(三)模板的制作和安装

1. 钢模板制作

(1)钢模板宜采用标准化的组合模板。组合钢模板的拼装应符合现行国家标准《组合钢模板技术规范》(GB 214)。

(2)钢模板及配件应按批准的施工图加工、采购，使用前必须检验合格。

2. 木模板制作

(1)木模板可在工厂或施工现场制作，木模与混凝土之间的表面应平整、光滑；多次使用后，应在内侧加钉薄铁皮，其接缝可做成平缝、大接缝或企口缝。当采用平缝时，应采取措施防止漏浆。木模的转角处应加嵌条或做成斜角。

(2)重复使用的木模应始终保持表面平整、不漏浆，有足够的刚度和强度。

3. 圬工外模制作

(1)土模制作的场地必须坚实、平整，底模必须找平。土胎模表面应光滑，尺寸准确，表面应涂隔离剂。制作时应有排水设施，土石应分层夯实，密实度不得小于90%。

(2)砖胎与木模配合时，砖作底模，木作侧模，砖与混凝土的接触面应涂隔离剂。

(3)混凝土胎模制作时保证尺寸准确，表面涂隔离剂。

4.模板安装的技术要求

(1)模板与钢筋安装工作应配合进行,应优先保证钢筋绑扎。模板与脚手架不得连接,以避免引起模板变形。

(2)安装侧模板时,应防止模板位移和凸出。浇筑在混凝土中的模板拉杆,应按拔出与不拔出的要求,采取相应的措施。

(3)模板安装完毕后,应对其平面位置、标高、节点联系及稳定性进行检查,确认无误后方可浇筑。浇筑时,若模板有误差应及时修正。

(4)模板在安装过程中,必须设置防倾覆设施。

(5)梁板在自重、汽车荷载等综合应力作用下所产生的下挠或上拱,模板安装时应予考虑。

5.中小跨径的空心板所用芯模的要求

(1)充气胶囊在使用前应检查是否漏气,安装时应检查钢丝头,胶囊应涂刷隔离剂。

(2)从开始浇筑到胶囊放气时止,其气压应保持稳定。

(3)浇筑混凝土时,应防止胶囊上浮和偏位,并应对称平衡地进行浇筑。

(4)胶囊的放气时间应根据试验确定,以混凝土强度达到构件不变形为止。

(5)木模使用时应防止漏浆和采取措施便于脱模,应根据施工条件确定拆模时间。

(6)钢罐芯模应由表面匀直、光滑的无缝钢管制作,混凝土终凝后,即可将芯模轻轻转动,然后便转动边拔出。

(四)支架、拱架的制作和安装

1.支架、拱架制作的强度和稳定

(1)**支架**。支架整体、杆配件、节点、地基、基础和其他支撑物应进行强度和稳定性验算。

(2)**木拱架**。拱架所用材料规格及质量应符合要求。

(3)**钢拱架**。

①常备式钢拱架的纵、横向距离应根据实际情况进行合理组合,以保证结构的整体性。

②为保证拱架的稳定性应设置足够的斜撑、剪力撑和缆风绳。

2.施工预拱度和沉落

(1)支架和拱架应留施工预拱度。

(2)为便于支架和拱架的拆卸,应根据结构形式、承受的荷载大小及需要的卸落量,在支架和拱架的适当部位设置相应的木楔、木马、砂筒或千斤顶等沉落设施。

3.支架和拱架的制作安装

(1)支架和拱架宜采用标准化、系列化、通用化的构件拼装。拼装前应进行施工图设计,并进行强度和稳定性验算。

(2)制作木支架、木拱架时,应尽量减少接头,相邻竖立柱的连续接头应分设在不同的平面上。

(3)支架和拱架应稳定、坚固,应能抵抗在施工过程中可能发生的偶然冲击和振动。其地基必须有足够的承载力。

(4)支架和拱架安装完毕后,应对其平面位置、顶部标高、节点连接及纵横向稳定性进行全面检查符合要求后,方可进行下道工序。

（五）模板、支架和拱架的拆除

1. 拆除期限的原则规定

(1)模板、支架和拱架的拆除期限应根据结构物特点、模板部位和混凝土所达到的强度来决定。

①非承重侧模一般应在混凝土抗压强度达到 2.5MPa 时方可拆除。拆模时必须保证结构物表面积棱角不因拆模而受到损坏。

②芯模和预留孔道内膜，应在混凝土强度能保证其表面不发生坍塌和裂纹现象时，方可拆除。

③承重模板、支架和拱架，应在混凝土养生过程受其自重力和其他可能的叠加荷载，当构件跨径小于 4m 时，混凝土强度应达到设计强度的 50％时方可拆除；当构件跨径大于 4m 时，混凝土强度应达到设计强度的 75％时方可拆除。其强度以同期养生时间为准。

若设计另有规定，以设计为准。

(2)石拱桥的拱架卸落应同时符合下列规定：

①浆砌石拱桥，需待砂浆强度达到设计强度的 70％以上时卸架。

②跨径小于 10m 的小拱桥，宜在拱上建筑全部完成后卸架；中等跨径的实腹式拱，宜在护拱砌完后卸架；大跨径空腹式拱，宜在拱上横墙砌完后卸架。

③当需要进行裸拱卸架时，应对裸拱进行截面强度和稳定性验算，并采取必要的稳定措施。

2. 拆除时的技术要求

(1)模板拆除时，应按设计的顺序进行，设计无规定时，应遵循先支后拆、后支先拆的原则，拆时严禁抛扔。

(2)拆落支架和拱架应按拟定的拆落程序进行，分几个循环拆完，拆落量开始宜小，以后逐渐增大。

(3)拆落拱架时，应设专人用仪器观测拱圈挠度和墩台变化情况，并详细记录。另设专人观察是否有裂缝发生。

(4)模板、支架和拱架的拆除后，应维修整理，分类保存。

(5) 满布式拱架卸落时，可从拱顶向拱脚依次循环卸落；拱式拱架可在两支座处同时均匀卸落。

(6)多孔拱桥卸架时，若桥墩允许承受单孔施工荷载，可单孔卸落，否则应多孔同时卸落或各连续孔分路段卸落。

六、冬季施工

（一）一般规定

1. 冬季施工是指根据当地多年气温资料，室外日平均气温连续 5d 低于 5℃时混凝土工程的施工。

2. 冬季施工的工程，应预先做好冬季施工组织计划及准备工作，对各种设施及原材料应提前做好防雪及防冻措施。对钢筋的张拉，还应专门制定施工工艺要求、健全措施。

(二)混凝土、钢筋混凝土及预应力混凝土冬季施工

1.钢筋焊接、冷拉及张拉的技术要求

(1)焊接钢筋应在室内进行,当必须在室外进行时,最低气温不得低于20℃,并应采取保温措施。焊接接头严禁接触冰雪。

(2)冷拉、张拉钢筋时气温不得低于15℃。张拉设备应随时校验。

2.混凝土配制机搅拌的技术要求

(1)配制混凝土时,应优先选用硅酸盐水泥、普通硅酸盐水泥,水泥的强度等级不得低于42.5,水灰比不大于0.5。

(2)浇筑混凝土应掺加引气剂、引气型减水剂等外加剂,以提高混凝土的抗冻性。

(3)拌制混凝土的各项材料的温度,应满足混凝土拌和所需的温度,当温度不足时,可对原材料进行加热。水泥只保温,不得加热。原材料加热温度见表9.1.11。

拌和水及集料最高温度(℃) 表9.1.11

项　目	拌和水温度	集料温度
强度等级小于52.5的普通硅酸盐水泥、矿渣硅酸盐水泥	80	60
强度等级等于及大于52.5的普通硅酸盐水泥、矿渣硅酸盐水泥	60	40

注:当集料不加热时,水可加热到100℃,但水泥不得与80℃以上的水直接接触。

(4)冬季搅拌混凝土时,集料不得带有冰雪和冻结团块。应严格控制混凝土的配合比和坍落度。一般投料顺序为集料→水→水泥,混凝土入模温度不得低于5℃。

3.混凝土运输和浇筑的技术要求

(1)混凝土运输时间应尽可能缩短,运输工具应有保温措施。

(2)混凝土在浇筑前应清除模板、钢筋上的冰雪和污垢,成形养生时的温度,用蓄热法养生不得低于10℃;用蒸汽法不得低于5℃,细薄结构不得低于8℃。

(3)冬季施工接缝混凝土时,应使其结合面有5℃以上的温度。

(4)浇筑预应力混凝土湿接缝时,应使用热混凝土,并适当降低水灰比。

(5)预应力混凝土的孔道压浆,应在正常温度下进行。

4.混凝土养生的技术要求

混凝土的养生方法,应根据技术经济比较和相关的热工计算确定。当温度较低、结构表面系数较大,蓄热法不能适应强度增长的要求时,可根据具体情况,选用蒸汽加热、暖棚加热或电加热等方法。

5.灌注桩冬季施工

灌注桩混凝土的冬季施工,主要是保证混凝土在浇筑时不冻结,能顺利浇筑,一般情况下不需要养生,只有在桩头露出地面及水面或未露出,但在冰冻范围内,才进行桩头混凝土覆盖保温养生。覆盖的厚度应考虑钢筋导热的影响。混凝土不得掺抗冻剂、防冻剂。其具体要求如上所述。

(三)砌体工程

1.材料

(1)砌块应干净,无冰霜附着,砂中不得含有冰块或冻结团块。遇水浸泡后受冻的砌块不

得使用。

(2)砌筑砂浆必须保持正温。砂浆与石材表面的温差不得超过 20℃。

(3)砌筑砌体只准使用水泥砂浆或水泥石灰砂浆,砂浆宜采用普通硅酸盐水泥拌制。砂浆应随拌随用,搅拌时间应比常温时增加 0.5～1 倍。砂浆稠度要求为 40～60mm。

2.保温法砌筑

砌体在暖棚中砌筑时,应符合下列规定:

(1)砌块温度应在 5℃以上;砂浆温度不得低于 15℃;室内地面处的温度不得低于 5℃。

(2)砂浆的保温时间应以达到其抗冻时间为准。

(3)当室温低于 5℃时,不得洒水养生。

3.抗冻砂浆砌筑

氯化钠或氯化钙掺量超过早强用量的水泥砂浆,称为抗冻砂浆,其抗冻剂掺量通过试验确定。

(1)抗冻砂浆在严寒地区宜采用硅酸盐水泥或普通硅酸盐水泥,其他地区可采用矿渣水泥、火山灰水泥或粉煤灰水泥。抗冻砂浆应尽量采用细度模数较大的砂。

(2)抗冻砂浆使用时的温度不得低于 5℃。当一天最低气温低于 15℃时,承重砌体的砂浆强度应较常温时提高一级。

(3)用抗冻砂浆砌筑的砌体,应在砌筑后加以覆盖,但不得浇水。

(4)桥梁支座垫石不宜采用抗冻砂浆。

第二节　桥涵基础施工

一、明挖基础

(一)基坑

1.一般规定

(1)基坑顶面应设置防止地面水流入基坑的设施,基坑顶有动载时,坑顶与动载间应留有保证基坑安全的护道。

(2)基坑坑壁不稳定时,应根据设计进行支护。

2.不支护加固基坑坑壁的技术要求

(1)基坑尺寸应满足施工要求。

(2)基坑坑壁坡度应按地质条件、基坑深度、施工方法等情况确定。

(3)若土的湿度有可能使坑壁不稳而坍塌时,基坑坑壁的坡度应缓于该湿度下的天然坡度。

3.喷射及锚杆加固基坑坑壁的施工要求

(1)喷射及锚杆加固基坑坑壁,应按设计要求,逐层开挖、逐层加固。

(2)若基坑坑壁较完整、稳定时,可直接喷射素混凝土。否则应打锚杆,喷射挂网混凝土。

(3)坑壁上有明显出水点时,应设置排水导管。

(4)喷射完成后,应检查混凝土的平均厚度、强度和锚杆拔力,其值不得小于设计值。

(二)围堰

1.一般规定

(1)围堰高度应高出施工期间可能出现的最高水位0.5~0.7m。

(2)围堰的强度和稳定性应满足河水冲刷的需要。

(3)围堰要求严密防水,减少渗漏。

2.土围堰

(1)水深1.5m,水流速度0.5m/s以内,河床土质渗水较小时,可筑土围堰。

(2)土围堰的宽度根据设计确定。

(3)筑堰材料宜用黏性土或砂夹黏土。每层必须夯实,填土应自上游而下游合拢。

(4)筑堰之前必须将河床树根等杂物清除干净。

(5)若围堰因水流过大出现危险时,外面必须用柴排、草袋等进行加固。

3.土袋围堰

(1)水深3m,水流速度1.5m/s以内,河床土质渗水较小时,可筑土袋围堰。

(2)土袋围堰的宽度根据设计确定。

(3)筑堰之前必须将河床树根等杂物清除干净。

(4)围堰中心部分可逐年土芯墙。

(5)堆码的土袋上下层外层间应相互错缝,尽量堆码密实平整。

钢桩柱围堰、钢筋混凝土板柱围堰、竹铅丝围堰、套箱围岩和双壁钢围堰的施工技术要求,根据设计和《公路桥涵施工技术规范》(JTJ 041—2000)确定。

(三)挖基和排水

1.一般规定

(1)挖基施工宜安排在枯水季节进行,开工前应做好计划和施工准备工作,开挖后应连续快速施工。

(2)对基坑轴线、边线位置及基底标高核对无误后,方可施工。

(3)在附近有结构物时,应有可靠的防护措施。

(4)挖基弃方应按指定的位置处置。

(5)排水不应影响基坑安全,不应影响周边环境。

(6)基坑的回填应分层压实。

2.挖基

(1)应避免超挖。若超挖,应将松动部分清除,其处理方案应报监理和设计单位审批。

(2)挖至标高的基坑不得长期裸露、扰动和浸泡,检查符合设计要求后,应立即进行基础施工。

(3)具有水下开挖设备时,可用水下挖基方法。

3.集水坑排水

基坑开挖时,在坑底基础范围之外设置集水坑并沿坑底周围开挖排水沟使水流入集水坑,排出坑外。集水坑宜设在坑外。

(四)地基处理

1. 一般规定

(1)地基处理应根据地基土的种类、强度和密实度,按设计要求,结合现场情况,采取相应的处理方法。

(2)地基处理的范围至少应宽出基础之外0.5m。

(3)符合设计要求的细粒土、特殊土基底,修正妥善后,应尽快修建基础,不得浸水和长期暴露。

2. 细粒土及特殊土地基的处理

属细粒土或特殊土类得饱和软弱黏土层、粉砂土层及湿陷性黄土、膨胀土和季节性冻土,强度低,稳定性差,处理时应使该土类的处置深度、含水量等情况,按基地的要求采取固结措施,以满足设计要求。

3. 粗粒土及巨粒土地基的处理

对于强度和稳定性满足设计要求的粗粒土及巨粒土基底,应将其承重面平整夯实,其范围应满足基础的要求。

基底由水不能排干时,应将水引至排水沟,然后在其上面修筑基础。

4. 岩层地基的处理

(1)风化的岩层,应挖至满足地基承载力要求为止。

(2)未风化的岩层,应将表面淤泥、松动的石块等清理干净。

(3)坚硬的斜坡岩石,应将岩层面凿平;当岩面斜度大于15°时,则应凿成多级台阶,台阶宽度不小于300mm。

5. 有泉眼地基的处理

(1)可将有螺纹的钢筋打入泉眼,盖上螺帽并拧紧,防止泉水流出;或将泉眼内压入速凝水泥砂浆,在打入木塞堵眼。

(2)堵眼有困难时,可用管子将水引出,基础施工完毕后,在将管子堵住。采用管子引水时,应防止砂土流失,引起地基沉陷。

(3)不论采用何种方式,都不得使基地处于饱水状态。

6. 当基底需要加固时,应根据设计要求及有关规定进行处理

二、灌注桩基础

(一)一般规定

1. 本条适用于钻孔灌注桩施工。

2. 灌注桩施工应具备工程地质资料和水文地质资料,水、水泥、砂、石和钢筋等原材料及制品的质量检验报告。

3. 灌注桩施工时,应按有关规定制定安全生产、环保等措施。

4. 灌注桩施工应有完善的施工记录。

(二)钻孔灌注桩

1. 施工平台和护筒

(1)施工平台。

①场地为浅水时,宜采用筑捣法施工。筑捣的面积应满足施工要求

②场地为深水时,可采用钢管桩施工平台、双壁钢围堰平台等固定式平台,也可采用浮式施工平台。平台必须牢靠稳定,能承受工作时所有荷载。

(2)护筒设置。

①护筒内径应比桩径大 200～400mm。

②护筒中心线应与桩中心线重合,除设计另有规定外,平面允许误差为 50mm,竖直线倾斜不大于 1%,干处可实测定位,也可依靠导向架定位。

③旱地、筑捣处护筒可采用挖坑法埋设,护筒底部及四周用黏土分层夯实。

④水域护筒设置,应严格注意平面位置和竖向是否倾斜。沉入时可采用压重、振动和锤击等方法。

⑤护筒高度应高出地面 0.3m 或水面 1.0～2.0m。

⑥护筒埋置深度应根据设计要求或水文地质情况确定,一般埋置深度为 2～4m。

⑦护筒连接处要求筒内无突出物,应耐拉、压,不漏水。

2.泥浆的调制和使用技术要求

(1)钻孔泥浆一般由水、黏土和添加剂适当配合比配制而成。

(2)直径大于 2.5m 的钻孔灌注桩对泥浆的要求较高,泥浆的选择应根据地质情况、孔位、钻机性能、泥浆材料条件等确定。在地质复杂、覆盖层较厚、护筒下沉不到岩层的情况下,宜使用丙烯酰胺即 PHP 泥浆,此泥浆的特点是不分散、低固相、高黏度。

(三)钻孔施工

1.一般要求

(1)钻机就位前,应对钻孔各项准备工作进行检查。

(2)钻孔时,应根据设计资料绘制的地质剖面图,选用适当的钻机和泥浆。

(3)钻尖的底座和顶部应平稳、牢固。

(4)钻机作业应连续进行,填写的钻机施工记录,交接班时应交代钻机情况及下一班应注意的事项。

2.钻孔灌注桩钻进的注意事项

(1)无论采用何种方法钻孔,开孔的位置必须准确。开钻时均应慢速钻进,带导向部位或钻头全部进入地层后,方可加速钻进。

(2)采用正、反循环钻孔(含潜水钻)均应采用减压钻进,即钻机的主调钩始终要承受钻具的重力,而孔底承受的钻压不超过钻具重量之和(扣除浮力)的 80%。

(3)用全护筒法钻进时,为使安装平正,压进的首节护筒必须竖直。钻孔时,若发生偏移,应拔出护筒,调整后重新压入钻进。

(4)在钻孔排渣、提钻头除土或因事故停钻时,应保持孔内具有规定的水位和要求的泥浆相对密度和黏度。处理孔内事故或因故停钻时,必须将钻头提出孔外。

(四)清孔

1.清孔要求

(1)钻孔达到设计标高后，应对孔深、孔径进行检查，符合要求后方可清孔。

(2)清孔方法应根据设计要求、钻孔方法、机具设备条件和地层情况决定。

(3)在吊入钢筋骨架后，灌注水下混凝土之前，应再次检查孔内泥浆性能指标和孔底沉淀深度，若超过规定，应进行第二次清孔。

2. 清孔时的注意事项

(1)清孔方法有换浆、抽浆、掏渣、空压机喷射、砂浆置换等，可根据具体情况选择使用。

(2)无论采用何种清孔方法，在清孔排渣时，必须注意保持孔内水头，防止塌孔。

(3)无论采用何种清孔方法，清孔后应从孔底提出泥浆试样，进行性能指标试验，实验结果应符合相应的规定。

(4)不得用加深钻孔的方式代替清孔。

(五)灌注水下水泥混凝土

1. 钢筋骨架的制作、运输及吊装就位的技术要求

(1)钢筋骨架应符合设计要求。

(2)长桩骨架宜分段制作，分段长度应根据吊装条件确定，应保证不变形，接头应错开。

(3)应在骨架的外侧设置控制保护层厚度的垫块，其间距竖向为 2m，横向圆周不得少于 4 处，骨架顶部设置吊环。

(4)骨架入孔一般用吊机，无吊机时，可采用钻机钻架、灌注塔架。起吊应按骨架长度的编号入孔。

2. 灌注水下混凝土时应配备的主要设备和备用设备

(1)混凝土搅拌机的生产能力，应能满足桩孔在规定时间内灌注完毕。灌注时间不得长于首批混凝土的初凝时间；否则应加入缓凝剂。

(2)水下混凝土的泵送机具宜采用混凝土泵，距离稍远的宜采用混凝土搅拌运输车。

(3)水下混凝土一般采用钢导管灌注，导管内径一般为 200～350mm，视桩径大小而定。

3. 水下混凝土配制

(1)可采用火山灰水泥、粉煤灰水泥、普通硅酸盐水泥或硅酸盐水泥，使用矿渣水泥应采取防离析措施。水泥的初凝时间不得早于 2.5h，水泥的强度等级不宜低于 42.5。

(2)粗集料应优先选用卵石，若采用碎石应适当增加混凝土配合比的含砂率。集料的最大粒径不应大于钢筋最小间距的 1/4，同时不应大于 40mm。

(3)细集料宜采用级配良好的中砂。

(4)混凝土配合比的含砂率宜采用 0.4～0.5，水灰比宜采用 0.5～0.6。

(5)混凝土拌合物应具有良好的和易性，在运输和灌注过程中应无显著离析、泌水现象。灌注时应具有良好的流动性，其坍落度宜为 180～220mm。

(6)每立方米水下混凝土的水泥用量不宜少于 350kg，当掺有外加剂时，不宜少于 300kg。

(7)对沿海地区(包括盐碱腐蚀性地下水地区)应配置防腐蚀混凝土。

4. 灌注水下混凝土的技术要求

(1)首批混凝土的数量应能满足导管首次埋置深度(≥1.0m)和填充导管底部的需要。

(2)混凝土运至灌注地点，应检查其均匀性和坍落度等指标。若不符合要求，应重新拌和，仍不符合要求，则不得使用。

(3)首批混凝土下落后，应连续灌注。

(4)在灌注过程中，特别是潮汐地区和有承压力地下水的地区，应保持孔内水头。

(5)灌注过程中，导管的埋置深度宜控制在2～6m；并经常探测孔内混凝土的位置，及时调整导管埋深。

(6)为防止钢筋骨架上浮，当灌注的混凝土顶面距钢筋骨架底部1m左右时，应降低混凝土的灌注速度。

(7)灌注的桩顶标高应比设计高出0.5～1.0m，以保证混凝土强度，多余部分接桩前必须凿除，桩头表面应无松散层。在灌注将结束时，应核对混凝土的灌入数量，以确定灌注高度是否正确。

(8)使用全护筒灌注混凝土时，当混凝土进入护筒后，护筒底部始终处于混凝土之下。要边灌注、边提筒、边排水。保持同内水位稳定，不致过高，造成反穿孔。

(9)在灌注过程中，应将孔内溢出物进行处理，防止污染环境。

(10)灌注过程中若发生故障，应查明原因，确定合理的处理方案，进行处理。

(六)挖孔灌注桩

1.一般规定

(1)适用范围。挖孔灌注桩适用于无地下水或少量地下水，且较密实的土层或风化层。若孔内空气污染物超过现行《环境空气质量标准》(GB 3095—1996)规定的三级标准浓度极限时，必须采取通风措施。

(2)挖孔直径应按设计规定，施工中若有偏差，应及时调整。

2.挖孔时的技术要求

(1)挖孔应根据地质和水文情况，因地制宜地选择孔壁支护方案。

(2)孔内遇有岩石爆破时，应专门设计，宜采用浅眼松动爆破法。孔深大于5m时，必须采用电雷管引爆。爆破后先通风排烟15min后，经检验无有害气体时，方可下人作业。

(3)挖孔达到设计深度后，应进行孔底处理。必须做到孔底表面无松渣、泥、沉淀土。

(七)承台

1.无水或浅水施工承台的挖基工作按第一条“明挖基础”的规定执行，承台模板、钢筋、混凝土的施工按第一节总则中的有关规定执行。

2.边桩外侧与承台的净距不得小于设计规定的最小值。

第三节　下部结构施工

一、模板、支架和拱架

参照第一节总则第五部分“模板、支架和拱架”的有关规定执行。

二、钢筋、混凝土和钢筋混凝土工程

参照第一节总则第二部分“钢筋”、第三部分“混凝土和钢筋混凝土工程”的有关规定执行。

三、砌体工程

参照第一节总则第四部分"砌体工程"的有关规定执行。

第四节　上部结构施工

一、模板、支架和拱架

参照第一节总则第五部分"模板、支架和拱架"的有关规定执行。

二、钢筋、混凝土和钢筋混凝土工程

参照第一节总则第二部分"钢筋"、第三部分"混凝土和钢筋混凝土工程"的有关规定执行。

三、预应力混凝土工程

(一)一般规定

1. 本条适用于预应力混凝土结构的施工,内容包括采用预应力筋制作的预制构件和现浇混凝土构件。对预应力混凝土工程中的模板、支架和非预应力钢筋、混凝土,本条未规定的,按有关章节规定执行。

2. 预应力混凝土工程施工时,应采取必要的安全技术措施,防止发生事故。

(二)预应力钢筋

1. 钢丝、钢绞线和热处理钢筋

预应力混凝土结构所采用的钢丝、钢绞线和热处理钢筋的技术指标,应符合现行国家标准的相关规定。预应力混凝土用钢丝应符合《预应力混凝土用钢丝》(GB 5223—2002)的要求;预应力混凝土用钢绞线应符合《预应力混凝土用钢绞线》(GB 5224—2003)的要求;预应力混凝土用热处理钢筋应符合《预应力混凝土用热处理钢筋》(GB 4463—1984)的要求。

2. 冷拉钢筋和冷拔低碳钢丝

(1)冷拉Ⅳ级钢筋可用作预应力混凝土结构的预应力筋,其力学性能应符合《公路桥涵施工技术规范》附录 G-4 的规定。

(2)冷拔低碳钢丝的力学性能应符合《公路桥涵施工技术规范》附录 G-5 的规定。

3. 精轧螺纹钢筋

用于预应力混凝土结构中的高强精轧螺纹钢筋,其力学性能和表面质量应符合《公路桥涵施工技术规范》附录 G-6 的规定。

预应力筋进场时应分批验收,验收时,除应对其质量证明书、包装、标志和规格等进行检查外,尚须按下列规定进行检验:

(1)**钢丝**。应分批检验,每批重量不大于 60t,先从每批中抽查 5%,但不少于 5 盘,进行形状、尺寸和表面检查,若检查不合格,则将该批钢丝逐盘检查。在上述检查合格的钢丝中抽取 5%,但不少于 3 盘,在每盘的两端进行抗拉强度、弯曲和伸长率的试验,其力学性能应符合《公

路桥涵施工技术规范》附录 G-1 的规定。试验结果若有一项不合格时，则不合格盘报废；并从同批未试验过的钢丝中取双倍数量的试样进行该不合格项的复验，若仍有一项不合格，则该批钢绞线为不合格

(2)**钢绞线。**从每批钢绞线中任取 3 盘，并从每盘所选的钢绞线端部正常部位截取一根试样进行表面质量、直径偏差和力学性能试验。若每批少于 3 盘，则应逐盘进行上述试验。试验结果若有一项不合格时，则不合格盘报废；并从同批未试验过的钢绞线中去双倍数量的试样进行该不合格项的复验，若仍有一项不合格，则该批钢丝为不合格。

(3)**热处理钢筋。**

①每批钢筋的重量应不大于 60t。

②从每批钢筋中抽取 10%(不少于 25 盘)进行表面质量和尺寸偏差的检查。若检查不合格，则应对该批钢筋进行逐盘检查。试验结果若有一项不合格时，则不合格盘报废；并从同批未试验过的钢筋中去双倍数量的试样进行该不合格项的复验，若仍有一项不合格，则该批钢筋为不合格。

(4)**冷拉钢筋。**应分批进行检验，每批重量不得大于 20t。每批钢筋的直径和级别均应相同。每批钢筋外观检查合格后，在从任选的两根钢筋上各取一试件，进行试验。试验结果若有一项不符合《公路桥涵施工技术规范》附录 G-1 的规定时，则从同批未试验过的钢筋中去双倍数量的试样进行复验，若仍有一根不合格，则该批钢筋为不合格。

(5)**冷拔低碳钢丝。**应逐盘进行抗拉强度、伸长率和弯曲试验。从每盘钢丝上任一端截取不少于 500m 后再取两个试样，分别做拉力和 180°反复弯曲试验，试验结果应符合《公路桥涵施工技术规范》附录 G-5 的规定。弯曲试验后，不得有裂纹、鳞落或断裂现象。

(6)**精轧螺纹钢筋。**应分批检验，每批重量不大于 100t，对表面质量应逐根检验，外观合格后在每批中任取 2 根钢筋截取试件进行拉伸试验。试验结果若有一项不符合《公路桥涵施工技术规范》附录 G-6 的规定时，则从同批未试验过的钢筋中去双倍数量的试样进行复验，若仍有一根不合格，则该批钢筋为不合格。

拉伸试验的试件，不得进行任何形式的加工。

(三)锚具、夹具和连接器

1.预应力筋锚具、夹具和连接器应具有可靠的锚固性能、足够的承载力和良好的适用性能保证充分发挥预应力筋的强度，安全地实现预应力张拉作业，并应符合现行国家标准《预应力筋锚具、夹具和连接器》(GB/T 14370—2000)的要求。

2.预应力筋锚具应按设计要求使用。锚具应满足分级张拉、补张拉及放松预应力的要求。

3.夹具应具有良好的自锚性能、松锚性能和重复使用性能。需敲击才能松开的夹具，必须保证其对预应力筋的锚固没有影响，且应确保施工人员的安全。

4.用于后张法的连接器，必须符合锚具的性能要求；用于先张法的连接器，必须符合夹具的性能要求。

5.进场验收执行以下规定：

(1)预应力筋锚具、夹具和连接器验收批的划分为：在同种材料和同种施工工艺条件下，锚具、夹具应不超过 1 000 套；连接器应不超过 500 套。

(2)锚具、夹具和连接器进场时,对外观、硬度和锚固性能进行试验,同时还根据出厂合格证和质量保证书对其类别、型号、规格和数量进行检查。

(四)管道

1. 一般规定。

(1)在后张有黏结预应力混凝土结构中,预应力筋的孔道宜由浇筑在混凝土中的管道构成,对一般工程,也可采用钢管抽芯、胶管抽芯及金属伸缩管抽芯等方法预留。

(2)浇筑在混凝土中的管道不允许有漏浆现象。

2. 管道材料。

(1)管道材料宜采用刚性或半刚性镀锌金属及 PVC 材料。

(2)制作半刚性波纹状金属螺旋管的钢带应符合现行《铠装电缆冷轧钢带》(GB 4175.1—84)和《铠装电缆镀锌钢带》(GB 4175.2—84)的有关规定。

(3)设计规定时,可采用符合要求的高密度聚乙烯管和平滑钢管,其壁厚不得小于 2mm。

(五)预应力材料的保护

1. 预应力材料必须保持清洁,在存放和搬运过程中应避免机械损伤和有害的锈蚀;存放过程中,应进行定期检查。

2. 锚具、夹具和连接器应设专人妥善保管。

(六)预应力筋制作

1. 预应力筋下料

(1)预应力筋的下料长度应通过计算确定,计算时应考虑孔道长度、锚夹具厚度、千斤顶长度、冷拉伸长值等因素。

(2)预应力筋的切断,宜采用切割机或砂轮锯,不得采用电弧切割。

2. 冷拉钢筋接头

(1)冷拉钢筋的接头,应在钢筋冷拉前采用一次闪光顶锻法进行对焊,对焊后应进行热处理,以提高焊接质量。

(2)预应力筋有对焊接头时,除设计另有规定外,宜将接头设置在受力较小处。在受拉区,在预应力筋直径 30 倍长度及 500mm 长度范围内,对焊接头的预应力筋截面面积不得超过该区段预应力筋总截面面积的 25%。

(3)冷拉钢筋采用螺丝端杆锚具时,应在冷拉前焊接螺丝端杆,并在冷拉时将螺母置于端杆端部。

3. 预应力筋镦粗头

预应力筋镦头锚固时,对于高强钢丝,宜采用液压冷镦;对于冷拔低碳钢丝,可采用冷冲墩粗;对于钢筋,宜采用电热镦粗。冷拉钢筋端头的墩粗及热处理,必须在冷拉之前进行。

4. 预应力筋的冷拉

(1)预应力筋的冷拉,可采用控制应力或控制冷拉率的方法。但对不能分清炉批号的热轧钢筋,不得采取控制冷拉率的方法。

(2)钢筋的冷拉速度不宜过快,宜控制在 5MPa/s 左右。冷拉至规定的控制应力(或冷拉率)后,应停置 1~2min 在放松。冷拉钢筋时应做好记录。

(3)当采用控制应力方法冷拉钢筋时,对使用的测力计应经常进行校验。

5. 预应力筋的冷拔

预应力筋采用冷拔低碳钢丝时,应采用 6~8mm 的 R235 热轧钢筋盘条拔制。拔丝模孔位盘条圆直径的 0.85~0.9,拔制次数一般不超过 3 次,超过 3 次时应将拔丝退火处理。

6. 预应力筋编束。

预应力筋有多根钢丝或钢绞线组成时,同束内应采用强度同等的预应力钢材。编束时,应逐根理顺,绑扎牢固,防止相互缠绕。

(七)混凝土的浇筑

1. 混凝土用料及配合比应符合第一节总则第三部分的有关规定。可掺入适量外加剂,但不得掺入氯化钠、氯化钙等氯盐。从各种组成材料引进混凝土中的氯离子总含量,不宜超过水泥用量的 0.06%,当超过时,宜采取掺加阻锈剂、增加保护层厚度、提高混凝土密实度等防锈措施;对处于干燥环境中的小型构件,氯离子含量可提高 1 倍。

2. 混凝土的水泥用量不宜超过 $500kg/m^3$,特殊情况下不应超过 $550\ kg/m^3$。

3. 浇筑混凝土时,宜根据结构的不同形式选用插入式、附着式或平板式等振动器进行振捣。

4. 浇筑箱形梁混凝土时,应尽可能一次浇筑完成。

(八)施加预应力

1. 机具和设备

施加预应力的机具和设备应由专人使用和管理,并定期维护和校核。张拉机具设备应与锚具配套使用,并应在进场时进行检查和校验。

2. 施加预应力的准备工作

(1)对预应力筋施加预应力之前,必须完成或检验下列工作:

①张拉程序必须经过批准。

②锚具安装准确,对后张构件,混凝土已达到设计要求的强度。

③施工现场安全措施完备。

(2)实施张拉时,张拉力作用线应与预应力筋的轴线重合一致。

3. 张拉应力控制

(1)预应力筋的张拉控制应力应符合设计要求。

(2)预应力筋采用应力张拉时,应以伸长值进行校核,实际伸长值与理论伸长值的差值应符合设计要求。

(3)必要时,应对锚圈口及孔道摩阻损失进行测定,张拉时予以调整。

(4)预应力筋的锚固,应在张拉控制应力处于稳定状态下进行。

(5)预应力筋张拉及放松时,均应填写施工记录。

(九)先张法

1. 台座

先张法墩式台座结构应符合下列规定:

(1)承力台座须具有足够的强度和刚度。

(2)横梁须具有足够的刚度,受力后挠度应不大于2mm。

(3)在台座上铺放预应力筋时,应采取措施防止污染。

(4)张拉前应对各种张拉设备进行检查。

2.张拉

(1)同时张拉多根预应力筋时,应预先调整其初应力,使相互之间的应力一致。

(2)预应力筋张拉完毕后,与设计位置的偏差不得大于5mm,同时不得大于构件最短边长的4%。

(3)张拉时,预应力筋的断丝数量不得超过同一构件内钢丝总数的1%;钢筋不得断筋。

3.放张

(1)预应力筋放张时的混凝土强度须符合设计规定。

(2)预应力筋的放张顺序应符合设计规定;设计未规定时应分阶段、对称、交错地进行;在放张前,应将限制位移的侧模等模板拆除。

(3)多根整批预应力筋的放张,可采用砂箱法或千斤顶法。

(4)钢丝放张后,可用切割、锯割、或剪断的方法。钢绞线放张后,可用砂轮锯切割。长线台座上预应力筋的切割顺序,应由放张端开始,逐次切向另一端。

(十)后张法

1.预留孔道

(1)预应力筋预留孔道的尺寸与位置应正确,孔道应平顺,端部的预留钢垫板应垂直于孔道中心线。

(2)管道应采用定位钢筋固定,在混凝土浇筑时不发生位移。

(3)金属管道接头处的连接端以采用大一个直径的同类管道,其长度宜为被连接管内径的5~7倍,接头处不得漏浆。

(4)所有管道均应设置压浆孔,还应在最高点处设排气孔及在最低点处设排水孔。

(5)管道在模板内安装完毕后,应将其端部盖好,防止水或其他杂物进入。

2.预应力筋安装

(1)预应力筋可在浇筑混凝土之前穿过管道,对于钢绞线,可将一根钢束的钢绞线整体或逐根穿入。

(2)预应力筋安装后的保护。

①预应力筋安装后,断口应封闭防止生锈。

②对在混凝土浇筑前穿束的管道,预应力筋安装前,应进行全面检查,防止被损坏。

3.张拉

(1)对预应力筋施加预应力之前,应对构件进行检验,外观和尺寸应符合设计要求。张拉时,构件的混凝土强度须符合设计规定。

(2)预应力筋的张拉顺序应符合设计规定;设计未规定时应分阶段、对称进行。

(3)预应力筋在张拉控制应力达到稳定后方可锚固。预应力筋锚固后的外漏长度不宜小于30mm,锚具应用封端混凝土保护,并采取防锈措施。一般情况下,锚固完毕后并经检验合格后即可切割多余的预应力筋。

(十一)后张孔道压浆

1. 预应力筋张拉后,孔道应尽早压浆。

2. 孔道压浆宜采用水泥浆,所用材料应符合下列要求。

(1)**水泥。** 宜采用硅酸盐水泥或普通水泥,采用矿渣水泥时,应加强检验,防止性能不稳定;水泥强度等级不低于 42.5,不得有团块。

(2)**水。** 可采用清洁的饮用水。

(3)**外加剂。** 以具有低含水量、流动性好、最小渗出性及膨胀性的外加剂,不得含有对钢材有腐蚀性的物质。

3. 水泥浆的强度通过设计确定。

4. 孔道在压浆前,应进行清洁处理。

5. 水泥浆自拌制至压入孔道的延续时间,视气温情况而定,一般在 30～45min 范围内。水泥浆在使用过程中应连续搅拌

6. 压浆时,对曲线孔道和竖向孔道应从最低点压浆孔道压入,由最高点的排气孔排气和泌水。

7. 压浆应缓慢匀速地进行,不得中断,并应将所有最高点的排气孔依次以一一打开,使孔道内排气通畅。

8. 压浆应使用活塞式压浆泵,不得使用压缩空气,压浆的最大压力宜为 0.5～0.7MPa。

9. 压浆过程及压浆后 48h 内,结构混凝土的温度不得低于 5°,否则应采取保温措施。当气温高于 35°时,压浆宜在夜间进行。

10. 压浆时应从检查孔道抽查压浆的密实情况,若有不实,应及时纠正。

11. 孔道压浆应填写施工记录。

第五节 涵 洞 施 工

一、一般规定

1. 涵洞开工前应根据设计资料进行现场核对,核对时还需注意农田排灌的要求,若确需变更时,应按设计变更的有关规定执行。

2. 涵洞中线和墩台位置的测量应按第一节总则第一部分的有关规定执行。

3. 涵洞沉降缝处应竖直、平整。填缝料应具有弹性和不透水性,并应填塞紧密。预制涵管的沉降缝应设在管节接缝处。

4. 涵洞完工后,当涵洞砌体砂浆或混凝土强度达到设计强度的 75%时,方可进行回填土。拱涵顶上填土厚度大于 0.5～1.0m 时,才可通行机械。

5. 涵洞进出水口的河床应顺直,与上下游导流排水系统的连接应圆顺、稳定,保证水流畅通。

6. 涵洞的冬季施工按第一节总则第六部分的有关规定执行。

二、管涵

1. 钢筋混凝土圆管涵成品应符合下列要求：

(1)管节断面应平整并与其轴线垂直。

(2)管壁内外侧表面应平直圆滑，若有蜂窝，每处面积不得大于 30mm×30mm，其深度不得超过 10mm；总面积不得超过全面积的 1%并不得露筋，蜂窝处应修补完善后方可使用。

(3)管节外壁必须注明使用的管节填土高度，相同的管节应堆放一处。

2. 管节在运输、装卸过程中，应采取防碰措施，避免管节损坏。

3. 当管涵设计为混凝土或砌体基础时，基础上面应设置混凝土管座，其顶部弧形面应与管身紧密贴合，使管节受力均匀。

4. 安装管节时应注意下列事项：

(1)应注意按涵顶填土高度取用相应的管节。

(2)各管节应顺流水坡度安装平顺，当管壁厚度不一致时应调整高度使内壁齐平，管节必须垫稳坐实，管道内不得遗留杂物。

(3)对插口管，接口应平顺，环形间隙应均匀，并应安装特制的胶圈或用沥青、麻絮等防水材料填塞，不得有裂缝、空鼓、漏水等现象。

三、拱涵、盖板涵

1. 拱涵、盖板涵施工时，除应符合第一节总则第二、三部分的有关规定外，还应符合下列要求：

(1)拱圈和出入口拱上端墙的施工，应由两侧向中间同时对称进行。

(2)钢筋混凝土、混凝土拱圈和盖板混凝土的现场浇筑施工宜连续进行，避免施工接缝，当涵身较长时，可沿长度方向分段进行，接缝应设在涵身沉降缝处。

2. 就地浇筑的拱涵和盖板涵，宜采用组合钢模板，也可采用土胎。

3. 采用土胎建造拱圈或盖板时，应注意下列事项：

(1)当用松散砂石堆筑土胎时，表面应包 300mm 厚黏土保护层。

(2)土胎填土应在涵台砌筑砂浆或现浇混凝土强度达到设计强度的 75%以后进行，应分层夯实，每层厚度宜在 0.2～0.3m，土的压实度应在 90%以上。

有条件时，涵台外侧的填土可与土胎填土同时进行。涵台较高时，采用土胎单侧填土时，应验算涵台的稳定性。

(3)填土宽度应伸出端墙外 0.5～1.0m，并保持 1：1.5 的边坡。

(4)土胎表面应设保护层，保护层应具有一定的强度和适当的光滑度，以利于脱模。

(5)施工时应防止土胎被水浸蚀。

4. 当河沟有少量流水而采用土胎施工时，除采用木排土胎外，宜可根据水流大小，在土胎下设混凝土管等排水设施。

5. 预制涵洞盖板时，应注意检查上下面的方向，斜交涵洞还应注意斜交角的方向，避免发生反向错误。

6. 预制拱圈和盖板的安装应注意下列事项：

(1)成品混凝土强度达到设计强度的75%,方可搬运安装。

(2)成品安装前,应检查成品及拱座、墩、台的尺寸。

(3)安装后,成品拱圈和盖板上的吊装环,应以砂浆填塞。

(4)拱座与拱圈、拱圈与拱圈的拼装接触面,应先拉毛或凿毛(沉降缝处除外),安装前应浇水湿润,在以M10砂浆砌筑。

7.拱架拆除和拱顶填土的时间应符合下列条件:

(1)拱圈砌筑砂浆或混凝土强度达到设计强度的75%时,方可拆除拱架,达到设计强度后,方可回填土。

(2)在拱架未拆除的情况下,拱圈砌筑砂浆或混凝土强度达到设计强度的75%时,即可进行拱顶填土;但在拱圈强度达到设计强度100%后,方可拆除拱架。

四、倒虹吸管

1.倒虹吸管宜采用钢筋混凝土或混凝土圆管,进出口必须设置竖井,包括防淤沉淀井。施工时管节接头及进出水口砌缝应特别严格,不漏水。填土覆盖前应做好灌水试验,符合要求后,方可填土。

2.倒虹吸管必须在冬季施工时,除按第一节总则第六部分的有关规定执行外,还应在立冬前将管内积水排出,以防冻裂。

3.倒虹吸管的进出水口应在竣工后及时盖上。

第六节　桥面附属工程施工

一、一般规定

1.本节适用于桥面及附属工程施工。

2.板式橡胶支座应符合现行《公路桥梁板式橡胶支座》(JT/T4)标准的规定。安装是相当重要的环节,对水平面应仔细校核,支座不得发生偏歪,不能脱空。盆式橡胶支座应符合现行《公路桥梁盆式橡胶支座》(JT 391)标准的规定。制作安装位置应准确,并注意安装平整。且盆式橡胶支座应注意使其滑动方向符合设计要求。

3.橡胶伸缩装置应符合现行《公路桥梁橡胶伸缩装置》(JTJ/T 327—2004)标准的规定。伸缩装置的位置、构造应按设计规定执行。安装各种伸缩装置时,定位值均应通过计算确定。

梁体温度应测量准确,伸缩体横向高度应符合桥面线形,槽缝应清洁干净,若有顶头现象或缝宽不符合设计要求时,应进行凿剔平整。

4.沥青混凝土桥面铺装的施工应符合现行《公路沥青路面施工技术规范》(JTJ F40—2004)的有关规定。

5.桥面防护的防撞护栏的施工应符合现行《高速公路交通设施设计及施工技术规范》(JTJ 074—94)的有关规定。

二、支座

(一)一般规定

1.钢筋混凝土及预应力混凝土受弯构件,若无特殊要求,宜选用橡胶支座,其材料质量和技术性能,板式橡胶支座和盆式橡胶支座应分别符合《公路桥梁板式橡胶支座》(JT/T4)和《公路桥梁盆式橡胶支座》(JT 391)的要求。

2.橡胶支座应根据地区气温条件选用,-25℃～+60℃地区可选用氯丁橡胶支座;-40℃～+60℃地区可选用三元乙丙橡胶或天然橡胶支座。

3.在梁的单个支撑点上,纵桥向只能设置一个支座,横桥向不应设置多于两个支座。

4.板式橡胶支座的安装,应使其与梁底及墩台密贴,传力均匀。在板桥的同一块板的多个支座中,不得有支座脱空。活动支座应设防尘罩。

5.当桥梁纵坡小于1%时,板式橡胶支座可直接设于墩帽上;当桥梁纵坡大于1%时,应在梁底采取措施,使支座保持水平。当板桥桥面横坡不大于2%时,板式橡胶支座可直接设于墩帽顶面坡面上,当板桥桥面横坡大于2%时,应采取措施予以调整。

(二)板式橡胶支座

板式橡胶支座安装时,应注意下列问题:

1.在使用前,应检查产品合格证书中有关技术性能指标,若不符合要求,不得使用。

2.支座下设置的支撑垫石,混凝土强度应符合设计要求,顶面标高准确,表面平整在平坡情况下同一片梁两端支撑垫石应处在同一平面,其误差不得超过3mm。避免支座发生偏斜、不均匀受力和脱空。

3.安装前应将墩台支座垫石处清理干净,用干硬性水泥砂浆抹平并使其标高符合设计要求。

4.梁板安装时,底面与支座必须紧贴;就位不准时,可采取垫钢板的方法,使其安装误差控制在允许范围内。

(三)盆式橡胶支座

制作规格和质量应符合设计要求,制作组装时其底面与顶面的钢垫板,必须埋置密实。活动支座的聚四氟乙烯板和不锈钢板不得有刮伤、撞伤。氯丁橡胶板块密封在钢盆内,要排除空气,保持清洁。

1.活动支座安装前用丙酮或酒精仔细擦洗相对滑移面,擦净后在四氟滑板的储油槽内注满硅脂类润滑脂。

2.盆式橡胶支座的顶板和底板可用焊接或锚固螺栓接在梁底顶面的预埋钢板上;槽用焊接时,应防止烧坏混凝土;安装锚固螺栓时,其外露螺杆的高度不得大于螺母的厚度。

三、伸缩装置

(一)橡胶伸缩装置

1.采用橡胶伸缩装置时,材料的规格、性能应符合设计要求。应根据桥梁跨径大小或连续梁(包括桥面连续的简支梁)的每联长度,可分别选用纯橡胶式、板式、组合式橡胶伸缩装置。

安装时，应根据气温高低，对橡胶伸缩体进行必要的预压缩。气温在5℃以下时，不得进行橡胶伸缩装置施工。

2. 采用后嵌式橡胶伸缩体时，应在桥面混凝土干燥收缩完成且徐变也大部分完成后在进行安装。

3. 伸缩装置安装时应注意下列事项：

(1)施工安装前，应按照设计图纸提供的尺寸，核对梁、板端部及桥台处安装伸缩装置的预留槽的尺寸。同时，应检查核对预埋锚固钢筋的规格、数量、位置与设计的一致性。

(2)若为沥青混凝土桥面铺装，宜采用后开槽工艺安装伸缩装置，以提高与桥面的顺势度。

(3)根据安装时的环境温度计算伸缩装置的模板宽度与螺栓间距；将准备好的加强筋与螺栓就位，浇筑混凝土；然后利用调整压缩工具，将伸缩装置安装到位。

(4)伸缩装置安装后，应处于受压状态。

(5)向伸缩装置螺栓孔内灌注防蛀剂，然后及时盖好盖帽。

(6)伸缩装置两侧预留槽内的混凝土强度在未达到设计要求前，不得开放交通。

(二)复合改性沥青填充式伸缩装置

1. 伸缩体有符合改性沥青及碎石混合而成。适用于伸缩量小于50mm的中、小跨径的桥梁工程。适用温度－30℃～－70℃。应按设计要求设置。

2. 改性沥青应符合有关规定，其加热熔化温度要控制在170℃以内。

3. 嵌入桥梁伸缩缝孔隙中的T形钢板厚度为3～5mm，长度约为1m左右。

四、沉降缝

沉降缝的位置应按设计要求设置，缝宽均匀一致，从上到下竖直贯通桥涵结构物。缝端面必须平整，按设计要求设置嵌缝材料。

五、桥面防水

1. 桥面防水层应按设计要求设置。

2. 铺设桥面防水层应注意下列事项：

(1)防水材料经检查符合要求后，方可使用。

(2)防水层通过伸缩缝或沉降缝时，应按设计规定铺设。

(3)防水层应沿桥面横向铺设，底层表面应平顺、干燥、干净。沥青防水层不宜在雨天或低温铺设。

(4)水泥混凝土桥面铺装层当采用油毛毡或织物与沥青黏和的防水层时，应设置隔断缝。

六、泄水孔

泄水孔的施工应按设计要求执行。泄水孔应伸出结构物底面100～150mm。

七、桥面铺装

1. 沥青混凝土桥面铺装应按设计要求施工。

(1)沥青混凝土铺装前应对桥面进行检查，桥面应平整、粗糙、干燥、整洁。铺装前洒布黏层沥青或乳化沥青。

(2)沥青混凝土的配合比设计、铺筑、碾压等施工程序,应符合现行《公路沥青路面施工技术规范》(JTJ F40—2004)的有关规定。

2.混凝土桥面铺装,除按第一节总则第二部分、第三部分的有关规定执行外,还应注意下列事项:

(1)水泥混凝土桥面铺装应符合设计规定。

(2)必须在横向连接钢板焊接工作完成后,才能进行桥面铺装施工。

(3)水泥混凝土桥面铺装若设计为防水混凝土,应按有关规定执行。

(4)水泥混凝土桥面铺装其表面必须拉毛或机具压槽,其深度为1~2mm。

(5)钢纤维水泥混凝土桥面铺装,还应符合中国工程建设标准化协会标准《钢纤维混凝土结构设计与施工规程》(CECS 38:92)的规定。

3.复合式桥面铺装:上层为沥青混凝土,下层为水泥混凝土,其要求同上。

八、桥面防护设施

1.一般要求。

(1)桥面安全带和路缘石、人行道梁、人行道板、栏杆、扶手、灯柱等,在修建安装完工后,其竖向线形或坡度、断缝或伸缩缝应符合设计要求。

(2)钢筋混凝土柱式护栏、金属护栏设计时,立柱间距必须等距,以利于美观。

2.安装桥面安全带、缘石和人行道时,应满足下列要求:

(1)悬臂式安全带构件必须在主梁横向连接或拱上建筑完成后才可安装。

(2)安全带梁必须安放在未凝固的M20稠水泥砂浆上,以便形成顶面设计的横向排水坡。

(3)缘石宜采用现浇混凝土,使其与桥面铺装的底层混凝土结为整体。

(4)在安装锚固的人行道梁时,应对焊缝认真检查,必须注意施工安全。

3.栏杆构件必须在人行道板铺设完毕后才可安装。灯柱安装必须牢固、线条顺直、整齐美观。

第十章　工程质量检验与评定

为了加强农村公路工程质量管理，保证工程质量，使农村公路工程质量检验和评定成为一个有机的整体，参照交通部颁布的《公路工程质量检验和评定标准》的有关要求，制定本章内容，适用于农村公路工程的各参建单位、监理单位、监督机构和建设单位对农村公路工程质量的管理、监控和检验评定。

第一节　工程项目的划分

农村公路按建设规模及行政等级的不同，分为县道、重要乡道、中型以上桥梁、隧道工程和一般乡道、村道。县道、重要乡道、中型以上桥梁、隧道工程实行“政府监督、业主管理、社会监理、企业自检”的四级质量保证体系。一般乡道、村道项目实行“政府监督、部门指导、社会监督、专业监理、企业自检”的五级质量保证体系。

工程项目划分的原则：按照交通部颁布《公路工程质量检验评定标准》，县道和重要乡道及中型以上桥梁、隧道工程项目，按附录 A 划分为单位工程、分部工程和分项工程。对于建设规模较小的一般乡道、村道，为便于质量评定，可以将建设项目适当合并，在招、投标过程中，尽量选用一个或两个施工单位，以乡镇为单位或以施工单位实施的项目为单位合并为一个单位工程进行评定；对于建设任务较大、施工单位较多的乡镇，三公里的以上的一般乡道、村道单独作为一个单位工程进行评定。

1. 单位工程

在建设项目中，根据签订的合同，具有独立施工条件，可以单独作为成本计算对象的工程。

2. 分部工程

在单位工程中，应按结构部位、路段长度及施工特点或施工任务划分为若干个分部工程。

3. 分项工程

在分部工程中，应按不同的施工方法、材料、工序及路段长度等划分为若干个分项工程。

工程质量检验评分以分项工程为单元，采用 100 分制进行。在分项工程评分的基础上，逐级计算各相应分部工程、单位工程和建设项目的评分值。公路工程质量检验评分以分项工程为评定单元，分项工程评分值满分为 100 分，实测项目采取加权平均法计算，存在外观缺陷或资料不全时，应予减分。

在施工过程中，施工单位要设立质检机构，对各分项工程按所列基本要求、实测项目和外观鉴定进行自检，按附录 J 中附表 J-1“分项工程质量检验评定表”及相关施工技术规范提交真实、完整的自检资料，对工程质量进行自我评定；工程监理单位应按照能够对工程实施监理及有效控制的原则配备监理人员，按一定比例对工程质量进行独立抽检，对施工单位检评资料进行签认，对工程质量进行评定；政府及社会监督机构应对施工单位、监理单位进行不定期的监督检查，可依据本章及有关规范和标准对公路工程质量进行检测、鉴定。监督机构对工程的鉴定是对工程质量的权威评价。

第二节　工程质量评分与等级评定

一、工程质量评分方法

(一)分项工程质量评分

分项工程工程质量检验内容包括基本要求、实测项目、外观鉴定和质量保证资料四部分。只有在其使用的材料、半成品及施工工艺符合基本要求的规定且无严重外观缺陷和质量保证资料真实并基本齐全时，才能对分项工程质量进行检验评定。

涉及结构安全和使用功能的重要实测项目为关键项目(在表中以“Δ”标识)，其合格率不得低于90%(属于工厂加工制造的桥梁金属构件的合格率不得低于95%，机电工程合格率要求为100%)，且检测值不得超过规定极值，否则必须进行返工处理。

实测项目的规定极值是指任一单个检测值都不能突破的极限值，不符合要求时，该实测项目为不合格。

对于路基路面压实度、弯沉值、路面结构层厚度、水泥混凝土抗压强度和弯拉强度、半刚性材料强度等关键项目，分别采用附录B～附录I所列数理统计方法进行评定，不符合要求时则该分项工程评定为不合格。

分项工程的评分值满分为100分，按实测项目采用加权平均法计算。当存在外观缺陷或资料不全时，应予以减分。

$$\text{分项工程得分}=\frac{\sum[\text{各检查项目得分}\times\text{该检查项目权值}]}{\sum[\text{各检查项目权值}]} \tag{10.2.1}$$

$$\text{分项工程评分值}=\text{分项工程得分}-\text{外观缺陷减分}-\text{资料不全减分} \tag{10.2.2}$$

1. 基本要求检查

分项工程所列基本要求，对施工质量优劣具有关键作用，应按基本要求对工程进行认真检查，经检查不符合基本要求规定时，不得进行工程质量的检验和评定。

2. 实测项目计分

对规定检查项目采用现场抽样的方法，按照规定频率和下列计分方法对分项工程的施工质量直接进行检测评分。

检查项目除按数理统计方法评定的项目以外，均应按单点(组)测定值是否符合标准要求进行评定，并按合格率计分。

$$\text{检查项目合格率}=\frac{\text{检查合格的点(组)数}}{\text{该检查项目的全部检查点(组)数}}\times 100\% \tag{10.2.3}$$

$$\text{检查项目得分}=\text{检查项目合格率}\times 100 \tag{10.2.4}$$

3. 外观缺陷减分

对工程外表状况进行检查评定时，若发现外观缺陷，应进行减分。对于较严重的外观缺陷，施工单位须采取合适的措施进行整修处理。

4. 资料不全减分

对分项工程的施工资料和图表残缺不全，缺乏最基本的数据，或有伪造涂改者，或未按本标准要求提交齐全的质量保证资料者，不予检验和评定。对资料不全者应予减分，减分幅度可按规范所列各款逐款检查，视资料不全情况，每款扣1～3分。

(二)分部工程和单位工程质量评分

附录A表所列分项工程和分部工程区分为一般工程和主要(主体)工程，分别给以1和2的权值。进行分部工程和单位工程评分时，采用加权平均值计算法确定相应的评分值。即：

$$\text{分部(单位)工程评分值}=\frac{\sum[\text{分项(分部)工程评分}\times\text{相应权值}]}{\sum[\text{分项(分部)工程权值}]} \tag{10.2.5}$$

(三)建设项目工程质量评分

建设项目工程质量评分值按《公路工程竣(交)工验收办法》(2004年第3号部长令)计算。

建设项目各单位工程竣(交)工验收结束后，由项目法人对整个项目进行工程质量评定，工程质量评分采用各单位工程质量评分的加权平均值。即：

$$\text{建设项目工程质量评分值}=\frac{\sum[\text{各单位工程质量评分}\times\text{该单位工程投资额}]}{\sum[\text{各单位工程投资额}]} \tag{10.2.6}$$

(四)质量保证资料

施工单位应有完整的施工原始记录、试验数据、分项工程自查数据等质量保证资料，并进行整理分析，负责提交齐全、真实和系统的施工资料和图表。工程监理单位负责提交齐全、真实和系统的监理资料。质量保证资料应包括以下6个方面：

1. 所用材料、半成品和成品质量检验结果；
2. 材料配比、拌和加工控制检验和试验数据及审批意见；
3. 地基处理和隐蔽工程施工原始记录；
4. 各项质量控制指标的试验记录和质量检验汇总图表；
5. 施工过程中遇到的非正常情况记录及其对工程质量影响分析；
6. 施工中若发生质量事故，经处理补救后，达到设计要求的认可证明文件等。

二、工程质量等级评定

工程质量评定等级分为合格和不合格两个等级，应按分项工程、分部工程、单位工程和建设项目逐级进行评定。

(一)分项工程质量等级评定

分项工程评分值不小于75分者为合格，小于75分者为不合格；机电工程和属于工厂加工制造的桥梁金属构件，不小于90分者为合格，小于90分者为不合格。

经质量监督部门检查评分不合格的分项工程，经加固、补强、整修或进行返工、调测，满足设计要求后，可以重新检验评定其质量等级，但计算分部工程评分值时按其复评分值的 90% 计算。

(二)分部工程质量等级评定

所含各分项工程全部合格，则该分部工程评为合格；所含任一分项工程不合格，则该分部工程为不合格。

(三)单位工程质量等级评定

所含各分部工程全部合格，则该单位工程评为合格；所含任一分部工程不合格，则该单位工程为不合格。

(四)建设项目质量等级评定

建设项目所含单位工程全部合格，其工程质量等级为合格；所含任一单位工程不合格，则该建设项目为不合格。

三、特殊地区或特殊情况的评定办法

对某些特殊地区、特殊情况，或因采用新材料、新结构、新工艺，在本规定中缺乏具体的技术要求时，应在确保工程质量的前提下，按照实际情况制订技术标准，或按部、省颁布的有关工程质量验收标准执行。

第三节　路 基 工 程

一、路基土石方工程

土方路基和石方路基实测项目技术指标的规定值或允许偏差按二、三级公路、四级及四级以下公路两档设定。路基压实度指标须分层检测，路基其他检查项目均在路基完成后对上路床顶面进行检查测定。对于压实度指标，可只按上路床的检查数据计分。路肩工程应作为路面工程的一项分项工程进行检查评定。

(一)土方路基

1. 基本要求

路基用土，须满足规范和设计要求。不得采用设计或规范规定的不适用土料作为路基填料。路基必须分层填筑压实，每层表面平整，路拱合适，排水良好。施工临时排水系统应与设计排水系统相结合，勿使路基附近积水，避免冲刷边坡。

2. 实测项目

见表 10.3.1。

土方路基实测项目 表 10.3.1

项次	检查项目			规定值或允许偏差			检查方法和频率		权值
				二级公路	三级公路	四级及以下公路	二、三级公路	四级及以下公路	
1Δ	压实度(%)	零填及挖方(cm)	0～30	—	94	93	按附录 B 检查;密度法:每 200m 每压实层测 4 处	按附录 B 检查;密度法:每 200m 每压实层测 2 处	3
			0～80	≥95	—	—			
		填方(cm) 路床	0～80	≥95	≥94	≥93			
		填方(cm) 上路堤	80～150	≥94	≥93	≥92			
		填方(cm) 下路堤	>150	≥92	≥90	≥90			
2Δ	弯沉(0.01mm)			不大于设计要求值			按附录 I 检查		3
3	纵断高程(mm)			+10,-20			水准仪:每 200m 测 4 个断面	水准仪:每 200m 测 2 个断面	2
4	中线偏位(mm)			100			经纬仪:每 200m 测 2 点,弯道加测 HY、YH 两点		2
5	宽度(mm)			不小于设计值			尺量:每 200m 测 4 处	尺量:每 200m 测 2 处	2
6	平整度(mm)			20			3m 直尺:每 200m 测 2 处×10 尺	3m 直尺:每 200m 测 1 处×10 尺	2
7	横坡(%)			±0.5			水准仪:每 200m 测 4 个断面	水准仪:每 200m 测 2 个断面	1
8	边坡			不陡于设计值			尺量:每 200m 测 4 处	尺量:每 200m 测 2 处	1

注:1. 表列压实度以重型击实试验法为准,评定路段内的压实度平均值下置信界限不得小于规定标准,单个测定值不得小于极值(表列规定值减 5 个百分点)。小于表列规定值 2 个百分点的测点,按其数量占总检查点数的百分率计算减分值。

2. 特殊干旱、特殊潮湿地区或过湿土路基,可按交通部颁发的路基设计、施工规范所规定的压实度标准进行评定。

3. 三、四级公路铺筑沥青混凝土或水泥混凝土路面时,其路基压实度应采用二级公路标准。

4. 以"Δ"标识为涉及结构安全和使用功能的重要实测项目。

3. 外观鉴定

(1)路基表面平整,边线直顺。不符合要求时,单向累计长度每 100m 减 1～2 分。

(2)路基边坡坡面平顺稳定、不得亏坡,曲线圆滑。不符合要求时单向累计长度每 100m 减 1～2 分。

(3)取土坑、弃土堆、护坡道、碎落台的位置适当,外形整齐、美观,防止水土流失。不符合要求时,每处减 1～2 分。

(二)石方路基

1. 基本要求

开炸石方的施工方法应能保证边坡稳定,清理险石,避免过量爆破损害自然环境。修筑填石路堤应认真进行地表清理,逐层水平填筑石块,摆放平稳。填筑层厚度及石块尺寸应符合设计和施工规范规定,填石空隙用石碴、石屑嵌压稳定。上、下路床填料和石料最大尺寸应符合规范规定。采用振动压路机分层碾压,压至填筑层顶面石块稳定,振压两遍无明显标高差异。路基表面应整修平整。

2.实测项目

石方路基实测项目见表 10.3.2。

石方路基实测项目 表 10.3.2

项次	检查项目		规定值或允许偏差		检查方法和频率		权值
			二、三级公路	四级及以下公路	二、三级公路	四级及以下公路	
1	压实度(%)		层厚和碾压遍数符合要求		检查施工记录		3
2	纵断高程(mm)		+10,-30		水准仪:每 200m 测 4 个断面	水准仪:每 200m 测 2 个断面	2
3	中线偏位(mm)		100		经纬仪:每 200 测 4 点,弯道加测 HY、YH 两点	经纬仪:每 200 测 2 点,弯道加测 HY、YH 两点	2
4	宽度(mm)		不小于设计值		米尺:每 200m 测 4 处	米尺:每 200m 测 2 处	2
5	平整度(mm)		30		3m 直尺:每 200m 测 2 处×10 尺	3m 直尺:每 200m 测 1 处×10 尺	2
6	横坡(%)		±0.5		水准仪:每 200m 测 4 个断面	水准仪:每 200m 测 2 个断面	1
7	边坡	坡度	不陡于设计值		每 200m 抽查 4 处	每 200m 抽查 2 处	1
		平顺度	符合设计要求				

注:土石混填路基压实度或固体体积率可根据实际可能进行检验,其他检测项目与石方路基相同。

3.外观鉴定

(1)上边坡不得有松石。不符合要求时,每处减 1~2 分。

(2)路基边坡直顺,曲线圆滑。不符合要求时,单项累计长度每 100m 减 1~2 分。

(三)其他路基

当遇到其他路基情况时,如软土地基处理等,其检测项目、评分标准可参照交通部颁发或省颁发检验评定标准执行。

二、排水工程

排水工程应严格按设计及施工规范的要求施工,依照实际地形,选择合适的位置,将地面水和地下水排出路基以外。边沟、截水沟、跌水、急流槽、水簸箕等其他排水工程可参照本章相关标准进行评定。沟槽回填土应符合设计要求及施工规范的规定。排水泵站明开挖基础可按照桥梁工程中沉桩、砌体标准进行评定。

(一)管节预制

1.基本要求

(1)所用的水泥、砂、石、水、外加剂和掺合料的质量和规格应符合有关规范的要求,并按规定的配合比进行施工。

(2)混凝土应符合耐久性(抗冻性、抗渗性、抗腐蚀)等设计要求。

(3)不得出现露筋和空洞现象。

2.实测项目

管节预制实测项目见表10.3.3。

管节预制实测项目 表10.3.3

项次	检查项目	规定值或允许偏差	检查方法和频率	权值
1Δ	混凝土强度(MPa)	在合格标准内	按附录D检查	3
2	内径(mm)	不小于设计值	尺量:2个断面	2
3	壁厚(mm)	不小于设计壁厚−3	尺量:2个断面	2
4	顺直度	矢度不大于0.2%管节长度	沿管节拉线量,取最大矢高	1
5	长度(mm)	+5,−0	尺量:每节	1

3.外观鉴定

(1)蜂窝、麻面面积不得超过该面面积的1%。不符合要求时,每超过1%减3分;深度超过10mm的必须处理。

(2)混凝土表面平整。不符合要求时,减1~2分。

(二)管道基础及管节安装

1.基本要求

管材必须逐节检查,不合格的不得使用。基础混凝土强度达到5MPa以上时,才可进行管节铺设。管节铺设应平顺、稳固,管底坡度不得出现反坡,管节接头处流水面高差不得大于10mm。管内不得有杂物。当管径大于1 000mm时,应在管内对管口缝作整圈勾缝。管口内缝砂浆平整密实,不得有裂缝、空鼓现象,抹带前,管口必须洗刷干净,管口表面应平整密实,无裂缝现象。抹带后应及时覆盖养生。对设计中要求防渗漏的排水管须做渗漏试验,渗漏量应符合要求。

2.实测项目

管道基础及管节安装实测项目见表10.3.4。

管道基础及管节安装实测项目 表10.3.4

项次	检查项目		规定值或允许偏差	检查方法和频率	权值
1Δ	混凝土抗压强度或砂浆强度(MPa)		在合格标准内	按附录D、附录F检查	3
2	管轴线偏位(mm)		20	经纬仪或拉线:每两井间测3处	2
3	管内底高程(mm)		±10	水准仪:每两井间测2处	2
4	基础厚度(mm)		不小于设计值	尺量:每两井间测3处	1
5	管座	肩宽(mm)	±10	尺量、挂边线:每两井间测2处	1
		肩高(mm)	±10		
6	抹带	宽度	不小于设计值	尺量:按10%抽查	2
		厚度	不小于设计值		

3. 外观鉴定

(1)管道基础表面平整密实，不符合要求时，减1～3分。

(2)管节铺设应直顺，管口缝带圈平整密实，不符合要求时，减1～3分。

(三)其他排水设施

1. 基本要求

农村公路建设中常见的土沟、浆砌排水沟，边坡必须平顺、稳定，砌体砂浆配比准确，所用材料规格、质量符合设计要求。

2. 实测项目

土沟实测项目见表10.3.5，浆砌排水沟实测项目见表10.3.6。

土沟实测项目 表10.3.5

项次	检查项目	规定值或允许偏差	检查方法和频率	权值
1	沟底高程(mm)	+10,−30	水准仪:每200m测2处	2
2	断面尺寸(mm)	不小于设计值	尺量:每200m测2处	2
3	边坡坡度	不陡于设计值	尺量:每200m测2处	1
4	边棱直顺度(mm)	50	尺量:20m拉线，每200m测2处	1

浆砌排水沟实测项目 表10.3.6

项次	检查项目	规定值或允许偏差	检查方法和频率	权值
1Δ	砂浆强度(MPa	在合格标准内	按附录F检查	3
2	轴线偏位(mm)	50	经纬仪或尺量:每200m测3处	1
3	沟底高程(mm)	±20	水准仪:每200m测3点	2
4	墙面直顺度(mm)或坡度	30或不陡于设计值	20m拉线、坡度尺:每200m测2处	1
5	断面尺寸(mm)	±30	尺量:每200m测2处	2
6	铺砌厚度(mm)	不小于设计值	尺量:每200m测2处	1
7	基础垫层宽、厚(mm)	不小于设计值	尺量:每200m测2处	1

3. 外观鉴定

(1)沟底无阻水现象，不符合要求时，减1～3分。

(2)砌体坚实牢固，沟底平顺、不得有杂物，不符合要求时，减1～5分。

三、挡土墙、防护及其他砌石工程

当挡土墙平均墙高$H \geqslant 6$m、且墙身面积$A \geqslant 1\,200$m^{2}时，为大型挡土墙，可作为分部工程进行评定。$H < 6$m或$A < 1200$m^{2}的挡土墙，应作为分项工程进行评定。

一般挡土墙按本章标准进行评定，其中一般加筋土挡土墙可仅按加筋土挡土墙总体的标准进行评定。挡土墙路段的路基压实度可按一般路基要求评定。距加筋土挡土墙面板1m范围内的路基压实度，可采用现行《公路加筋土工程施工技术规范》(JTJ 035—91)的规定值。

(一)砌石、混凝土挡土墙

1.基本要求

石料规格和质量应符合有关规定、砂浆或混凝土的配合比符合试验规定、地基必须满足设计要求、砌石分层错缝、浆砌时进坐浆挤紧,嵌填饱满密实,不得有空洞;干砌时不得松动、叠砌和浮塞。沉降缝、泄水孔数量应符合设计要求。墙背填料符合设计和施工规范要求。

2.实测项目

砌体和混凝土挡土墙实测项目见表10.3.7,干砌挡土墙实测项目见表10.3.8。

砌体和混凝土挡土墙实测项目 表10.3.7

项次	检查项目		规定值或允许偏差	检查方法和频率	权值
1Δ	砂浆或混凝土强度(MPa)		在合格标准内	按附录F或附录D检查	3
2	平面位置(mm)	浆砌挡土墙	50	经纬仪:每20m检查墙顶外边线3点	1
		混凝土挡土墙	30		
3	顶面高程(mm)	浆砌挡土墙	±20	水准仪:每20m检查1点	1
		混凝土挡土墙	±10		
4	竖直度或坡度(%)		0.5	吊垂线:每20m检查2点	1
5Δ	断面尺寸(mm)		不小于设计值	尺量:每20m量2个断面	3
6	底面高程(mm)		±50	水准仪:每20m检查1点	1
7	表面平整度(mm)	块石	20	2m直尺:每20m检查3处,每处检查竖直和墙长两个方向	1
		片石	30		
		混凝土	10		

干砌挡土墙实测项目 表10.3.8

项次	检查项目	规定值或允许偏差	检查方法和频率	权值
1	平面位置(mm)	50	经纬仪:每20m检查3点	2
2	顶面高程(mm)	±30	水准仪:每20m测3点	2
3	竖直度或坡度(%)	0.5	尺量:每20m吊垂线检查3点	1
4Δ	断面尺寸(mm)	不小于设计值	尺量:每20m检查2处	2
5	底面高程(mm)	±50	水准仪:每20m测1点	2
6	表面平整度(mm)	50	2m直尺:每20m检查3处,每处检查竖直和墙长两个方向	1

3. 外观鉴定

砌体坚实牢固，勾缝平顺、混凝土表面平整，沉降缝整齐垂直，上下贯通，不符合要求时，减1～5分。

(二)锥、护坡

1. 基本要求

石料质量规格符合有关规定。锥、护坡基础埋置深度及地基应符合设计要求。浆砌时砂浆配合比应符合试验规定，砌体要咬扣紧密，嵌缝饱满密实。填土密实度达到设计要求。

2. 实测项目

锥、护坡实测项目见表10.3.9。

锥、护坡实测项目 表10.3.9

项次	检查项目	规定值或允许偏差	检查方法和频率	权值
1Δ	砂浆强度(MPa)	在合格标准内	按附录F检查	3
2	顶面高程(mm)	±50	水准仪：每50m检查3点，不足50m时至少2点	1
3	表面平整度(mm)	30	2m直尺：锥坡检查3处，护坡每50m检查3处	1
4	坡度	不陡于设计值	坡度尺量：每50m量3处	1
5Δ	厚度(mm)	不小于设计值	尺量：每100m检查3处	2
6	底面厚度(mm)	±50	水准仪：每50m检查3点	1

3. 外观鉴定

(1)表面平整，无垂直通缝。不符合要求时，减1～3分。

(2)勾缝平顺，无脱落现象。不符合要求时，减1～3分。

(三)导流工程

1. 基本要求

导流堤(坝)的基础埋置深度及地基承载力应符合设计要求，材料规格、质量应符合有关规定。

2. 实测项目

导流工程实测项目见表10.3.10。

导流工程实测项目 表10.3.10

<table>
<tr><th>项次</th><th colspan="2">检查项目</th><th>规定值或允许偏差</th><th>检查方法和频率</th><th>权值</th></tr>
<tr><td>1Δ</td><td colspan="2">砂浆强度(MPa)</td><td>在合格标准内</td><td>按附录F检查</td><td>3</td></tr>
<tr><td>2</td><td colspan="2">平面位置(mm)</td><td>30</td><td>经纬仪：按设计图控制坐标检查</td><td>2</td></tr>
<tr><td>3</td><td colspan="2">长度(mm)</td><td>不小于设计长度－100</td><td>尺量：每个检查</td><td>1</td></tr>
<tr><td>4Δ</td><td colspan="2">断面尺寸(mm)</td><td>不小于设计值</td><td>尺量：检查5处</td><td>2</td></tr>
<tr><td rowspan="2">5</td><td rowspan="2">高程(mm)</td><td>基底</td><td>不大于设计值</td><td rowspan="2">水准仪：检查5点</td><td rowspan="2">2</td></tr>
<tr><td>顶面</td><td>±30</td></tr>
</table>

3.外观鉴定

表面平整,线条直顺,曲线圆滑。不符合要求时减1～3分。

第四节 路面工程

路面工程的实测项目规定值或允许偏差按二、三级公路、四级及四级以下公路两档设定。工程实测项目规定的检查频率为双车道公路每一检查段内的检查频率,多车道公路的路面各结构层均须按其车道数与双车道之比,相应增加检查数量。

各类基层和底基层压实度代表值(平均值的下置信界限)不得小于规定代表值,单点不得小于规定极值。小于规定代表值2个百分点的测点,应按其占总检查点数的百分率计算合格率。

垫层的质量要求同相同材料的其他公路的底基层;联结层的质量要求同相应的基层或面层。

路面表层平整度测定采用3m直尺测定路面各结构层平整度时,以最大间隙作为指标,按尺数计算合格率。

路面各结构层厚度按代表值和单点合格值设定允许偏差。当代表值偏差超过规定值时,该分项工程评为不合格;当代表值偏差满足要求时,按单个检查值的偏差不超过单点合格值的测点数计算合格率。

材料要求和配比控制列入各条的基本要求,通过检查施工单位、监理单位提交的资料进行评定。

水泥混凝土上加铺沥青面层的复合式路面,两种路面结构均需进行检查评定。其中,水泥混凝土路面结构不检查抗滑构造,平整度可按相应等级公路的标准;沥青路面不检查弯沉。

路面基层完工后应按时浇洒透层油或铺筑下封层,透层油透入深度不小于5mm,不得使用透入能力差的材料做透层油。对封层、黏层和透层油的浇洒要求同沥青表面处置层中的基本规定。

一、水泥混凝土面层

1.基本要求

(1)基层经检测,必须符合检验评定标准各项指标的要求。

(2)采用的水泥,其物理性能和化学成分必须符合国家有关标准的规定。

(3)粗细集料、水及接缝填缝料应符合施工规范要求。施工配合比应根据现场测定水泥的实际标号进行计算,并经试验室试验,选择采用最佳配合比。

(4)接缝的位置、规格、尺寸及传力杆,拉力杆的设置应符合设计文件的要求。路面横向采取的拉毛或机具压槽等抗滑措施,其构造深度应符合施工规范要求。

(5)面层与其他构造物相接应平顺,检查井盖顶面高程应高于周边路面1～3mm。雨水口标高按设计比路面低5～8mm,路面边缘不积水。

(6)混凝土铺筑后按施工规范要求养生。

2. 实测项目

水泥混凝土面层实测项目见表10.4.1。

水泥混凝土面层实测项目 表10.4.1

项次	检查项目		规定值或允许偏差		检查方法和频率		权值
			二、三级公路	四级及以下公路	二、三级公路	四级及以下公路	
1Δ	弯拉强度(MPa)		在合格标准之内		按附录C检查		3
2Δ	板厚度(mm)	代表值	−5		按附录H检查,每200m每车道测2处	按附录H检查,每200m每车道测1处	3
		合格值	−10				
3	平整度	σ(mm)	2		平整度仪:全线每车道连续检测,每100m计算σ、IRI		2
		IRI(m/km)	3.2				
		最大间隙h(mm)	5	10	3m直尺:半幅车道板带每200m测2处×10尺	3m直尺:半幅车道板带每200m测1处×10尺	
4	抗滑构造深度(mm)		一般路段不小于0.5且不大于1.0;特殊路段不小于0.6且不大于1.1		铺砂法:每200m测1处		2
5	相邻板高差(mm)		3	5	抽量:每条胀缝2点;每200m纵、横缝各2条,每条2点	抽量:每条胀缝2点;每200m纵、横缝各1条,每条1点	2
6	纵、横缝顺直度(mm)		10		纵缝20m拉线,每200m测4处;横缝沿板宽拉线,每200m测4条	纵缝20m拉线,每200m测2处;横缝沿板宽拉线,每200m测2条	1
7	中线平面偏位(mm)		20		经纬仪:每200m测4点	经纬仪:每200m测2点	1
8	路面宽度(mm)		±20		抽量:每200m测4处	抽量:每200m测2处	1
9	纵断高程(mm)		±15	±20	水准仪:每200m测4断面	水准仪:每200m测2断面	1
10	横坡(%)		±0.25	±0.5	水准仪:每200m测4断面	水准仪:每200m测2断面	1

注:表中σ为平整度仪测定的标准差;IRI为国际平整度指数;h为3m直尺与面层的最大间隙。

3. 外观鉴定

(1)混凝土板的断裂块数，二、三级公路不得超过0.4%。四级及四级以下公路不得超过0.6%。不符合要求时每超过0.1%减2分，并对断裂板采取适当的措施予以处理。

(2)混凝土板表面的脱皮、印痕、裂纹、石子外露和缺边掉角等病害现象，对于二、三级公路上述缺陷的面积不得超过受检面积的0.4%，对于四级及四级以下公路上述缺陷的面积不得超过受检面积的0.6%，不符合要求时每超过1%减2分。

对于连续配筋的混凝土路面和钢筋混凝土路面，因干缩、温缩产生的裂缝，可不减分。

(3)路面侧石直顺、曲线圆滑，越位2cm以上者，每处减1～2分，接缝填筑饱满密实，不符合要求时，累计长度每100m减2分。胀缝有明显缺陷时，每条减1～2分。

二、沥青面层

(一)沥青混凝土面层和沥青碎(砾)石面层

1. 基本要求

(1)沥青混合料的矿料质量及矿料级配应符合设计要求和施工规范的规定。

(2)沥青材料及混合料的各项指标应符合设计和施工规范要求，沥青混合料的生产，每日应做抽提实验(包括马歇尔稳定度实验)。

(3)严格控制各种矿料和沥青用量及各种材料和沥青混合料的加热温度。拌和后的沥青混合料应均匀一致，无花白，无粗细料分离和结团成块现象。

(4)基层必须碾压密实，表面干燥、清洁、无浮土，其平整度和路拱度应符合要求。

(5)摊铺时应严格掌握摊铺厚度和平整度，避免矿料离析，要注意控制摊铺和碾压温度，碾压至要求的密实度。

2. 实测项目

沥青混凝土面层和沥青碎(砾)石面层实测项目见表10.4.2。

沥青混凝土面层和沥青碎(砾)石面层实测项目　　表10.4.2

<table>
<tr><th rowspan="2">项次</th><th rowspan="2" colspan="2">检查项目</th><th colspan="2">规定值或允许偏差</th><th colspan="2">检查方法和频率</th><th rowspan="2">权值</th></tr>
<tr><th>二、三级公路</th><th>四级及以下公路</th><th>二、三级公路</th><th>四级及以下公路</th></tr>
<tr><td>1Δ</td><td colspan="2">压实度(%)</td><td>试验室标准密度的96%(*98%)；最大理论密度的92%(*94%)；试验段密度的98%(*99%)</td><td>试验室标准密度的95%(*97%)；最大理论密度的91%(*93%)；试验段密度的97%(*98%)</td><td colspan="2">按附录B检查，每200m每车道测1处</td><td>3</td></tr>
<tr><td rowspan="3">2</td><td rowspan="3">平整度</td><td>σ(mm)</td><td colspan="2">2.5</td><td colspan="2" rowspan="2">平整度仪：全线每车道连续检测，每100m计算σ、IRI</td><td rowspan="3">2</td></tr>
<tr><td>IRI (m/km)</td><td colspan="2">4.2</td></tr>
<tr><td>最大间隙 h(mm)</td><td>5</td><td>10</td><td>3m直尺：每200m测2处×10尺</td><td>3m直尺：每200m测1处×10尺</td></tr>
</table>

续上表

<table>
<tr><th rowspan="2">项 次</th><th rowspan="2" colspan="2">检 查 项 目</th><th colspan="2">规定值或允许偏差</th><th colspan="2">检查方法和频率</th><th rowspan="2">权值</th></tr>
<tr><th>二、三级公路</th><th>四级及以下公路</th><th>二、三级公路</th><th>四级及以下公路</th></tr>
<tr><td>3</td><td colspan="2">弯沉值(0.01mm)</td><td colspan="2">不大于设计要求值</td><td colspan="2">按附录I检查</td><td>2</td></tr>
<tr><td rowspan="2">4Δ</td><td rowspan="2">厚度(mm)</td><td>代表值</td><td colspan="2">$-8\%H$</td><td colspan="2" rowspan="2">按附录H检查,每200m每车道测1处</td><td rowspan="2">3</td></tr>
<tr><td>合格值</td><td colspan="2">$-15\%H$</td></tr>
<tr><td>5</td><td colspan="2">中线平面偏位(mm)</td><td colspan="2">30</td><td>经纬仪:每200m测4点</td><td>经纬仪:每200m测2点</td><td>1</td></tr>
<tr><td>6</td><td colspan="2">纵断高程(mm)</td><td colspan="2">±20</td><td>准仪:每200m测4断面</td><td>水准仪:每200m测2断面</td><td>1</td></tr>
<tr><td rowspan="2">7</td><td rowspan="2">宽度(mm)</td><td>有侧石</td><td colspan="2">±30</td><td rowspan="2">尺量:每200m测4断面</td><td rowspan="2">尺量:每200m测2断面</td><td rowspan="2">1</td></tr>
<tr><td>无侧石</td><td colspan="2">不小于设计值</td></tr>
<tr><td>8</td><td colspan="2">横坡(%)</td><td colspan="2">±0.5</td><td>水准仪:每200m测4断面</td><td>水准仪:每200m测2断面</td><td>1</td></tr>
</table>

注:1. 表内压实度可选用其中的1个或2个标准评定,选用两个标准时,以合格率低的作为评定结果带*号者指SMA路面,其他为普通沥青混凝土路面。

2. 表列厚度仅规定负允许偏差。其他公路的厚度代表值和合格值允许偏差按总厚度计,当总厚度≤60mm时,允许偏差分别为-5mm和-10mm;总厚度>60mm时,允许偏差分别为$-8\%H$和$-15\%H$,H为总厚度(mm)。

3. 外观鉴定

(1)表面应平整密实,不应有泛油、松散、裂缝、粗细料明显离析现象。对于二、三级公路上述缺陷的面积不得超过受检面积的0.05%,对于四级及四级以下公路上述缺陷的面积不得超过受检面积的0.08%,不符合要求时每超过0.05%减2分。半刚性基层的反射裂缝可不计做施工缺陷,但应及时进行灌缝处理。

(2)搭接处应紧密、平顺、烫缝不应枯焦。不符合要求时,累积每20m长减1分。

(3)面层与路沿石及其他构造物应接顺,不得有积水现象,不符合要求时,每一处减1~2分。

(二)沥青贯入式(或上拌下贯式)面层

1. 基本要求

(1)沥青、各种材料的各项指标应符合设计和施工规范的要求。

(2)碎石层必须平整坚实,嵌挤稳定,沥青贯入应深透,浇洒应均匀,不得污染其他构造物。

(3)嵌缝料必须趁热撒铺,扫料均匀,不得有重叠现象。

(4)上层采用拌和料时,混合料应均匀一至,无白花和粗细分离现象,摊铺平整,接茬平顺,及时碾压密实。做好路面结构层与路肩的排水。

2. 实测项目

沥青贯入式(或上拌下贯式)面层实测项目见表10.4.3。

沥青贯入式(或上拌下贯式)面层实测项目 表 10.4.3

<table>
<tr><th>项 次</th><th colspan="2">检 查 项 目</th><th>规定值或允许偏差</th><th>检查方法和频率</th><th>权值</th></tr>
<tr><td rowspan="3">1</td><td rowspan="3">平整度</td><td>σ(mm)</td><td>4.5</td><td rowspan="2">平整度仪:全线每车道连续检测,每 100m 计算 σ、IRI</td><td rowspan="3">3</td></tr>
<tr><td>IRI(m/km)</td><td>7.5</td></tr>
<tr><td>最大间隙 h(mm)</td><td>20</td><td>3m 直尺:每 200m 测 2 处×10 尺</td></tr>
<tr><td>2</td><td colspan="2">弯沉值(0.01mm)</td><td>不大于设计要求值</td><td>按附录 I 检查</td><td>2</td></tr>
<tr><td rowspan="2">3Δ</td><td rowspan="2">厚度(mm)</td><td>代表值</td><td>−5</td><td rowspan="2">按附录 H 检查,每 200mm 每车测道 1 点</td><td rowspan="2">3</td></tr>
<tr><td>合格值</td><td>−10</td></tr>
<tr><td>4</td><td colspan="2">沥青总用量(kg/m²)</td><td>±0.5%</td><td>每工作日每层洒布查 1 次</td><td>3</td></tr>
<tr><td>5</td><td colspan="2">中线平面偏位(mm)</td><td>30</td><td>经纬仪:每 200m 测 2 点</td><td>1</td></tr>
<tr><td>6</td><td colspan="2">纵断高程(mm)</td><td>±20</td><td>水准仪:每 200m 测 2 断面</td><td>2</td></tr>
<tr><td rowspan="2">7</td><td rowspan="2">宽度(mm)</td><td>有侧石</td><td>±30</td><td rowspan="2">尺量:每 200m 测 4 处</td><td rowspan="2">2</td></tr>
<tr><td>无侧石</td><td>不小于设计值</td></tr>
<tr><td>8</td><td colspan="2">横坡(%)</td><td>±0.5</td><td>水准仪:每 200m 测 2 断面</td><td>2</td></tr>
</table>

3.外观鉴定

(1)表面平整密实,不应有松散、裂缝、油包、油丁、波浪、泛油等现象,有上述缺陷的面积之和不超过受检面积的 0.5%。不符合要求时每超过 0.5%减 2 分。

(2)表面无明显碾压痕迹。不符合要求时,每处减 1~2 分

(3)面层与路沿石及其他构筑物应接顺,无积水现象。不符合要求时,每一处减 1~2 分。

(三)沥青表面处治面层

1.基本要求

(1)新建或旧路的表层进行表面处治时,应将表面清理干净,底层必须坚实、稳定、平整、保持干燥后才可施工。

(2)沥青材料的各项指标和石料的质量规格用量应符合设计要求和施工规范的规定。

(3)沥青浇洒应均匀,无露白,不得污染其他构造物。嵌缝料必须趁热散铺,扫布均匀,不得有重叠现象,压实平整。

2.实测项目

沥青表面处治面层实测项目见表 10.4.4。

沥青表面处治面层实测项目　　表 10.4.4

项次	检查项目		规定值或允许偏差	检查方法和频率	权值
1	平整度	σ(mm)	4.5	平整度仪:全线每车道连续检测,每 100m 计算 σ、IRI	2
		IRI(m/km)	7.5		
		最大间隙 h(mm)	20	3m 直尺:每 200m 测 2 处×10 尺	
2	弯沉值(0.01mm)		不大于设计要求值	按附录 I 检查	2
3Δ	厚度(mm)	代表值	−5	按附录 H 检查,每 200m 每车测道 1 点	3
		合格值	−10		
4	沥青总用量(kg/m²)		±0.5%	每工作日每层洒布查 1 次	2
5	中线平面偏位(mm)		30	经纬仪:每 200m 测 2 点	1
6	纵断高程(mm)		±20	水准仪:每 200m 测 2 断面	1
7	宽度(mm)	有侧石	±30	尺量:每 200m 测 4 处	2
		无侧石	不小于设计值		
8	横坡(%)		±0.5	水准仪:每 200m 测 2 断面	1

3. 外观鉴定

(1)表面平整密实,不应有松散、油包、油丁、波浪、泛油、封面料明显散失等现象,有上述缺陷的面积之和不超过受检面积的 0.5%。不符合要求时每超过 0.5%减 2 分。

(2)表面无明显碾压痕迹。不符合要求时,每处减 1~2 分。

(3)面层与路缘石及其他构造物应顺接,无积水现象。不符合要求时,每处减 1~2 分。

三、基层和底基层

(一)水泥土基层和底基层

1. 基本要求

(1)土质应符合设计要求;水泥用量控制准确;路拌深度达到底层。

(2)混合料应处于最佳含水量状况下,用重型压路机碾压至要求的压实度,从加水拌和到碾压终了应短于水泥的终凝时间。

(3)检查合格后,立即覆盖或洒水养生,养生期要符合规范要求。

2. 实测项目

水泥土基层和底基层实测项目见表 10.4.5。

水泥土基层和底基层实测项目　　表 10.4.5

<table>
<tr><th rowspan="3">项次</th><th colspan="2" rowspan="3">检 查 项 目</th><th colspan="4">规定值或允许偏差</th><th colspan="2">检查方法和频率</th><th rowspan="3">权值</th></tr>
<tr><th colspan="2">基层</th><th colspan="2">底基层</th><th rowspan="2">二、三级公路</th><th rowspan="2">四级及以下公路</th></tr>
<tr><th>二、三级公路</th><th>四级及以下公路</th><th>二、三级公路</th><th>四级及以下公路</th></tr>
<tr><td rowspan="2">1Δ</td><td rowspan="2">压实度(%)</td><td>代表值</td><td>95</td><td>94</td><td>93</td><td>92</td><td rowspan="2">按附录 B 检查，每 200m 每车道测 2 处</td><td rowspan="2">按附录 B 检查，每 200m 每车道测 1 处</td><td rowspan="2">3</td></tr>
<tr><td>极值</td><td>91</td><td>91</td><td>89</td><td>89</td></tr>
<tr><td>2</td><td colspan="2">平整度(mm)</td><td>12</td><td>15</td><td>15</td><td>20</td><td>3m 直尺：每 200m 测 2 处×10尺</td><td>3m 直尺：每 200m 测 1 处×10尺</td><td>2</td></tr>
<tr><td>3</td><td colspan="2">纵断高程(mm)</td><td colspan="2">+5，−15</td><td colspan="2">+5，−20</td><td>水准仪：每 200m 测 4 个断面</td><td>水准仪：每 200m 测 2 个断面</td><td>1</td></tr>
<tr><td>4</td><td colspan="2">宽度(mm)</td><td colspan="2">不小于设计值</td><td colspan="2">不小于设计值</td><td>尺量：每 200m 测 4 处</td><td>尺量：每 200m 测 2 处</td><td>1</td></tr>
<tr><td rowspan="2">5Δ</td><td rowspan="2">厚度(mm)</td><td>代表值</td><td colspan="2">−10</td><td colspan="2">−12</td><td colspan="2" rowspan="2">按附录 H 检查，每 200m 每车道测 1 点</td><td rowspan="2">2</td></tr>
<tr><td>合格值</td><td colspan="2">−20</td><td colspan="2">−30</td></tr>
<tr><td>6</td><td colspan="2">横坡(%)</td><td colspan="2">±0.5</td><td colspan="2">±0.5</td><td>水准仪：每 200m 测 4 个断面</td><td>水准仪：每 200m 测 2 个断面</td><td>1</td></tr>
<tr><td>7Δ</td><td colspan="2">强度(MPa)</td><td colspan="2">符合设计要求</td><td colspan="2">符合设计要求</td><td colspan="2">按附录 G 检查</td><td>3</td></tr>
</table>

3. 外观鉴定

(1)表面平整密实、无坑洼。不符合要求时每处减 1～2 分。

(2)施工接茬平整、稳定。不符合要求时，每处减 1～2 分。

(二)水泥稳定粒料(碎石、砂砾、矿渣或钢渣等)基层和底基层

1. 基本要求

(1)粒料应符合设计和施工规范要求，矿渣和钢渣应分解稳定后才能使用。

(2)水泥用量和矿料级配按设计控制准确；路拌深度达到底层；厂拌摊铺时要注意消除粗细料离析现象。

(3)混合料处于最佳含水量状况下，用重型压路机碾压至要求的压实度。从加水拌和到碾压终了应短于水泥的终凝时间。

(4)检查合格后，立即进行覆盖或洒水养生，养生期要符合规范要求。

2. 实测项目

水泥稳定粒料基层和底层实测项目见表 10.4.6。

水泥稳定粒料基层和底基层实测项目

表 10.4.6

<table>
<tr><th rowspan="3">项次</th><th rowspan="3" colspan="2">检查项目</th><th colspan="4">规定值或允许偏差</th><th colspan="2">检查方法和频率</th><th rowspan="3">权值</th></tr>
<tr><th colspan="2">基层</th><th colspan="2">底基层</th><th rowspan="2">二、三级公路</th><th rowspan="2">四级及以下公路</th></tr>
<tr><th>二、三级公路</th><th>四级及以下公路</th><th>二、三级公路</th><th>四级及以下公路</th></tr>
<tr><td rowspan="2">1Δ</td><td rowspan="2">压实度(%)</td><td>代表值</td><td>97</td><td>96</td><td>95</td><td>94</td><td rowspan="2">按附录 B 检查，每 200m 每车道测 2 处</td><td rowspan="2">按附录 B 检查，每 200m 每车道测 1 处</td><td rowspan="2">3</td></tr>
<tr><td>极值</td><td>93</td><td>92</td><td>91</td><td>90</td></tr>
<tr><td>2</td><td colspan="2">平整度(mm)</td><td>12</td><td>15</td><td>15</td><td>20</td><td>3m 直尺：每 200m 测 2 处×10 尺</td><td>3m 直尺：每 200m 测 1 处×10 尺</td><td>2</td></tr>
<tr><td>3</td><td colspan="2">纵断高程(mm)</td><td colspan="2">+5，−15</td><td colspan="2">+5，−20</td><td>水准仪：每 200m 测 4 个断面</td><td>水准仪：每 200m 测 2 个断面</td><td>1</td></tr>
<tr><td>4</td><td colspan="2">宽度(mm)</td><td colspan="2">不小于设计值</td><td colspan="2">不小于设计值</td><td>尺量：每 200m 测 4 处</td><td>尺量：每 200m 测 2 处</td><td>1</td></tr>
<tr><td rowspan="2">5Δ</td><td rowspan="2">厚度(mm)</td><td>代表值</td><td colspan="2">−10</td><td colspan="2">−12</td><td colspan="2" rowspan="2">按附录 H 检查，每 200m 每车道测 1 点</td><td rowspan="2">2</td></tr>
<tr><td>合格值</td><td colspan="2">−20</td><td colspan="2">−30</td></tr>
<tr><td>6</td><td colspan="2">横坡(%)</td><td colspan="2">±0.5</td><td colspan="2">±0.5</td><td>水准仪：每 200m 测 4 个断面</td><td>水准仪：每 200m 测 2 个断面</td><td>1</td></tr>
<tr><td>7Δ</td><td colspan="2">强度(MPa)</td><td colspan="2">符合设计要求</td><td colspan="2">符合设计要求</td><td colspan="2">按附录 G 检查</td><td>3</td></tr>
</table>

3. 外观鉴定

(1)表面平整密实、无坑洼、无离析。不符合要求时，每处减 1～2 分。

(2)施工接茬平整、稳定。不符合要求时，每处减 1～2 分。

(三)石灰土基层和底基层

1. 基本要求

(1)土质及石灰质量应符合设计要求，土块应经粉碎；块灰要充分消解；灰剂量控制准确；路拌深度达到底层。

(2)混合料应处于最佳含水量状况下，用重型压路机碾压至要求的压实度；保湿养生，养生期要符合规范要求。

2. 实测项目

石灰土基层和底基层实测项目见表 10.4.7。

石灰土基层和底基层实测项目　　表 10.4.7

<table>
<tr><th rowspan="3">项次</th><th rowspan="3" colspan="2">检 查 项 目</th><th colspan="4">规定值或允许偏差</th><th colspan="2">检查方法和频率</th><th rowspan="3">权值</th></tr>
<tr><th colspan="2">基层</th><th colspan="2">底基层</th><th rowspan="2">二、三级公路</th><th rowspan="2">四级及以下公路</th></tr>
<tr><th>二、三级公路</th><th>四级及以下公路</th><th>二、三级公路</th><th>四级及以下公路</th></tr>
<tr><td rowspan="2">1Δ</td><td rowspan="2">压实度(%)</td><td>代表值</td><td>95</td><td>94</td><td>93</td><td>92</td><td rowspan="2">按附录 B 检查，每 200m 每车道测 2 处</td><td rowspan="2">按附录 B 检查，每 200m 每车道测 1 处</td><td rowspan="2">3</td></tr>
<tr><td>极值</td><td>91</td><td>91</td><td>89</td><td>89</td></tr>
<tr><td>2</td><td colspan="2">平整度(mm)</td><td>12</td><td>15</td><td>15</td><td>20</td><td>3m 直尺：每 200m 测 2 处×10 尺</td><td>3m 直尺：每 200m 测 1 处×10 尺</td><td>2</td></tr>
<tr><td>3</td><td colspan="2">纵断高程(mm)</td><td colspan="2">+5，−15</td><td colspan="2">+5，−20</td><td>水准仪：每 200m 测 4 个断面</td><td>水准仪：每 200m 测 2 个断面</td><td>1</td></tr>
<tr><td>4</td><td colspan="2">宽度(mm)</td><td colspan="2">不小于设计值</td><td colspan="2">不小于设计值</td><td>尺量：每 200m 测 4 处</td><td>尺量：每 200m 测 2 处</td><td>1</td></tr>
<tr><td rowspan="2">5Δ</td><td rowspan="2">厚度(mm)</td><td>代表值</td><td colspan="2">−10</td><td colspan="2">−12</td><td colspan="2" rowspan="2">按附录 H 检查，每 200m 每车道测 1 点</td><td rowspan="2">2</td></tr>
<tr><td>合格值</td><td colspan="2">−20</td><td colspan="2">−30</td></tr>
<tr><td>6</td><td colspan="2">横坡(%)</td><td colspan="2">±0.5</td><td colspan="2">±0.5</td><td>水准仪：每 200m 测 4 个断面</td><td>水准仪：每 200m 测 2 个断面</td><td>1</td></tr>
<tr><td>7Δ</td><td colspan="2">强度(MPa)</td><td colspan="2">符合设计要求</td><td colspan="2">符合设计要求</td><td colspan="2">按附录 G 检查</td><td>3</td></tr>
</table>

3. 外观鉴定

(1)表面平整密实、无坑洼。不符合要求时每处减 1～2 分。

(2)施工接茬平整、稳定。不符合要求时，每处减 1～2 分。

(四)石灰稳定粒料(碎石、砂砾、矿渣或钢渣等)基层和底基层

1. 基本要求

(1)粒料及石灰质量应符合设计要求，矿渣和钢渣应经分解稳定后才能使用；块灰要充分消解，未消解的生石灰块必须剔除；灰剂量应控制准确；路拌深度要达到底层。

(2)混合料应处于最佳含水量状况下，用重型压路机碾压至要求的压实度；保湿养生，养生期要符合规范要求。

2. 实测项目

石灰稳定粒料基层和底基层实测项目见表 10.4.8。

石灰稳定粒料基层和底基层实测项目 表 10.4.8

<table>
<tr><th rowspan="3">项次</th><th rowspan="3" colspan="2">检 查 项 目</th><th colspan="4">规定值或允许偏差</th><th colspan="2">检查方法和频率</th><th rowspan="3">权值</th></tr>
<tr><th colspan="2">基层</th><th colspan="2">底基层</th><th rowspan="2">二、三级公路</th><th rowspan="2">四级及以下公路</th></tr>
<tr><th>二、三级公路</th><th>四级及以下公路</th><th>二、三级公路</th><th>四级及以下公路</th></tr>
<tr><td rowspan="2">1Δ</td><td rowspan="2">压实度(%)</td><td>代表值</td><td>97</td><td>96</td><td>95</td><td>94</td><td rowspan="2">按附录 B 检查,每 200m 每车道测 2 处</td><td rowspan="2">按附录 B 检查,每 200m 每车道测 1 处</td><td rowspan="2">3</td></tr>
<tr><td>极值</td><td>93</td><td>93</td><td>91</td><td>91</td></tr>
<tr><td>2</td><td colspan="2">平整度(mm)</td><td>12</td><td>15</td><td>15</td><td>20</td><td>3m 直尺:每 200m 测 2 处×10 尺</td><td>3m 直尺:每 200m 测 1 处×10 尺</td><td>2</td></tr>
<tr><td>3</td><td colspan="2">纵断高程(mm)</td><td colspan="2">+5,−15</td><td colspan="2">+5,−20</td><td>水准仪:每 200m 测 4 个断面</td><td>水准仪:每 200m 测 2 个断面</td><td>1</td></tr>
<tr><td>4</td><td colspan="2">宽度(mm)</td><td colspan="2">不小于设计值</td><td colspan="2">不小于设计值</td><td>尺量:每 200m 测 4 处</td><td>尺量:每 200m 测 2 处</td><td>1</td></tr>
<tr><td rowspan="2">5Δ</td><td rowspan="2">厚度(mm)</td><td>代表值</td><td colspan="2">−10</td><td colspan="2">−12</td><td rowspan="2" colspan="2">按附录 H 检查,每 200m 每车道测 1 点</td><td rowspan="2">2</td></tr>
<tr><td>合格值</td><td colspan="2">−20</td><td colspan="2">−30</td></tr>
<tr><td>6</td><td colspan="2">横坡(%)</td><td colspan="2">±0.5</td><td colspan="2">±0.5</td><td>水准仪:每 200m 测 4 个断面</td><td>水准仪:每 200m 测 2 个断面</td><td>1</td></tr>
<tr><td>7Δ</td><td colspan="2">强度(MPa)</td><td colspan="2">符合设计要求</td><td colspan="2">符合设计要求</td><td colspan="2">按附录 G 检查</td><td>3</td></tr>
</table>

3.外观鉴定

(1)表面平整密实、无坑洼。不符合要求时每处减 1~2 分。

(2)施工接茬平整、稳定。不符合要求时,每处减 1~2 分。

(五)石灰、粉煤灰土基层和底基层

1.基本要求

(1)土质、石灰、粉煤灰质量应符合设计要求,土块应经粉碎,块灰要充分消解;混合料配合比应准确。

(2)混合料应处于最佳含水量状况下,先用轻型压路机稳压,后用重型压路机碾压至要求的压实度;保湿养生,养生期要符合规范要求。

2.实测项目

石灰、粉煤灰土基层和底基层实测项目见表 10.4.9。

石灰、粉煤灰土基层和底基层实测项目　　表 10.4.9

项次	检查项目		规定值或允许偏差				检查方法和频率		权值
			基层		底基层		二、三级公路	四级及以下公路	
			二、三级公路	四级及以下公路	二、三级公路	四级及以下公路			
1Δ	压实度(%)	代表值	95	94	93	92	按附录B检查，每200m每车道测2处	按附录B检查，每200m每车道测1处	3
		极值	91	91	89	89			
2	平整度(mm)		12	15	15	20	3m直尺：每200m测2处×10尺	3m直尺：每200m测1处×10尺	2
3	纵断高程(mm)		+5，−15		+5，−20		水准仪：每200m测4个断面	水准仪：每200m测2个断面	1
4	宽度(mm)		不小于设计值		不小于设计值		尺量：每200m测4处	尺量：每200m测2处	1
5Δ	厚度(mm)	代表值	−10		−12		按附录H检查，每200m每车道测1点		2
		合格值	−20		−30				
6	横坡(%)		±0.5		±0.5		水准仪：每200m测4个断面	水准仪：每200m测2个断面	1
7Δ	强度(MPa)		符合设计要求		符合设计要求		按附录G检查		3

3.外观鉴定

(1)表面平整密实、无坑洼。不符合要求时每处减1～2分。

(2)施工接茬平整、稳定。不符合要求时，每处减1～2分。

(六)石灰、粉煤灰稳定粒料(碎石、砂砾、矿渣或钢渣等)基层和底基层

1.基本要求

(1)粒料应符合设计和施工规范要求，矿渣应分解稳定后才能使用。

(2)石灰、粉煤灰质量和矿料级配应符合设计要求，块灰要充分消解；摊铺时要注意消除粗细料离析现象。

(3)混合料处于最佳含水量状况下，先用轻型压路机稳压，后用重型压路机碾压至要求的压实度；保湿养生，养生期要符合规范要求。

2.实测项目

石灰、粉煤灰稳定粒料基层和底基层实测项目见表10.4.10。

石灰、粉煤灰稳定粒料基层和底基层实测项目　　表 10.4.10

项次	检查项目		规定值或允许偏差				检查方法和频率		权值
			基层		底基层		二、三级公路	四级及以下公路	
			二、三级公路	四级及以下公路	二、三级公路	四级及以下公路			
1Δ	压实度(%)	代表值	97	96	95	94	按附录B检查,每200m每车道测2处	按附录B检查,每200m每车道测1处	3
		极值	93	93	91	91			
2	平整度(mm)		12	15	15	20	3m直尺:每200m测2处×10尺	3m直尺:每200m测1处×10尺	2
3	纵断高程(mm)		+5,−15		+5,−20		水准仪:每200m测4个断面	水准仪:每200m测2个断面	1
4	宽度(mm)		不小于设计值		不小于设计值		尺量:每200m测4处	尺量:每200m测2处	1
5Δ	厚度(mm)	代表值	−10		−12		按附录H检查,每200m每车道1点		2
		合格值	−20		−30				
6	横坡(%)		±0.5		±0.5		水准仪:每200m测4个断面	水准仪:每200m测2个断面	1
7Δ	强度(MPa)		符合设计要求		符合设计要求		按附录G检查		3

3.外观鉴定

(1)表面平整密实、无坑洼、无离析。不符合要求时,每处减1～2分。

(2)施工接茬平整、稳定。不符合要求时,每处减1～2分。

(七)级配碎(砾)石基层和底基层

1.基本要求

(1)选用质地坚韧、无杂质的碎石、砂砾、石屑或砂,颗粒级配应符合要求。配料必须准确,塑性指数必须符合规定。

(2)混合料拌和均匀,无明显粗细颗粒离析现象。

(3)碾压应遵循先轻后重的原则,洒水碾压至要求的压实度。

2.实测项目

级配碎(砾)石基层和底基层实测项目见表10.4.11。

级配碎(砾)石基层和底基层实测项目　　表 10.4.11

项次	检查项目		规定值或允许偏差				检查方法和频率		权值
			基层		底基层		二、三级公路	四级及以下公路	
			二、三级公路	四级及以下公路	二、三级公路	四级及以下公路			
1△	压实度(%)	代表值	98	97	96	95	按附录 B 检查，每 200m 每车道测 2 处	按附录 B 检查，每 200m 每车道测 1 处	3
		极值	94	94	92	92			
2	弯沉值(0.01mm)		不大于设计要求值		不大于设计要求值		按附录 I 检查		3
3	平整度(mm)		12	15	15	20	3m 直尺：每 200m 测 2 处×10 尺	3m 直尺：每 200m 测 1 处×10 尺	2
4	纵断高程(mm)		+5，−15		+5，−20		水准仪：每 200m 测 4 个断面	水准仪：每 200m 测 2 个断面	1
5	宽度(mm)		不小于设计值		不小于设计值		尺量：每 200m 测 4 处	尺量：每 200m 测 2 处	1
6△	厚度(mm)	代表值	−10		−12		按附录 H 检查，每 200m 每车道 1 点		2
		合格值	−20		−30				
7	横坡(%)		±0.5		±0.5		水准仪：每 200m 测 4 个断面	水准仪：每 200m 测 2 个断面	1

3. 外观鉴定

表面平整密实，边线整齐，无松散。不符合要求时，每处减 1～2 分。

(八)填隙碎石(矿渣、钢渣)基层和底基层

1. 基本要求

(1)应选用质地坚韧、无杂质的轧制石料或分解稳定的轧制矿渣或钢渣，填缝料为 5mm 以下的轧制细料或粗砂。

(2)应用振动压路机碾压，使填缝料填满粗粒料空隙。

2. 实测项目

填隙碎石(矿渣、钢渣)基层和底基层实测项目见表 10.4.12。

填隙碎石(矿渣、钢渣)基层和底基层实测项目　　表 10.4.12

项次	检查项目		规定值或允许偏差				检查方法和频率		权值
			基层		底基层		二、三级公路	四级及以下公路	
			二、三级公路	四级及以下公路	二、三级公路	四级及以下公路			
1△	压实度(%)	代表值	85	83	83	81	按附录 B 检查，每 200m 每车道测 2 处	按附录 B 检查，每 200m 每车道测 1 处	3
		极值	82	80	80	80			
2	弯沉值(0.01mm)		不大于设计要求值		不大于设计要求值		按附录 I 检查		3

续上表

项次	检查项目		规定值或允许偏差				检查方法和频率		权值
			基层		底基层		二、三级公路	四级及以下公路	
			二、三级公路	四级及以下公路	二、三级公路	四级及以下公路			
3	平整度(mm)		12	15	15	20	3m 直尺：每 200m 测 2 处×10 尺	3m 直尺：每 200m 测 1 处×10 尺	2
4	纵断高程(mm)		+5，-15		+5，-20		水准仪：每 200m 测 4 个断面	水准仪：每 200m 测 2 个断面	1
5	宽度(mm)		不小于设计值		不小于设计值		尺量：每 200m 测 4 处	尺量：每 200m 测 2 处	1
6Δ	厚度(mm)	代表值	-10		-12		按附录 H 检查，每 200m 每车道 1 点		2
		合格值	-20		-30				
7	横坡(%)		±0.5		±0.5		水准仪：每 200m 测 4 个断面	水准仪：每 200m 测 2 个断面	1

3. 外观鉴定

表面平整密实，边线整齐，无松散。不符合要求时，每处减 1～2 分。

四、路缘石和路肩

(一)路缘石铺设

1. 基本要求

(1)预制缘石的质量、现浇路缘石材料应符合设计要求；

(2)槽底基础和后背填料夯实，安砌稳固，顶面平整，缝宽均匀，勾缝密实，线条直顺，曲线圆滑美观。

2. 实测项目

路缘石铺设实测项目见表 10.4.13。

路缘石铺设实测项目 表 10.4.13

项　次	检查项目	规定值或允许偏差	检查方法和频率	权　值
1	直顺度(mm)	10	20m 拉线：每 200m 测 4 处	3
2	相邻两块高差(mm)	5	水平尺：每 200m 测 2 处	2
3	相邻两块缝宽(mm)	±5	尺量：每 200m 测 2 处	1
4	顶面高程(mm)	±10	水准仪：每 200m 测 2 点	2

3. 外观鉴定

(1)勾缝密实均匀，无杂物污染，不符合要求时，每处减 1～2 分。

(2)缘石与路面齐平或排水口整齐、通畅，无阻水现象。不符合要求时，每处减 1～2 分。

(二)路肩

1. 基本要求

(1)路肩表面平整密实,不积水,肩线直顺,曲线圆滑。

(2)硬路肩质量要求与路面结构相同。

2. 实测项目

路肩实测项目见表 10.4.14。

路 肩 实 测 项 目 表 10.4.14

项次	检查项目		规定值或允许偏差	检查方法和频率	权值
1	压实度(%)		不小于设计值	按附录 B 检查,每 200m 每车道测 1 处	2
2	平整度(mm)	土路肩	20	3m 直尺:每 200m 测 1 处×10 尺	1
		硬路肩	10		
3	横坡(%)		±1.0	水准仪:每 200m 测 2 处	1
4	宽度(mm)		不小于设计值	尺量:每 200m 测 2 处	2

3. 外观鉴定

(1)路肩无阻水现象。不符合要求时,每处减 1~2 分。

(2)路肩边缘直顺,无其他堆积物。不符合要求时,单向累计长度每 100m 或每处减 1~2 分。

第五节 桥 梁 工 程

本节未列出的施工过程应用设施(如模板、支架、拱架等)的质量标准,应根据施工技术规范严格掌握,以确保工程质量。基础及下部构造可分为一个或几个分部工程。当分部工程有几个墩台,评定时以每墩、台为一个统计单位(下有若干个分项工程),采用附录 J 中附表 J-5 工程汇总表,将各墩、台的得分汇总,计算平均分值,作为基础及下部构造分部工程的得分值,并据此评定质量等级。但只有各墩、台均合格时,该分部工程才能评为合格。

大桥每座为一个单位工程。当有若干座中桥时,可合并为一个单位工程,先对每座中桥进行评定,然后用附录 J 中表 J-5 的工程汇总表将各中桥的得分汇总,计算平均分值,作为该单位工程的得分值,并据此评定质量等级。但只有各中桥均合格时,该单位工程才能评为合格。

一、桥梁总体

1. 基本要求

(1)桥梁施工应严格按照设计图纸、施工规范和有关技术操作规程要求进行。

(2)中、下承式桥下净空不得小于设计要求。

2. 实测项目

桥梁总体实测项目见表 10.5.1。

桥梁总体实测项目　　表 10.5.1

项　次	检 查 项 目		规定值或允许偏差	检查方法和频率	权　值
1	桥面中线偏位(mm)		20	全站仪或经纬仪:检查 3~8 处	2
2	桥宽(mm)	车行道	±10	尺量:每孔 3~5 处	2
		人行道	±10		
3	桥长(mm)		+300,−100	全站仪或经纬仪、钢尺:检查中心线	1
4	引道中心线与桥梁中心线的衔接(mm)		20	尺量:分别将引道中心线和桥梁中心线延长至两岸桥长端部,比较其平面位置	2
5	桥头高程衔接(mm)		±3	水准仪:在桥头搭板范围内顺延桥面纵坡,每米 1 点测量标高	2

3. 外观鉴定

(1)桥梁的内外轮廓线条应顺滑清晰,无突变、明显折变或反复现象。不符合要求时减 1~3 分。

(2)栏杆、防护栏、灯柱和缘石的线性顺滑流畅,无折弯现象。不符合要求时减 1~3 分。

(3)踏步顺直,与边坡一致。不符合要求时减 1~2 分。

(4)车辆通过桥头搭板时不存在跳车现象。不符合要求时每桥头减 1~3 分。

二、钢筋加工与安装

1. 基本要求

(1)钢筋、焊条等的品种、规格和技术性能应符合国家现行标准规定和设计要求。

(2)冷拉钢筋的机械性能必须符合规范要求,钢筋平直,表面不应有裂皮和油污。

(3)受力钢筋同一截面的接头数量、搭接长度、焊接和机械接头质量应符合施工规范要求。

(4)钢筋安装时,必须保证设计要求的钢筋根数。

(5)受力钢筋应平直,表面不得有裂纹及其他损伤。

2. 实测项目

钢筋加工与安装实测项目见表 10.5.2。

钢筋加工与安装实测项目　　表 10.5.2

项次	检 查 项 目			规定值或允许偏差	检查方法和频率	权值
1Δ	受力钢筋间距(mm)	两排以上排距		±5	尺量:每构件检查 2 个断面	3
		同排	梁、板、拱肋	±10		
			基础、锚锭、墩台、柱	±20		
		灌注桩		±20		
2	箍筋、横向水平筋、螺旋筋间距(mm)			±10	尺量:每构件检查 5~10 个间距	2
3	钢筋骨架尺寸(mm)	长		±10	尺量:按骨架总数的 30%抽查	1
		宽、高或直径		±5		

续上表

项次	检查项目		规定值或允许偏差	检查方法和频率	权值
4	弯起钢筋位置(mm)		±20	尺量:每骨架抽查30%	2
5Δ	保护层厚度(mm)	柱、梁、拱肋	±5	尺量:每构件沿模板周边检查8处	3
		基础、锚锭、墩台	±10		
		板	±3		

注:1.小型构件的钢筋加工与安装按总数抽查30%。

2.在海水或腐蚀环境中,钢筋保护层厚度不应出现负值。

3.外观鉴定

(1)钢筋表面无铁锈及焊渣。不符合要求时减1~3分。

(2)多层钢筋网要有足够的支撑钢筋,保证骨架的施工刚度。不符合要求时减1~3分。

三、钻孔灌注桩

1.基本要求

(1)桩身混凝土所用的水泥、砂、石、水、外掺剂及混合材料的质量和规格必须符合有关规范的要求,并按规定的配合比施工。

(2)成孔后必须清孔,测量孔径、孔深、孔位和沉淀层厚度,确认满足设计或施工规范要求后,方可灌注水下混凝土。

(3)水下混凝土应连续灌注,严禁有夹层和断桩。

(4)钢筋笼位置要准确、固定要牢固,不得上浮和偏位。嵌入承台的锚固钢筋长度不得低于设计规范规定的最小锚固长度要求。

(5)按施工规范的要求,对有代表性的桩、对质量有怀疑及因灌注故障而处理过的桩,应采用无破损法进行检测。重要工程或重要部位的桩宜逐根进行无破损检测或钻芯法检测。

(6)经无破损法检测,存在质量缺陷的桩,能否使用或是否进行变更设计及进行补救处理,须经设计单位确认。

(7)凿除桩头预留混凝土后,桩顶应无残余的松散混凝土。

2.实测项目

钻孔灌注桩实测项目见表10.5.3。

钻孔灌注桩实测项目 表10.5.3

项次	检查项目			规定值或允许偏差	检查方法和频率	权值
1Δ	混凝土强度(MPa)			在合格标准内	按附录D检查	3
2Δ	桩位(mm)	群桩		100	全站仪或经纬仪:每桩检查	2
		排架桩	允许值	50		
			极值	100		
3Δ	孔深(m)			不小于设计值	测绳量:每桩测量	3
4Δ	孔径(mm)			不小于设计值	探孔器:每桩测量	3

续上表

<table>
<tr><th>项次</th><th colspan="2">检 查 项 目</th><th>规定值或允许偏差</th><th>检查方法和频率</th><th>权值</th></tr>
<tr><td>5</td><td colspan="2">钻孔倾斜度(mm)</td><td>1%桩长,且不大于500</td><td>用测壁(斜)仪或钻杆垂线法:每桩检查</td><td>1</td></tr>
<tr><td rowspan="2">6Δ</td><td rowspan="2">沉淀厚度(mm)</td><td>摩擦桩</td><td>符合设计规定,设计未规定时按施工规范要求</td><td rowspan="2">沉淀盒或标准测锤:每桩检查</td><td rowspan="2">2</td></tr>
<tr><td>支承桩</td><td>不大于设计规定值</td></tr>
<tr><td>7</td><td colspan="2">钢筋骨架底面高程(mm)</td><td>±50</td><td>水准仪:测每桩骨架顶面高程后反算</td><td>1</td></tr>
</table>

3.外观鉴定

(1)经无破损检测桩的质量有缺陷,但经设计单位确认仍可使用时,应减3分。

(2)桩顶面应平整,桩柱连接处应平顺且无局部修补。不符合要求时减1～3分。

(3)需嵌入承台内的混凝土桩头及锚固钢筋长度应符合设计要求。不符合要求时减1～3分。

(4)凿除桩头混凝土时,应保持钢筋顺直,弯曲角度不得超过45°。不符合要求时减1～3分。

四、挖孔桩

1.基本要求

(1)桩身混凝土所用的水泥、砂、石、水、外掺剂及混合材料的质量和规格必须符合有关规范的要求,并按规定的配合比施工。

(2)挖孔达到设计深度后,应及时进行孔底处理,必须做到无松渣、淤泥等扰动软土层,使孔底情况满足设计要求。

(3)嵌入承台的锚固钢筋长度不得低于设计规范规定的最小锚固长度要求。

2.实测项目

挖孔桩实测项目见表10.5.4。

挖孔桩实测项目 表10.5.4

<table>
<tr><th>项次</th><th colspan="3">检 查 项 目</th><th>规定值或允许偏差</th><th>检查方法和频率</th><th>权值</th></tr>
<tr><td>1Δ</td><td colspan="3">混凝土强度(MPa)</td><td>在合格标准内</td><td>按附录D检查</td><td>3</td></tr>
<tr><td rowspan="3">2Δ</td><td rowspan="3">桩位(mm)</td><td colspan="2">群桩</td><td>100</td><td rowspan="3">全站仪或经纬仪:每桩检查</td><td rowspan="3">2</td></tr>
<tr><td rowspan="2">排架桩</td><td>允许值</td><td>50</td></tr>
<tr><td>极值</td><td>100</td></tr>
<tr><td>3Δ</td><td colspan="3">孔深(m)</td><td>不小于设计值</td><td>测绳量:每桩测量</td><td>3</td></tr>
<tr><td>4Δ</td><td colspan="3">孔径(mm)</td><td>不小于设计值</td><td>探孔器:每桩测量</td><td>3</td></tr>
<tr><td>5</td><td colspan="3">孔的倾斜度(mm)</td><td>0.5%桩长,且不大于200</td><td>垂线法:每桩检查</td><td>1</td></tr>
<tr><td>6</td><td colspan="3">钢筋骨架底面高程(mm)</td><td>±50</td><td>水准仪:测每桩骨架顶面高程后反算</td><td>1</td></tr>
</table>

3.外观鉴定

(1)经无破损检测桩的质量有缺陷,但经设计单位确认仍可使用时,应减3分。

(2)桩顶面应平整,桩柱连接处应平顺且无局部修补。不符合要求时减1~3分。

(3)需嵌入承台内的混凝土桩头及锚固钢筋长度应符合设计要求。不符合要求时减1~3分。

(4)凿除桩头混凝土时,应保持钢筋顺直,弯曲角度不得超过45°。不符合要求时减1~3分。

五、砌体

1.基本要求

(1)石料或混凝土预制块的强度和规格,必须符合有关规范的要求。

(2)砂浆所用的水泥、砂和水的质量必须符合有关规范的要求,并按规定的配合比施工。

(3)地基承载力经施工检测必须满足设计要求,严禁超挖回填虚土。

(4)砌块应错缝、坐浆挤紧,嵌缝料和砂浆应饱满、无空洞;砌缝应匀称,不做宽缝,不以大堆砂浆填隙,不勾假缝。

2.实测项目

浆砌片(块)石基础实测项目见表10.5.5,墩、台身砌体实测项目见表10.5.6。

浆砌片(块)石基础实测项目 表10.5.5

项次	检查项目		规定值或允许偏差	检查方法和频率	权值
1Δ	砂浆强度(MPa)		在合格标准内	按附录F检查	3
2	轴线偏位(mm)		25	经纬仪:纵、横各测量2点	2
3	平面尺寸(mm)		±50	尺量:长、宽各3处	2
4	顶面高程(mm)		±30	水准仪:测5~8点	1
5Δ	基底高程(mm)	土质	±50	水准仪:测5~8点	2
		石质	+50,-200		

墩、台身砌体实测项目 表10.5.6

项次	检查项目		规定值或允许偏差	检查方法和频率	权值
1Δ	砂浆强度(MPa)		在合格标准内	按附录F检查	3
2	轴线偏位(mm)		20	全站仪或经纬仪:纵、横各测量2点	1
3	墩台长、宽(mm)	料石	+20,-10	尺量:检查3个断面	1
		块石	+30,-10		
		片石	+40,-10		
4	竖直度或坡度(%)	料石、块石	0.3	垂线或经纬仪:纵、横各测量2处	1
		片石	0.5		
5Δ	墩、台顶面高程(mm)		±10	水准仪:测量3点	2
6	大面积平整度(mm)	料石	10	2m直尺:检查竖直、水平两个方向,每$20m^2$测1处	1
		块石	20		
		片石	30		

3. 外观鉴定

(1)砌体应直顺圆滑，表面平整。不符合要求时减1～3分。

(2)勾缝应平顺，无开裂和脱落现象。不符合要求时减1～3分。

(3)砌缝应顺直，不应有裂隙。不符合要求时减1～3分。裂隙宽度超过0.5mm时必须进行处理。

六、墩、台帽或盖梁

1. 基本要求

(1)混凝土所用的水泥、砂、石、水、外掺剂及混合材料的质量和规格必须符合有关规范的要求，并按规定的配合比施工。

(2)不得出现露筋和空洞现象。

2. 实测项目

墩、台帽或盖梁实测项目见表10.5.7。

墩、台帽或盖梁实测项目 表10.5.7

项次	检 查 项 目	规定值或允许偏差	检查方法和频率	权值
1Δ	混凝土强度(MPa)	在合格标准内	按附录D检查	3
2	断面尺寸(mm)	±20	尺量：检查3个断面	2
3Δ	轴线偏位(mm)	10	全站仪或经纬仪：纵、横各测量2点	2
4Δ	顶面高程(mm)	±10	水准仪：检查3～5点	2
5	支座垫石预留位置(mm)	10	尺量：每个	1

3. 外观鉴定

(1)混凝土表面平整、光洁，棱角线平直。不符合要求时减1～3分。

(2)墩、台帽或盖梁若出现蜂窝、麻面，必须进行修整，并减1～4分。

(3)墩、台帽或盖梁出现非受力裂缝时减1～3分。裂缝宽度超过设计规定或设计未规定时，超过0.15mm的必须处理。

七、混凝土浇筑

1. 基本要求

(1)所用的水泥、砂、石、水、外掺剂及混合材料的质量和规格必须符合有关规范的要求。

(2)寒冷地区混凝土骨料应按有关规定进行抗冻试验，试验结果应符合规范要求。

(3)材料配合比应满足大体积混凝土施工的要求，并按规定并经监理工程师批准的配合比施工。

(4)浇筑空心板采用的芯模的上浮量应符合设计要求。

(5)需要相互之间黏结，而又不能一次浇筑的混凝土接合面，必须彻底凿毛并冲洗干净。

(6)当支座垫石混凝土高度不超过20cm时，必须与台帽或盖梁同时浇筑。

(7)必须采取措施把由水泥水化热而引起的混凝土内最高温度及内外温差控制在规范允许的范围以内,防止出现温度裂缝。

(8)钢筋混凝土结构在自重荷载下,不允许出现受力裂缝。

(9)不得出现露筋和空洞现象。

(10)梁板顶面必须平整、密实,应采用刷毛处理,彻底刷除浮浆。

2. 实测项目

混凝土浇筑实测项目见表10.5.8。

混凝土浇筑实测项目 表10.5.8

项次	检 查 项 目	规定值或允许偏差	检查方法和频率	权值
1Δ	混凝土强度(MPa)	在合格标准内	按附录D检查	3
2	轴线偏位(mm)	20	全站仪或经纬仪:纵、横各测量2点	2
3	断面尺寸(mm)	±30	尺量:检查1~2个断面	2
4	结构高度(mm)	±30	尺量:检查8~10处	1
5	顶面高程(mm)	±20	水准仪:测量8~10处	2
6	大面积平整度(mm)	8	2m直尺:检查两个垂直方向,每$20m^2$测1处	1

3. 外观鉴定

(1)混凝土表面平整,棱角平直,无明显施工接缝。不符合要求时每处减1~3分。

(2)混凝土表面蜂窝、麻面面积不得超过该面总面积的0.5%。不符合要求时每超过0.5%减3分;深度超过1cm的必须处理。

(3)混凝土表面出现非受力裂缝,减1~3分,裂缝宽超过设计规定或设计未规定时,超过0.15mm的必须处理。

(4)小型构件外形轮廓清晰,线条顺直,不得有翘曲现象。不符合要求时减1~3分。

(5)预制管的管壁蜂窝面积每处不得大于3cm×3cm,其深度不得超过1cm,总面积不得超过全面积的1%。不符合要求时,蜂窝每处减1分,蜂窝总面积每超过1%减3分。

(6)封锚混凝土应密实、平整,不符合要求时减1~3分。

八、预应力钢筋加工与张拉

1. 基本要求

(1)预应力钢筋的各项技术性能必须符合国家现行标准规定和设计要求。

(2)预应力钢丝束应梳理顺直,不得有缠绞、扭麻花现象,表面不应有损伤。

(3)单根钢绞线不允许断丝,单根钢筋不允许断筋或滑移。

(4)同一截面预应力筋接头面积不超过预应力筋总面积的25%,接头质量应满足施工规范的要求。

(5)预应力筋张拉或放张时,混凝土强度和龄期必须符合设计要求,并应严格按照设计规定的张拉顺序进行操作。

(6)预应力钢丝采用镦头锚时,墩头应头形圆整,不得有斜歪或破裂现象。

(7)制孔管道应安装牢固,接头密合,弯曲圆顺。锚垫板位置必须准确,平面应与孔道轴线垂直。

(8)千斤顶、油表、钢尺等器具应经检验校正。

(9)锚具、夹具和连接器应符合设计要求,并按施工技术规范的要求经检验合格后方可使用。

(10)压浆工作在5℃以下进行时,应采取防冻或保温措施。

(11)孔道压浆的水泥浆性能和强度必须符合设计要求,压浆时排气孔、排水孔应有水泥原浆溢出后方可封闭,压浆不饱满的混凝土构件不得使用。

(12)应按设计要求浇筑封锚混凝土。

(13)预应力钢筋张拉除张拉应力值和张拉伸长率必须满足设计要求外,还应进行拱度控制,张拉应力后梁的拱度过大或过小(与正常情况下的多数梁相比),必须查明原因,否则不得使用。

2.实测项目

钢丝、钢绞线先张法实测项目见表10.5.9,粗钢筋先张法实测项目见表10.5.10,后张法实测项目见表10.5.11。

钢丝、钢绞线先张法实测项目 表10.5.9

项次	检查项目		规定值或允许偏差	检查方法和频率	权值
1	镦头钢丝同束长度相对差(mm)	$L>20$m	L/5 000及5	尺量:每批抽查2束	2
		6m$\leqslant L\leqslant$20m	L/3 000		
		$L<6$m	2		
2△	张拉应力值		符合设计要求	查油压表读数:每束	3
3△	张拉伸长率		符合设计规定,设计未规定时±6%	尺量:每束	3
4	同一构件内断丝根数不超过钢丝总数的百分数		1%	目测:每根(束)检查	3

注:L为钢束长度。

粗钢筋先张法实测项目 表10.5.10

项次	检查项目	规定值或允许偏差	检查方法和频率	权值
1	冷拉钢筋接头在同一平面内的轴线偏位(mm)	2及1/10钢筋直径	拉线用尺量:抽查30%	3
2	中心偏位(mm)	4%短边及5	尺量:全部	1
3△	张拉应力值	符合设计要求	查油压表读数:全部	3
4△	张拉伸长率	符合设计规定,设计未规定时±6%	尺量:全部	3

后张法实测项目　　表 10.5.11

<table>
<tr><th>项次</th><th colspan="2">检查项目</th><th>规定值或允许偏差</th><th>检查方法和频率</th><th>权值</th></tr>
<tr><td rowspan="2">1</td><td rowspan="2">管道坐标(mm)</td><td>梁长方向</td><td>±30</td><td rowspan="2">尺量:抽查30%,每根查10个点</td><td rowspan="2">1</td></tr>
<tr><td>梁高方向</td><td>±10</td></tr>
<tr><td rowspan="2">2</td><td rowspan="2">管道间距(mm)</td><td>同排</td><td>10</td><td rowspan="2">尺量:抽查30%,每根查5个点</td><td rowspan="2">1</td></tr>
<tr><td>上下层</td><td>10</td></tr>
<tr><td>3Δ</td><td colspan="2">张拉应力值</td><td>符合设计要求</td><td>查油压表读数:全部</td><td>4</td></tr>
<tr><td>4Δ</td><td colspan="2">张拉伸长率</td><td>符合设计规定,设计未规定时±6%</td><td>尺量:全部</td><td>3</td></tr>
<tr><td rowspan="2">5</td><td rowspan="2">断丝滑丝数</td><td>钢束</td><td>每束1根,且每断面不超过钢丝总数的1%</td><td rowspan="2">目测:每根(束)</td><td rowspan="2">3</td></tr>
<tr><td>钢筋</td><td>不允许</td></tr>
</table>

3.外观鉴定

预应力钢筋使用前应除锈,表面应保持清洁。不符合要求时减1～3分。

九、梁(板)预制与安装

1.基本要求

(1)所用的水泥、砂、石、水、外掺剂及混合材料的质量和规格必须符合有关规范的要求,并按规定的配合比施工。

(2)梁(板)不得出现露筋和空洞现象。

(3)空心板采用胶囊施工时,应采取有效措施防止胶囊上浮。

(4)梁(板)在吊移出预制底座时,混凝土的强度不得低于设计所要求的吊装强度;梁(板)在安装时,支承结构(墩台、盖梁、垫石)的强度应符合设计要求。

(5)梁(板)安装前,墩、台支座垫板必须稳固。

(6)梁(板)就位后,梁两端支座应对位,梁(板)与支座须密合,否则应重新安装。

(7)两梁(板)之间接缝填充材料的规格强度应符合设计要求。

(8)当台帽、盖梁顶支座处或支座垫石标高有误差需支垫时,必须用经防腐处理的钢板垫在支座下,并与台帽、盖梁或支座垫石粘接牢固。

2.实测项目

梁(板)预制实测项目见表10.5.12,梁(板)安装实测项目见表10.5.13。

梁(板)预制实测项目　　表 10.5.12

<table>
<tr><th>项次</th><th colspan="3">检查项目</th><th>规定值或允许偏差</th><th>检查方法和频率</th><th>权值</th></tr>
<tr><td>1Δ</td><td colspan="3">混凝土强度(MPa)</td><td>在合格标准内</td><td>按附录D检查</td><td>3</td></tr>
<tr><td>2</td><td colspan="3">梁(板)长度(mm)</td><td>+5,−10</td><td>尺量:每梁(板)</td><td>1</td></tr>
<tr><td rowspan="4">3</td><td rowspan="4">宽度(mm)</td><td colspan="2">干接缝(梁翼缘、板)</td><td>±10</td><td rowspan="4">尺量:检查3处</td><td rowspan="4">1</td></tr>
<tr><td colspan="2">湿接缝(梁翼缘、板)</td><td>±20</td></tr>
<tr><td rowspan="2">箱梁</td><td>顶宽</td><td>±30</td></tr>
<tr><td>底宽</td><td>±20</td></tr>
</table>

续上表

项次	检查项目		规定值或允许偏差	检查方法和频率	权值
4Δ	高度(mm)	梁、板	±5	尺量:检查2个断面	1
		箱梁	+0,−5		
5Δ	断面尺寸(mm)	顶板厚	+5,−0	尺量:检查2个断面	2
		底板厚			
		腹板或梁肋			
6	平整度(mm)		5	2m直尺:每侧面每10m梁长测1处	1
7	横系梁及预埋件位置(mm)		5	尺量:每件	1

梁(板)安装实测项目　　表10.5.13

项次	检查项目		规定值或允许偏差	检查方法和频率	权值
1Δ	支座中心偏位(mm)	梁	5	尺量:每孔检查4~6个支座	3
		板	10		
2	倾斜度(%)		1.2	吊垂线:每孔检查3片梁	2
3	梁(板)顶面纵向高程(mm)		+8,−5	水准仪:每孔抽查2片,每片3点	2
4	相邻梁(板)顶面高差(mm)		8	尺量:每相邻梁(板)	1

3.外观鉴定

(1)混凝土表面应平整,颜色一致,无明显施工接缝。不符合要求时减1~3分。

(2)混凝土表面不得出现蜂窝、麻面,若出现则必须修整,并减1~2分。

(3)混凝土表面出现非受力裂缝,减1~3分。裂缝宽度超过设计规定或设计未规定时,超过0.15mm的必须处理。

(4)封锚混凝土应密实、平整。不符合要求时减2~4分。

(5)梁(板)的填缝应平整密实。不符合要求时,每条缝减1~3分。

(6)梁(板)之间间距应均匀一致,不符合要求时每孔减1~2分。

(7)梁体内不应遗留建筑垃圾、杂物、临时预埋件等。不符合要求时减1~2分,并应清理干净。

十、桥面铺装

1.基本要求

(1)水泥(沥青)混凝土桥面的基本要求同水泥(沥青)混凝土路面。

(2)桥面泄水孔进水口的布置应有利于桥面和渗入水的排除,应略低于桥面,桥面为复合桥面的,要略低于水泥混凝土铺装层的顶面。

(3)对于复合桥面,水泥混凝土表面应平整、密实,并采用刷毛处理,表层不得有浮浆层;在铺装沥青混凝土面层前应彻底清扫、冲洗干净。

2.实测项目

桥面铺装实测项目见表10.5.14。

桥面铺装实测项目　　表 10.5.14

<table>
<tr><th>项次</th><th colspan="2">检 查 项 目</th><th>规定值或允许偏差</th><th>检查方法和频率</th><th>权值</th></tr>
<tr><td>1Δ</td><td colspan="2">强度或压实度</td><td>在合格标准内</td><td>按附录 B 或附录 D 检查</td><td>3</td></tr>
<tr><td>2Δ</td><td colspan="2">厚度(mm)</td><td>+10,−5</td><td>以同梁体产生相同下挠变形的点为基准点,测量桥面浇筑前后的相对高差:每 100m 测 5 处</td><td>2</td></tr>
<tr><td rowspan="3">3Δ</td><td rowspan="3">平整度</td><td>IRI(m/km)</td><td>4.2</td><td rowspan="2">平整度仪:全桥每车道连续检测,每 100m 计算 IRI 或 σ</td><td rowspan="3">2</td></tr>
<tr><td>σ(mm)</td><td>2.5</td></tr>
<tr><td>最大间隙 h (mm)</td><td>5</td><td>3m 直尺:每 100m 测 3 处×3 尺</td></tr>
<tr><td rowspan="2">4</td><td rowspan="2">横坡(%)</td><td>水泥混凝土</td><td>±0.15</td><td rowspan="2">水准仪:每 100m 测 3 个断面</td><td rowspan="2">1</td></tr>
<tr><td>沥青面层</td><td>±0.3</td></tr>
<tr><td>5</td><td colspan="2">抗滑构造深度(mm)</td><td>符合设计要求</td><td>铺砂法:每 200m 测 3 处</td><td>1</td></tr>
</table>

注:桥长不足 100m 者,按 100m 处理。

3.外观鉴定

(1)桥面排水良好。不符合要求时减 3~5 分。

(2)对于复合桥面,沥青混凝土面层应平整、密实,不应有碾压轮迹和粗细料离析、松散、泛油、拥包、裂缝等现象。不符合要求时每处减 1~2 分。

十一、伸缩缝安装

1.基本要求

(1)伸缩缝必须满足设计和有关技术规范的要求,必须有合格证,并经验收后方可安装。

(2)伸缩缝必须锚固牢靠,不能松动,伸缩性能必须有效,并符合设计要求。

(3)伸缩缝的安装位置应准确,两侧混凝土的类型和强度必须符合设计要求。

(4)伸缩缝处不得积水。

2.实测项目

伸缩缝安装实测项目见表 10.5.15。

伸缩缝安装实测项目　　表 10.5.15

<table>
<tr><th>项次</th><th colspan="2">检 查 项 目</th><th>规定值或允许偏差</th><th>检查方法和频率</th><th>权值</th></tr>
<tr><td>1</td><td colspan="2">长度(mm)</td><td>符合设计要求</td><td>尺量:每道</td><td>2</td></tr>
<tr><td>2Δ</td><td colspan="2">缝宽(mm)</td><td>符合设计要求</td><td>尺量:每道 2 处</td><td>3</td></tr>
<tr><td>3Δ</td><td colspan="2">与桥面高差(mm)</td><td>2</td><td>尺量:每道 3~7 处</td><td>3</td></tr>
<tr><td rowspan="2">4</td><td rowspan="2">纵坡(%)</td><td>一般</td><td>±0.5</td><td>水准仪:测量纵向锚固混凝土端部 3 处</td><td rowspan="2">2</td></tr>
<tr><td>大型</td><td>±0.2</td><td>水准仪:沿纵向测量伸缩缝两侧 3 处</td></tr>
<tr><td>5</td><td colspan="2">横向平整度(mm)</td><td>3</td><td>3m 直尺:每道</td><td>1</td></tr>
</table>

注:项次 2 应按安装时的气温进行折算。

3. 外观鉴定

伸缩缝无阻塞、渗漏、变形、开裂现象，不符合要求时必须进行整修，并减 1～3 分。

十二、栏杆安装、防撞护栏浇筑

1. 基本要求

(1)栏杆杆件不得有断裂或弯曲现象。

(2)栏杆必须在人行道板铺完后方可安装。

(3)栏杆必须安装牢固，其杆件连接处的填缝料必须饱满平整，强度应满足设计要求。

(4)防撞护栏所用的水泥、砂、石、水、外掺剂及混合材料的质量和规格必须符合有关规范的要求，并按规定的配合比施工。

(5)防撞护栏不得出现露筋和空洞现象。

(6)防撞护栏上的外露钢构件应焊接牢固，焊缝应满足设计和有关规范的要求，并按设计要求进行防护。

2. 实测项目

栏杆安装实测项目见表 10.5.16，防撞护栏浇筑实测项目见表 10.5.17。

栏杆安装实测项目 表 10.5.16

项次	检查项目	规定值或允许偏差	检查方法和频率	权值
1	栏杆平面偏位(mm)	4	经纬仪、钢尺拉线检查：每 30m 检查 1 处	3
2	扶手高度(mm)	±10	水准仪：抽查 20%	3
	柱顶高差(mm)	4		
3	接缝两侧扶手高差(mm)	3	尺量：抽查 20%	2
4	竖杆或柱纵横向竖直度(mm)	4	吊垂线：抽查 20%	2

防撞护栏浇筑实测项目 表 10.5.17

项次	检查项目	规定值或允许偏差	检查方法和频率	权值
1Δ	混凝土强度(MPa)	在合格标准内	按附录 D 检查	3
2	平面偏位(mm)	4	经纬仪、钢尺拉线检查：每 100m 检查 3 处	2
3Δ	断面尺寸(mm)	±5	尺量：每 100m 每侧检查 3 处	2
4	竖直度(mm)	4	吊垂线：每 100m 每侧检查 3 处	1
5	预埋件位置(mm)	5	尺量：每件	1

3. 外观鉴定

(1)栏杆安装、防撞护栏浇筑线形应直顺美观。不符合要求时减 1～3 分。

(2)栏杆接缝处应无开裂现象。不符合要求时减 1～3 分。

(3)防撞护栏混凝土表面应平整，不应出现蜂窝、麻面。若出现则必须修整完好，并减 1～4 分。

(4)防撞护栏浇筑节段间应平滑顺接。不符合要求时减 1～3 分。

第六节 涵洞工程

应以每道涵洞作为一个分部工程进行评定,包含洞身各部分构件、洞口等分项工程。施工过程中必须严格控制各部位和各工序的施工质量。涵洞上的填土要求和路基相同。跨径或全长符合涵洞标准的通道,可参照本节的标准进行质量评定。

一、涵洞总体

1. 基本要求

(1)涵洞施工应严格按照设计图纸、施工规范和有关技术操作规程的要求进行。

(2)各接缝、沉降缝位置正确,填缝无空鼓、开裂、漏水现象;若有预制构件,其接缝应与沉降缝吻合。

(3)涵洞内不得遗留有建筑垃圾、杂物等。

2. 实测项目

涵洞总体实测项目见表 10.6.1。

涵洞总体实测项目 表 10.6.1

项次	检查项目		规定值或允许偏差	检查方法和频率	权值
1	轴线偏位(mm)	明涵	20	经纬仪:检查2处	2
		暗涵	50		
2△	流水面高程(mm)		±20	水准仪、尺量:检查洞口2处,拉线检查中间1~2处	3
3	涵底铺砌厚度(mm)		+40,-10	尺量:检查3~5处	1
4	长度(mm)		+100,-50	尺量:检查中心线	1
5△	孔径(mm)		±20	尺量:检查3~5处	3
6	净高(mm)	明涵	±20	尺量:检查3~5处	1
		暗涵	±50		

注:实际工程无项次3时,该项不参与评定。

3. 外观鉴定

(1)洞身顺直,进出口、洞身、沟槽等衔接平顺,无阻水现象。不符合要求时减1~3分。

(2)帽石、一字墙或八字墙应平直,与路线边坡、线形匹配,棱角分明。不符合要求时减1~3分。

(3)涵洞处路面平顺,无跳车现象。不符合要求时减2~4分。

(4)外露混凝土表面平整,颜色一致。不符合要求时减1~3分。

二、管座及涵管安装

1. 基本要求

(1)钢筋混凝土圆管外购成品的质量,必须符合施工规范规定和设计要求,并经工地验收后方可进行安装。

(2)管节接缝宽度及填塞材料应严格按设计和规范要求施工。

(3)地基承载力必须满足设计要求。

(4)有防渗漏要求的倒虹吸涵管须做渗漏试验,渗漏量应符合设计要求。

2.实测项目

管座及涵管安装实测项目见表10.6.2。

管座及涵管安装实测项目　　表10.6.2

项次	检 查 项 目		规定值或允许偏差	检查方法和频率	权值
1Δ	管座或垫层混凝土强度(MPa)		在合格标准内	按附录D检查	3
2	管座或垫层宽度、厚度(mm)		不小于设计值	尺量:抽查3个断面	2
3	相邻管节底面错台(mm)	管径≤1m	3	尺量:检查3~5个接头	2
		管径>1m	5		

3.外观鉴定

(1)管壁顺直,接缝平整,填缝饱满。不符合要求时减1~3分。

(2)涵身顺直,涵底铺砌密实平整,进出口与上下游沟槽连接平顺。不符合要求时减1~3分。

三、盖板涵、箱涵

1.基本要求

(1)混凝土所用的水泥、砂、石、水、外掺剂及混合材料的质量和规格必须符合有关规范的要求,并按规定的配合比施工。

(2)混凝土表面不得出现露筋和空洞现象。

(3)沉降缝、防水层及台背回填土应按设计要求和施工规范进行施工。

(4)涵台地基承载力必须满足设计要求。

(5)用做通道时,其净空必须符合设计要求。

2.实测项目

盖板制作与安装实测项目见表10.6.3,箱涵浇筑实测项目见表10.6.4。

盖板制作与安装实测项目　　表10.6.3

项次	检 查 项 目		规定值或允许偏差	检查方法和频率	权值
1Δ	混凝土强度(MPa)		在合格标准内	按附录D检查	3
2Δ	高度(mm)	明涵	+10,-0	尺量:检查30%的板,每板检查3处	2
		暗涵	不小于设计值		
3	宽度(mm)	现浇	±20	尺量:检查30%的板,每板检查3处	1
		预制	±10		
4	长度(mm)		+20,-10	尺量:检查30%的板,每板检查两侧	1
5	支承面中心偏位(mm)		10	尺量:每孔抽查4~6个	2
6	相邻板最大高差(mm)		10	尺量:抽查20%	1

箱涵浇筑实测项目　　表 10.6.4

项次	检 查 项 目		规定值或允许偏差	检查方法和频率	权值
1Δ	混凝土强度(MPa)		在合格标准内	按附录 D 检查	3
2	高度(mm)		+5,−10	尺量:检查 3 个断面	1
3	宽度(mm)		±30	尺量:检查 3 个断面	1
4Δ	顶板厚度(mm)	明涵	+10,−0	尺量:检查 3～5 处	2
		暗涵	不小于设计值		
5	侧墙和底版厚度(mm)		不小于设计值	尺量:检查 3～5 处	1
6	平整度(mm)		5	2m 直尺:每 10m 检查 2 处×3 尺	1

3. 外观鉴定

(1)混凝土所用的水泥、砂、石、水、外掺剂及混合材料的质量和规格必须符合有关规范的要求,并按规定的配合比施工。

(2)地基承载力及基础埋深必须满足设计要求。

(3)混凝土表面平整,棱角顺直,无严重啃边、掉角。不符合要求时减 1～2 分。

(4)蜂窝、麻面面积不得超过该面面积的 0.5%。不符合要求时,每超过 0.5%减 3 分;深度超过 10mm 的必须处理。

(5)混凝土表面出现非受力裂缝,减 1～3 分;裂缝宽度超过设计规定或设计未规定时,超过 0.15mm 的必须处理。

(6)盖板的填缝应平整密实。不符合要求时减 1～2 分。

(7)箱体不得出现露筋和空洞现象。

四、拱涵

1. 基本要求

(1)拱圈砌筑或浇筑应符合规范的要求。拱圈达到设计要求的强度时,方可拆架、回填土。

(2)拱圈出现裂缝时,必须查明原因,加以处理。

(3)混凝土表面不得出现露筋和空洞现象。

(4)沉降缝、防水层及台背回填土应按施工规范和设计要求施工。

(5)涵台地基承载力必须满足设计要求。

2. 实测项目

拱涵浇(砌)筑实测项目见表 10.6.5。

拱涵浇(砌)筑实测项目　　表 10.6.5

项次	检 查 项 目		规定值或允许偏差	检查方法和频率	权值
1Δ	混凝土或砂浆强度(MPa)		在合格标准内	按附录 D 或附录 F 检查	3
2Δ	拱圈厚度(mm)	砌体	±20	尺量:检查拱顶、拱脚 3 处	2
		混凝土	±15		
3	内弧线偏离设计弧线(mm)		±20	样板:检查拱顶、1/4 跨 3 处	1

3. 外观鉴定

(1)拱圈圆滑,线形圆顺,表面平整。不符合要求时减1～3分。

(2)混凝土蜂窝、麻面面积不得超过该面面积的0.5%。不符合要求时,每超过0.5%减3分;深度超过10mm的必须处理。

(3)砌缝匀称,勾缝平顺,无开裂和脱落现象。不符合要求时减1～3分。

五、倒虹吸竖井

1. 基本要求

(1)管节接头及进出口接缝必须进行防水处理,确保不漏水。填土前应做灌水试验,符合要求后才能填土。

(2)管节质量必须符合施工规范和设计要求。

(3)地基承载力必须满足设计要求。

2. 实测项目

倒虹吸竖井砌筑实测项目见表10.6.6。

倒虹吸竖井砌筑实测项目 表10.6.6

项次	检查项目	规定值或允许偏差	检查方法和频率	权值
1Δ	砂浆强度(MPa)	在合格标准内	按附录F检查	3
2Δ	井底高程(mm)	±15	水准仪:测4点	2
3	井口高程(mm)	±20	水准仪:测4点	1
4	圆井直径或方井边长(mm)	±20	尺量:2～3个断面	1
5Δ	井壁、井底厚度(mm)	+20,-5	尺量:井壁3～5点,井底3点	1

3. 外观鉴定

(1)上下游沟槽与竖井连接顺适,流水畅通。不符合要求时减1～3分。

(2)井身竖直,内面平整。不符合要求时减1～3分。

(3)井壁平整、圆滑,抹面无麻面、裂缝。不符合要求时减1～3分。

第七节　交通安全设施

交通安全设施产品必须经检验合格后,方可使用。外购产品必须满足规范要求,具有产品合格证,并经工地检验确认满足设计要求后方可使用。交通安全设施采用钢质材料时,必须进行防护处理。当构件用螺栓组合时,各种构件的材料质量和规格应符合设计要求。本章未包括的其他交通安全设施工程项目,可根据设计文件和相关规范的规定另行制订质量检验评定标准。

一、交通标志

1. 基本要求

(1)交通标志的制作应符合现行国家标准《道路交通标志和标线》(GB 5768—1999)和交

通部颁发标准《公路交通标志板技术条件》(JT/T 279—2004)的规定。

(2)交通标志在运输、安装过程中不应损伤标志板面及金属构件的镀层。

(3)交通标志的位置、数量及安装角度应符合设计要求。

(4)交通标志的地基承载力应满足设计要求。

2. 实测项目

交通标志实测项目见表 10.7.1。

交通标志实测项目 表 10.7.1

项次	检 查 项 目	规定值或允许偏差	检查方法和频率	权值
1	标志板外形尺寸(mm)	±5。当边长尺寸大于 1.2m 时允许偏差为边长的±0.5%;三角形内角应为 60°±5°	钢卷尺、万能角尺、卡尺:检查 100%	1
	标志底版厚度(mm)	不小于设计要求值		
2	标志汉字、数字、拉丁字的字体及尺寸(mm)	应符合规定字体,基本字高不小于设计要求值	字体与标准字体对照; 字高用钢卷尺:检查 10%	1
3Δ	标志面反光膜等级及逆反射系数(cd. lx^{-1}. m^{-2})	反光膜等级符合设计。逆反射系数不低于《公路交通标志板技术条件》(JT/T 279—2004)的规定	反光膜等级用目测初定; 便携式测定仪:检查 100%	2
4	标志板下缘至路面净空高度及标志板内缘距路边缘距离(mm)	+100,0	直尺、水平尺或经纬仪:检查 100%	1
5	立柱竖直度(mm/m)	±3	吊垂线、直尺:检查 100%	1
6Δ	标志金属构件镀层厚度(μm)	标志柱、横梁≥78,紧固件≥50	测厚仪:检查 100%	2
7	标志基础尺寸(mm)	−50,+100	钢尺、直尺:检查 100%	1
8	基础混凝土强度(MPa)	在合格标准内	基础施工时同时制试件,每处 1 组(3 块):检查 100%	1

3. 外观鉴定

(1)金属构件镀锌面不得有划痕、擦伤等损伤。不符合要求时每一构件减 1~2 分。

(2)钢筋混凝土柱表面应光滑平整。不符合要求时每一立柱减 1~2 分。

(3)标志板面不得有划痕、气泡和颜色不均匀等表面缺陷。不符合要求时每块板面减 1~3 分。

二、路面标线

1. 基本要求

(1)路面标线材料应符合交通部标准《路面标线涂料》(JT/T 280—2004)的规定。

(2)路面标线喷涂或安装前应先清洁路面,并使路面保持干燥,不得有起灰现象。

(3)路面标线的颜色、形状和位置应符合《道路交通标志和标线》(GB 5768—1999)的规定和设计要求。

2. 实测项目

路面标线实测项目见表 10.7.2。

路面标线实测项目 表 10.7.2

项次	检查项目		规定值或允许偏差	检查方法和频率	权值
1	标线线段长度(mm)	6 000	±50	钢卷尺:抽检 10%	1
		4 000	±40		
		3 000	±30		
		1 000~2 000	±20		
2	标线宽度(mm)	400~450	+15,0	钢尺:抽检 10%	1
		150~200	+8,0		
		100	+5,0		
3Δ	标线厚度(mm)	常温型(0.12~0.2)	−0.03,+0.10	湿膜用厚度计,干膜用水平尺、塞尺或卡尺:抽检 10%	2
		加热型(0.2~0.4)	−0.05,+0.15		
		热熔型(1.0~4.5)	−0.10,+0.50		
4	标线横向偏位(mm)		±30	钢卷尺:抽检 10%	1
5	标线纵向间距(mm)	9 000	±45	钢卷尺:抽检 10%	1
		6 000	±30		
		4 000	±20		
		3 000	±15		
6	标线剥落面积		所查总面积的 0~3%	4 倍放大镜:目测检查	1
7Δ	反光标线逆反射系数($cd.lx^{-1}.m^{-2}$)		白色标线≥150 黄色标线≥100	反光标线逆反射系数测定仪:抽检 10%	2

3.外观鉴定

(1)标线以外的道路被标线材料污染后应及时清理。每处污染面积不超过 $10cm^2$,不符合要求时每处减 1 分。

(2)标线线形应流畅,与道路线形相协调,曲线圆滑,不允许出现折线。不符合要求时每处减 2 分。

(3)反光标线玻璃珠应撒布均匀,附着牢靠,反光均匀。不符合要求时每处减 2 分。

(4)标线表面不应出现网状裂缝、断裂裂缝、起泡现象。不符合要求时每处减 1 分。

(5)喷涂后的标线应厚度均匀,边缘无明显毛边。若出现厚度不均匀或毛边长度超过评价单位长度的 1%时,每处减 1~2 分。

三、混凝土护栏

1.基本要求

(1)护栏混凝土所用的水泥、砂、石、水及外掺剂的质量和规格必须符合有关规范的要求,并按规定的配合比施工。

(2)混凝土护栏预制块件在吊装、运输、安装过程中，不得有断裂现象。

(3)混凝土护栏各块件之间、护栏与基础之间的连接应满足设计要求。

(4)混凝土护栏块件标准段、混凝土护栏起终点及其他开口处的混凝土护栏块件的几何尺寸应符合设计要求。

(5)混凝土护栏的地基强度、埋入深度应符合设计要求。

(6)混凝土护栏块件的损边、掉角长度每处不得超过 2cm，否则应予以及时修补。

2. 实测项目

混凝土护栏实测项目见表 10.7.3。

混凝土护栏实测项目 表 10.7.3

项次	检查项目		规定值或允许偏差	检查方法和频率	权值
1Δ	混凝土强度(MPa)		在合格标准内	按附录 D 检查	2
2	地基压实度(%)		符合设计要求值	现场检查	1
3	护栏断面尺寸(mm)	高度	±10	直尺、钢卷尺：抽检 10%	1
		顶宽	±5		
		底宽	±5		
4	基础平整度(mm)		10	水平尺：检检 100%	1
5Δ	轴向横向偏位(mm)		±20 或符合设计要求	直尺、钢卷尺：抽检 10%	2
6	基础厚度(mm)		±10%H	过程检查，直尺：检检 100%	1

注：H 为设计基础厚度。

3. 外观鉴定

(1)混凝土护栏块件之间的错位不大于 5mm。不符合要求时每处减 1～2 分。

(2)混凝土护栏外观、色泽均匀一致，表面的蜂窝、麻面、裂缝、脱皮等缺陷面积不超过该面面积的 0.5%，不符合要求时每超过 0.5%减 2 分；缺陷深度不得超过 10mm，不符合要求时每处减 2 分。

(3)护栏线形顺适，直线段不得有明显的凹凸现象，曲线段护栏应圆滑顺畅，与线形协调一致。不符合要求时每处减 1～2 分。

附录A 单位、分部及分项工程的划分

一般建设项目的工程划分　　附表 A-1

单位工程	分部工程	分项工程
路基工程(每10km或每标段)	路基土石方工程＊(1～3km路段)①	土方路基＊,石方路基＊,软土地基＊,土工合成材料处置层＊等
	排水工程(1～3km路段)	管节预制,管道基础及管节安装＊,检查(雨水)井砌筑＊,土沟,浆砌排水沟＊,盲沟,跌水,急流槽＊,水簸箕,捧水泵站等
	小桥及符合小桥标准的通道＊,人行天桥,渡槽(每座)	基础及下部构造＊,上部构造预制、安装或浇筑＊,桥面＊,栏杆,人行道等
	涵洞、通道(1～3km路段)	基础及下部构造＊,主要构件预制、安装或浇筑＊,填土,总体等
	砌筑防护工程(1～3km路段)	挡土墙＊,墙背填土,抗滑桩＊,锚喷防护＊,锥、护坡,导流工程,石笼防护等
	大型挡土墙＊,组合式挡土墙＊(每处)	基础＊,墙身＊,墙背填土,构件预制＊,构件安装＊,筋带,锚杆、拉杆,总体＊等
路面工程(每10km或每标段)	路面工程(1～3km路段)＊	底基层,基层＊,面层＊,垫层,联结层,路缘石,人行道,路肩,路面边缘捧水系统等
桥梁工程②(特大、大中桥)	基础及下部构造＊(每桥或每墩、台)	扩大基础,桩基＊,地下连续墙＊,承台,沉井＊,桩的制作＊,钢筋加工安装及安装,墩台身(砌体)浇筑＊,墩台身安装,墩台帽＊,组合桥台＊,台背填土,支座垫石和挡块等
	上部构造预制和安装＊	主要构件预制＊,其他构件预制,钢筋加工及安装,预应力筋的加工和张拉＊,梁板安装,悬臂拼装＊,顶推施工梁＊,拱圈节段预制,拱的安装,转体施工拱＊,劲性骨架拱肋安装＊,钢管拱肋制作＊,钢管拱肋安装＊,吊杆制作和安装＊,钢梁制作＊,钢梁安装,钢梁防护＊等
	上部构造现场浇筑＊	钢筋加工及安装,预应力筋的加工和张拉＊,主要构件浇筑＊,其他构件浇筑,悬臂浇筑＊,劲性骨架混凝土＊,钢管混凝土拱＊等
	总体、桥面系和附属工程	桥梁总体＊,桥面防水层施工,桥面铺装＊,钢桥面铺装＊,支座安装,搭板,伸缩缝安装,大型伸缩缝安装＊,栏杆安装,混凝土护栏,人行道铺设,灯柱安装等
	防护工程	护坡,护岸＊,导流工程＊,石笼防护,砌石工程等
	引道工程	路基＊,路面＊,挡土墙＊,小桥＊,涵洞＊,护栏等

续上表

单位工程	分部工程	分项工程
互通立交工程	桥梁工程*(每座)	桥梁总体,基础及下部构造*,上部构造预制、安装或浇筑*,支座安装,支座垫石,桥面铺装*,护栏,人行道等
	主线路基路面工程*(1~3km路段)	见路基、路面等分项工程
	匝道工程(每条)	路基*,路面*,通道*,护坡,挡土墙*,护栏等
隧道工程	总体	隧道总体*等
	明洞	明洞浇筑,明洞防水层,明洞回填*,等
	洞口工程	洞口开挖,洞口边仰坡防护,洞门和翼墙的浇(砌)筑,截水沟、洞口排水沟等
	洞身开挖	洞身开挖*,(分段)等
	洞身衬砌	(钢纤维)喷射混凝土支护,锚杆支护,钢筋网支护,仰拱,混凝土衬砌*,钢支撑,衬砌钢筋等
	防排水	防水层,止水带、排水沟等
	隧道路面	基层*,面层*等
	装饰	装饰工程
	辅助施工措施	超前锚杆,超前钢管等
环保工程	声屏障(每处)	声屏障
	绿化工程(1~3km路段或每处)	中央分隔带绿化,路侧绿化,互通立交绿化,服务区绿化,取弃土场绿化等
交通安全设施(每20km或每路段)标段	标志*(5~10km路段)	标志*
	标线、突起路标(5~10km路段)	标线*,突起路标等
	护栏*、轮廓标(5~10km路段)	波形梁护栏*,缆索护栏*,混凝土护栏*,轮廓标等
	防眩设施(5~10km路段)	防眩板、网等
	隔离栅、防落网(5~10km路段)	隔离栅、防落网等

续上表

单位工程	分部工程	分项工程
机电工程	监控设施	车辆检测器，气象检测器，闭路电视监视系统，可变标志，光电缆线路，监控（分）中心设备安装及软件调测，大屏幕投影系统，地图板，计算机监控软件与网络等
	通信设施	通信管道与光电缆线路，光纤数字传输系统，数字程控交换系统，紧急电话系统，无线移动通信系统，通信电源等
	收费设施	入口车道设备，出口车道设备，收费站设备及软件，收费中心设备及软件，1C卡及发卡编码系统，闭路电视监视系统，内部有线对讲及紧急报警系统，收费站内光，电缆及塑料管道，收费系统计算机网络等
	低压配电设施	中心（站）内低压配电设备，外场设备电力电缆线路等
	照明设施	照明设施
	隧道机电设施	车辆检测器，气象检测器，闭路电视监视系统，紧急电话系统，环境检测设备，报警与诱导设施，可变标志，通风设施，照明设施，消防设施，本地控制器，隧道监控中心计算机控制系统，隧道监控中心计算机网络，低压供配电等
房屋建筑工程	（按其专业工程质量检验评定标准评定）	

注：1. 表内标注＊号者为主要工程，评分时给以2的权值；不带＊号者为一般工程，权值为1。

2. 护岸参照挡土墙。

①按路段长度划分的分部工程，高速公路、一级公路宜取低值，二级及二级以下公路可取高值。

②斜拉桥和悬索桥可参照附表A-2进行划分。

特大斜拉桥和悬索桥为主体建设项目的工程划分 附表A-2

单位工程	分部工程	分项工程
塔及辅助、过渡墩（每座）	塔基础＊	钢筋加工及安装，扩大基础，桩基＊，地下连续墙＊，沉井＊等
	塔承台＊	钢筋加工及安装，双壁钢围堰＊，封底，承台浇筑＊等
	索塔＊	索塔＊
	辅助墩	钢筋加工，基础，墩台身浇（砌）筑，墩台身安装，墩台帽，盖梁等
	过渡墩	
锚碇	锚碇基础＊	钢筋加工及安装，扩大基础，桩基＊，地下连续墙＊，沉井＊，大体积混凝土构件＊等
	锚体＊	锚固体系制作＊，锚固体系安装＊，锚碇块体，预应力锚索的张拉与压浆＊等

续上表

单位工程	分部工程	分项工程
上部结构制作与防护(钢结构)	斜拉索 *	斜拉索制作与防护 *
	主缆(索股) *	索股和锚头的制作与防护 *
	索鞍 *	主索鞍和散索鞍制作与防护 *
	索夹	索夹制作与防护
	吊索	吊索和锚头制作与防护 * 等
	加劲梁 *	加劲梁段制作 *,加劲梁防护等
上部结构浇筑与安装	悬浇 *	梁段浇筑 *
	安装 *	加劲梁安装 *,索鞍安装 *,主缆架设 *,索夹和吊索安装 * 等
	工地防护 *	工地防护 *
	桥面系及附属工程	桥面防水层的施工,桥面铺装,钢桥面板上防水黏结层的洒布,钢桥面板上沥青混凝土铺装 *,支座安装 *,抗风支座安装,伸缩缝安装,人行道铺设,栏杆安装,防撞护栏等
	桥梁总体	桥梁总体 *
引桥		参见附表 A-1"桥梁工程"
引道		参见附表 A-1"路基工程"和"路面工程"
互通立交工程		参见附表 A-1"互通立交工程"
交通安全设施		参见附表 A-1"交通安全设施"

注:表内标注 * 号者为主要工程,评分时给以 2 的权值;不带 * 号者为一般工程,权值为 1。

附录 B　路基、路面压实度评定

B.0.1　路基和路面基层、底基层的压实度以重型击实标准为准。沥青层压实度以(沥青路面施工技术规范)的规定为准。对于特殊干旱、潮湿地区或过湿土，以路基设计施工规范规定的压实度标准进行评定。

B.0.2　标准密度应作平行试验，求其平均值作为现场检验的标准值。对于均匀性差的路基土质和路面结构层材料，应根据实际情况增补标准密度试验，求得相应的标准值，以控制和检验施工质量。

B.0.3　路基、路面压实度以 1～3km 长的路段为检验评定单元，按本标准各有关章节要求的检测频率进行现场压实度抽样检查，求算每一测点的压实度 K。细粒土现场压实度检查可以采用灌砂法或环刀法；粗粒土及路面结构层压实度检查可以采用灌砂法、水袋法或钻孔取样蜡封法。应用核子密度仪时，须经对比试验检验，确认其可靠性。

检验评定段的压实度代表值 K(算术平均值的下置信界限)为：

$$K = k - t_\alpha/\sqrt{n} * S \geqslant K_0$$

式中：K——检验评定段内务测点压实度的平均值；

t_α——分布表中随测点数和保证率(或置信度 α)而变的系数；保证率 $t_\alpha/\sqrt{n}$值见附表 B；

采用的保证率：

高速公路、一级公路：基层、底基层为 99%，路基、路面面层为 95%；

其他公路：基层、底基层为 95%，路基、路面面层为 90%；

S——检测值的标准差；

n——检测点数；

K_0——压实度标准值。

路基、基层和底基层：$K \geqslant K_0$，且单点压实度 K_i 全部大于等于规定值减 2 个百分点时，评定路段的压实度合格率为 100%；当 $K \geqslant K_0$，且单点压实度全部大于等于规定极值时，按测定值不低于规定值减 2 个百分点的测点数计算合格率。

$K < K_0$ 或某一单点压实度 K_i 小于规定极值时，该评定路段压实度为不合格，相应分项工程评为不合格。

路堤施工段落短时，分层压实度应点点符合要求，且样本数不少于 6 个。

沥青面层：当 $K \geqslant K_0$ 且全部测点大于等于规定值减 3 个百分点时，评定路段的压实度合格率为 100%：当 $K \geqslant K_0$ 时，按测定值不低于规定值减 1 个百分点的测点数计算合格率。

$K < K_0$ 时，评定路段的压实度为不合格，相应分项工程评为不合格。

$t_\alpha/\sqrt{n}$　值　　附表 B

n \ 保证率	99%	95%	90%	n \ 保证率	99%	95%	90%
2	22.501	4.465	2.176	21	0.552	0.376	0.289
3	4.021	1.686	1.089	22	0.537	0.367	0.282
4	2.270	1.177	0.819	23	0.523	0.358	0.275
5	1.676	0.953	0.686	24	0.510	0.350	0.269
6	1.374	0.823	0.603	25	0.498	0.342	0.264
7	1.188	0.734	0.544	26	0.487	0.335	0.258
8	1.060	0.670	0.500	27	0.477	0.328	0.253
9	0.966	0.620	0.466	28	0.467	0.322	0.248
10	0.892	0.580	0.437	29	0.458	0.316	0.244
11	0.833	0.546	0.414	30	0.449	0.310	0.239
12	0.785	0.518	0.393	40	0.383	0.266	0.206
13	0.744	0.494	0.376	50	0.340	0.237	0.184
14	0.708	0.473	0.361	60	0.308	0.216	0.167
15	0.678	0.455	0.347	70	0.285	0.199	0.155
16	0.651	0.438	0.335	80	0.266	0.186	0.145
17	0.626	0.423	0.324	90	0.249	0.175	0.136
18	0.605	0.410	0.314	100	0.236	0.166	0.129
19	0.586	0.398	0.305	>100	2.3265	1.6449	1.2815
20	0.568	0.387	0.297				

附录 C　水泥混凝土弯拉强度评定

C.0.1　混凝土弯拉强度试验方法应使用标准小梁法或钻芯劈裂法，试件使用标准方法制作，标准养生时间为 28d。检查频率为，高速公路和一级公路每工作班制作 2～4 组：日进度大于 1000m 取 4 组，大于等于 500m 取 3 组，小于 500m 取 2 组；其他公路每工作班制作 1～3 组：日进度大于 1000m 取 3 组，大于等于 500m 取 2 组，小于 500m 取 1 组。每组 3 个试件的平均值作为一个统计数据。

C.0.2　混凝土弯拉强度的合格标准。

(1)试件组数大于 10 组时，平均弯拉强度合格判断式为：

$$f_{cs} \geqslant f_r + K\sigma$$

式中：f_{cs}——混凝土合格判定平均弯拉强度(MPa)；

f_r——设计弯拉强度标准值(MPa)；

K——合格判定系数(见附表 C)；

σ——强度标准差。

合 格 判 定 系 数　　附表 C

试件组数 n	11～14	15～19	≥20
K	0.75	0.70	0.65

当试件组数为 11～19 组时，允许有一组最小弯拉强度小于 $0.85f_r$，但不得小于 $0.80f_r$；当试件组数大于 20 组时，其他公路允许有一组最小弯拉强度小于 $0.85f_r$，但不得小于 $0.75f_r$；高速公路和一级公路均不得小于 $0.85f_r$。

(2)试件组数等于或少于 10 组时，试件平均强度不得小于 $1.10f_r$，任一组强度均不得小于 $0.85f_r$。

C.0.3　当标准小梁合格判定平均弯拉强度 f_{cs} 和最小弯拉强度 f_{min} 中有一个不符合上述要求时，应在不合格路段每公里每车道钻取 3 个以上 ϕ150mm 的芯样，实测劈裂强度，通过各自工程的经验统计公式换算弯拉强度，其合格判定平均弯拉强度 f_{cs} 和最小值 f_{min} 必须合格，否则应返工重铺。

C.0.4　实测项目中，水泥混凝土弯拉强度评为不合格时，相应分项工程评为不合格。

附录 D 水泥混凝土抗压强度评定

D.0.1 评定水泥混凝土的抗压强度，应以标准养生28d龄期的试件为准。试件为边长150mm的立方体。试件3件为1组，制取组数应符合下列规定：

(1)不同强度等级及不同配合比的混凝土应在浇筑地点或拌和地点分别随机制取试件。

(2)浇筑一般体积的结构物(如基础、墩台等)时，每一单元结构物应制取2组。

(3)连续浇筑大体积结构时，每80～200m^3或每一工作班应制取2组。

(4)上部结构，主要构件长16m以下应制取1组，16～30m制取2组，31～50m制取3组，50m以上者不少于5组。小型构件每批或每工作班至少应制取2组。

(5)每根钻孔桩至少应制取2组；桩长20m以上者不少于3组；桩径大、浇筑时间很长时，不少于4组。如换工作班时，每工作班应制取2组。

(6)构筑物(小桥涵、挡土墙)每座、每处或每工作班制取不少于2组。当原材料和配合比相同、并由同一拌和站拌制时，可几座或几处合并制取2组。

(7)应根据施工需要，另制取几组与结构物同条件养生的试件，作为拆模、吊装、张拉预应力、承受荷载等施工阶段的强度依据。

D.0.2 水泥混凝土抗压强度的合格标准。

(1)试件≥10组时，应以数理统计方法按下述条件评定：

$$R_n - K_1 S_n \geqslant 0.9R$$

$$R_{min} \geqslant K_2 R$$

式中：n——同批混凝土试件组数；

R_n——同批n组试件强度的平均值(MPa)；

S_n——同批n组试件强度的标准差(MPa)；

R——混凝土设计强度等级(MPa)；

R_{min}——n组试件中强度最低一组的值(MPa)；

K_1、K_2——合格判定系数，见附表D。

K_1、K_2 的 值 附表D

n	10～14	15～24	≥25
K_1	1.70	1.65	1.60
K_2	0.9	0.85	

(2)试件<10组时，可用非统计方法按下述条件进行评定：

$$R_n \geqslant 1.15R$$

$$R_{min} \geqslant 0.95R$$

符号意义同前。

D.0.3 实测项目中，水泥混凝土抗压强度评为不合格时相应分项工程为不合格。

附录 E　喷射混凝土抗压强度评定

E.0.1　喷射混凝土抗压强度系指在喷射混凝土板件上，切割制取边长为 100mm 的立方体试件，在标准养护条件下养生 28d，用标准试验方法测得的极限抗压强度，乘以 0.95 的系数。

E.0.2　双车道隧道每 10 延米，至少在拱脚部和边墙各取 1 组(3 个)试件。

其他工程，每喷射 50～100m^3 混合料或小于 50m^3 混合料的独立工程，不得少于 1 组。材料或配合比变更时需重新制取试件。

E.0.3　喷射混凝土强度的合格标准。

(1)同批试件组数 $n \geqslant 10$ 时：

试件抗压强度平均值不低于设计值；

任一组试件抗压强度不低于 0.85 设计值。

(2)同批试件组数 $n < 10$ 时：

试件抗压强度平均值不低于 1.05 设计值；

任一组试件抗压强度不低于 0.9 设计值。

E.0.4　实测项目中，喷射混凝土抗压强度评为不合格时，相应分项工程为不合格。

附录F 水泥砂浆强度评定

F.0.1 评定水泥砂浆的强度，应以标准养生28d的试件为准。试件为边长70.7mm的立方体。试件6件为1组，制取组数应符合下列规定：

(1)不同强度等级及不同配合比的水泥砂浆应分别制取试件，试件应随机制取，不得挑选。

(2)重要及主体砌筑物，每工作班制取2组。

(3)一般及次要砌筑物，每工作班可制取1组。

(4)拱圈砂浆应同时制取与砌体同条件养生试件，以检查各施工阶段强度。

F.0.2 水泥砂浆强度的合格标准。

(1)同强度等级试件的平均强度不低于设计强度等级。

(2)任意一组试件的强度最低值不低于设计强度等级的75%。

(3)实测项目中，水泥砂浆强度评为不合格时，相应分项工程为不合格。

附录G　半刚性基层和底基层材料强度评定

G.0.1　半刚性基层和底基层材料强度，以规定温度下保湿养生6d、浸水1d后的7d无侧限抗压强度为准。

G.0.2　在现场按规定频率取样，按工地预定达到的压实度制备试件。每2 000m^2或每工作班制备1组试件：不论稳定细粒土、中粒土或粗粒土，当多次偏差系数$C_v \leqslant 10\%$时，可为6个试件；$C_v = 10\% \sim 15\%$时，可为9个试件；$C_v > 15\%$时，则需13个试件。

G.0.3　试件的平均强度$\overline{R}$应满足下式要求：

$$\overline{R} \geqslant R_d/(1 - Z_a C_v)$$

式中：R_d——设计抗压强度(MPa)；

C_v——试验结果的偏差系数(以小数计)；

Z_a——标准正态分布表中随保证率而变的系数。

高速公路、一级公路：保证率95%，$Z_a = 1.645$；

其他公路：保证率90%，$Z_a = 1.282$。

G.0.4　评定路段内半刚性材料强度评为不合格时，相应分项工程为不合格。

附录 H 路面结构层厚度评定

H.0.1 评定路段内路面结构层厚度按代表值和单个合格值的允许偏差进行评定。

H.0.2 按规定频率，采用挖验或钻取芯样测定厚度。

H.0.3 厚度代表值为厚度的算术平均值的下置信界限值，即：

$$X_L = X - t_\alpha / \sqrt{n} * S$$

式中：X_L——厚度代表值(算术平均值的下置信界限)；

X——厚度平均值；

S——标准差；

n——检查数量；

t_α——t 分布表中随测点数和保证率(或置信度 α)而变的系数，可查附表 B。

采用的保证率：

高速公路、一级公路：基层、底基层为 99%，面层为 95%；

其他公路：基层、底基层为 95%，面层为 90%。

H.0.4 当厚度代表值大于等于设计厚度减去代表值允许偏差时，则按单个检查值的偏差不超过单点合格值来计算合格率；当厚度代表值小于设计厚度减去代表值允许偏差时，相应分项工程评为不合格。

代表值和单点合格值的允许偏差见第十章各节实测项目表。

H.0.5 沥青面层一般按沥青铺筑层总厚度进行评定，高速公路和一级公路分 2～3 层铺筑时，还应进行上面层厚度检查和评定。

附录I　路基、柔性基层、沥青路面弯沉值评定

I.0.1　弯沉值用贝克曼梁或自动弯沉仪测量。每一双车道评定路段(不超过1km)检查80～100个点,多车道公路必须按车道数与双车道之比,相应增加测点。

I.0.2　弯沉代表值为弯沉测量值的上波动界限,用下式计算:

$$l_r = \bar{l} + Z_a S$$

式中:l_r——弯沉代表值(0.01mm);

l——实测弯沉的平均值;

S——标准差;

Z_a——与要求保证率有关的系数,见附表I。

Z_a 值　　附表I

层　位	Z_a	
	高速公路、一级公路	二、三级公路
沥青面层	1.645	1.5
路基	2.0	1.645

I.0.3　当路基和柔性基层、底基层的弯沉代表值不符合要求时,可将超出 $\bar{l}\pm(2\sim3)S$ 的弯沉特异值舍弃,重新计算平均值和标准差。对舍弃的弯沉值大于 $\bar{l}+(2\sim3)S$ 的点,应找出其周围界限,进行局部处理。

用两台弯沉仪同时进行左右轮弯沉值测定时,应按两个独立测点计,不能采用左右两点的平均值。

I.0.4　弯沉代表值大于设计要求的弯沉值时相应分项工程为不合格。

I.0.5　测定时的路表温度对沥青面层的弯沉值有明显影响,应进行温度修正。当沥青层厚度小于或等于50mm时,或路表温度在20℃±2℃范围内,可不进行温度修正。

若在非不利季节测定时,应考虑季节影响系数。

附录J 工程质量检验评定用表

分项工程质量检验评定表 附表J-1

分项工程名称： 所属分部工程名称：

所属建设项目： 工程部位：(桩号、墩台号、孔号)

施工单位： 监理单位：

基本要求																	
实测项目	项次	检查项目	规定值或允许偏差	实测值或实测偏差值										质量评定			
				1	2	3	4	5	6	7	8	9	10	平均、代表值	合格率(%)	权值	得分
	合计																
外观鉴定										减分		监理意见					
质量保证资料										减分							
工程质量等级评定				评分：						质量等级：							

检验负责人： 检测： 记录： 复核： 年 月 日

注：机电工程的功能试验检查项目，规定值或允许偏差是指功能或试验要求；实测值或实测差是指检查结果，即“通过”或“不通过”。

分部工程质量检验评定表 附表 J-2

分部工程名称： 所属单位工程：

所属建设项目： 工程部位：(桩号、墩台号、孔号)

施工单位： 监理单位：

施工单位	分项工程					备注
	工程名称	质量评定				
		实得分	权值	加权得分	等级	
	合计					
质量等级			加权平均分			
评定意见						

检验负责人： 计算： 复核： 年 月 日

单位工程质量检验评定表

附表 J-3

单位工程名称：　　　　　　　　所属建设项目：

路线名称：　　　　　　　　　　工程地点、桩号：

施工单位：　　　　　　　　　　监理单位：

施工单位	分项工程					备注
	工程名称	质量评定				
		实得分	权值	加权得分	等级	
	合计					
质量等级			加权平均分			
评定意见						

检验负责人：　　　　计算：　　　　复核：　　　　年　月　日

建设项目(合同段)质量检验评定表

附表 J-4

项目名称：　　　　　　　　　　　　　　　　　　路线名称：

起迄桩号：　　　　　　　　　　　　　　　　　　完工日期：

施 工 单 位	单 位 工 程			备注
	工程名称	实得分	投资额	
质量等级			加权平均分	
评定意见				

检验负责人：　　　　计算：　　　　复核：　　　　年　月　日

______工程汇总表　　　　附表 J-5

工　程	实得分	权值	加 权 得 分	等　级	备　注
加权平均分				质量等级	

检验负责人：　　计算：　　复核：　　年　月　日

附录 K 路面横向力系数评定

K. 0. 1 评定路段内的路面横向力系数按 SFC 的设计或验收标准值进行评定。

K. 0. 2 SFC 代表值为 SFC 算数平均值的下置信界限值，即：

$$SFC_r = \overline{SFC} - t_\alpha / \sqrt{n} * S$$

式中：SFC_r——SFC 代表值；

$\overline{SFC}$——SFC 平均值；

S——标准差；

n——采集数据样本数量；

t_α——t 分布表中随测点数和保证率（或置信度 α）而变的系数，可查附表 B。

采用的保证率：高速公路、一级公路为 95%；其他公路为 90%。

K. 0. 3 当 SFC 代表值不小于设计或验收标准时，以所有单个 SFC 值统计合格率；当 SFC 代表值小于设计或标准值时，该路段为零分。

附录 L　本规范用词说明

L.0.1　对执行条文严格程度的用词采用以下写法。

表示很严格，非这样不可的用词：

正面词采用“必须”；

反面词采用“严禁”。

表示严格，在正常情况下均应这样做的用词：

正面词采用“应”；

反面词采用“不应”或“不得”。

表示允许稍有选择，在条件许可时首先这样做的用词：

正面词采用“宜”或“可”；

反面词采用“不宜”。

L.0.2　条文中应按指定的其他有关标准、规范的规定执行，其写法为“应按……执行”或“应符合……要求(或规定)”。

若非必须按指定的其他有关标准、规范的规定执行，其写法为“可参照……”。

参 考 文 献

[1] 中华人民共和国行业标准 JTG B01—2003　公路工程技术标准. 北京:人民交通出版社, 2003.

[2] 中华人民共和国行业标准 JTJ 011—94　公路路线设计规范. 北京:人民交通出版社, 1994.

[3] 中华人民共和国行业标准 JTG D30—2004　公路路基设计规范. 北京:人民交通出版社, 2004.

[4] 中华人民共和国行业标准 JTG D40—2003　公路水泥混凝土路面设计规范. 北京:人民交通出版社,2003.

[5] 中华人民共和国行业标准 JTJ 014—97　公路沥青路面设计规范. 北京:人民交通出版社,1997.

[6] 中华人民共和国行业标准 JTJ 018—97　公路排水设计规范. 北京:人民交通出版社, 1997.

[7] 中华人民共和国行业标准 JTG D60—2004　公路桥涵设计通用规范. 北京:人民交通出版社,2004.

[8] 中华人民共和国行业标准 JTG D62—2004　公路钢筋混凝土及预应力混凝土桥涵设计规范. 北京:人民交通出版社,2004.

[9] 中华人民共和国行业标准 JTJ 024—85　公路桥涵地基与基础设计规范. 北京:人民交通出版社,1985.

[10] 中华人民共和国行业标准 JTG D70—2004　公路隧道设计规范. 北京:人民交通出版社,2004.

[11] 中华人民共和国行业标准 JTG F30—2003　公路水泥混凝土路面施工技术规范. 北京:人民交通出版社,2003.

[12] 中华人民共和国行业标准 JTG F40—2004　公路沥青路面施工技术规范. 北京:人民交通出版社,2004.

[13] 中华人民共和国行业标准 JTJ 033—95　公路路基施工技术规范. 北京:人民交通出版社,1995.

[14] 中华人民共和国行业标准 JTJ 034—2000　公路路面基层施工技术规范. 北京:人民交通出版社,2000.

[15] 中华人民共和国行业标准 JTJ 041—2000　公路桥涵施工技术规范. 北京:人民交通出版社,2000.

[16] 中华人民共和国行业标准 JTJ 042—94　公路隧道施工技术规范. 北京:人民交通出版社,1994.

[17] 中华人民共和国行业标准 JTJ 061—99　公路勘测规范. 北京:人民交通出版社,1999.

[18] 中华人民共和国行业标准 JTG C30—2002　公路工程水文勘测设计规范. 北京:人民交通出版社,2002.

[19] 中华人民共和国行业标准 JTJ 063—85　公路隧道勘测规程. 北京:人民交通出版社,1985.

[20] 中华人民共和国行业标准 JTJ 064—98　公路工程地质勘察规范. 北京:人民交通出版社,1998.

[21] 中华人民共和国行业标准 JTG F80/1—2004　公路工程质量检验评定标准. 北京:人民交通出版社,2004.

[22] 中华人民共和国国家标准 GB 50092—96　沥青路面施工及验收规范. 北京:中国计划出版社,1996.

[23] 中华人民共和国国家标准 GBJ 97—87　水泥混凝土路面施工及验收规范. 北京:中国计划出版社,1987.

[24] 中华人民共和国国家标准 GB 5768—1999　道路交通标志和标线. 北京:中国标准出版社,1999.

[25] 中国公路建设行业协会. 农村公路建设与管理必读. 北京:人民交通出版社,2004.

[26] 交通部专家委员会. 县乡公路水泥混凝土路面设计与施工. 北京:人民交通出版社,2003.